ZAHA HADID
ARCHITEKTUR // ARCHITECTURE

CHICHESTER COLLEGE
WITHDRAWN
FROM LIBRARY STOCK

D1333643

C281537

ZAHA HADID
ARCHITEKTUR // ARCHITECTURE

HERAUSGEBER / EDITOR
PETER NOEVER

BEITRÄGE VON / CONTRIBUTIONS BY
PATRIK SCHUMACHER
ANDREAS RUBY

HATJE CANTZ VERLAG

Applied Arts | Contemporary Art

Diese Publikation erschien anlässlich der Ausstellung
ZAHA HADID. ARCHITEKTUR
MAK Wien, 14.5.–17.8.2003

This book was published on the occasion of the exhibition
ZAHA HADID. ARCHITECTURE
MAK Vienna, May 14 – August 17, 2003

Ausstellung / Exhibition
Zaha Hadid, Peter Noever

Kuratorin / Curator
Martina Kandeler-Fritsch

Ausstellungsassistenz / Curatorial assistance
Rüdiger Andorfer

Technische Koordination / Technical coordination
Michael Wallraff

Ausstellungsteam / Exhibition team Zaha Hadid Architects
Patrik Schumacher
Woody K. T. Yao
Thomas Vietzke
Rocio Paz
Tiago Correia
Adriano de Gioannis

Wir danken Zaha Hadid und allen Leihgebern
We thank Zaha Hadid and all the lenders
Zaha Hadid Architects
Comune di Salerno
Galleria Nazionale D'Arte Moderna, Rom / Rome
Kulturdezernat der Stadt Wolfsburg
Sawaya & Moroni SPA, Mailand / Milan
Solomon R. Guggenheim Museum, New York
Stadt Innsbruck

Besonderer Dank an / Special thanks to
ZUMTOBEL STAFF

MAK
Stubenring 5, A-1010 Wien
Tel. (+43-1) 711 36-0
Fax (+43-1) 713 10 26
E-Mail: office@MAK.at, www.MAK.at

MAK Center for Art and Architecture, Los Angeles
Schindler House
835 North Kings Road
West Hollywood, CA 90069, USA
Tel. (+1-323) 651 1510
Fax (+1-323) 651 2340
E-Mail: office@MAK.center.org
www.MAKcenter.org

Herausgeber / Editor
Peter Noever

Katalogredaktion / Catalog editing
Martina Kandeler-Fritsch

Katalogassistenz / Editorial assistance
Rüdiger Andorfer

Lektorat / Copy editing
Sonja Illa-Paschen

Übersetzung / Translation
Michael Strand, Judith Wolframm (Seiten / Pages 76, 77,
99–101, 116, 117, 131–137, 140–143, 147–149, 151–168, 174)

Grafik-Design / Graphic design
Perndl+Co

Satz / Typesetting
Peter Chalupnik

Herstellung / Production
HOLZHAUSEN Druck & Medien GmbH, Wien

© Texte, Fotos bei Zaha Hadid Architects, den Autoren
und Fotografen / Essays, photos by Zaha Hadid Architects,
the authors, and photographers

© 2003, MAK, Wien, und Hatje Cantz Verlag, Ostfildern-Ruit
(3. Auflage 2004)

Erschienen im / Published by
Hatje Cantz Verlag
Senefelderstraße 12
D-73760 Ostfildern-Ruit
Tel. (+43-711) 44 05-0
Fax: (+43-711) 44 05-0
www.hatjecantz.de

Distribution in the US:
D.A.P., Distributed Art Publishers, Inc.
155 Avenue of the Americas, Second Floor
New York, N.Y. 10013-1507, USA
Tel. (+1-212) 627 1999
Fax (+1-212) 627 9484

ISBN 3-7757-1364-6

Printed in Austria

Chichester College
Chichester Campus

Class.	Acc. No.
720.92 Had	C281537
ISBN. 3775713646	

// INHALT
// CONTENTS

// ARCHITEKTUR FÜR EINE SCHÖNE NEUE WELT
ZU ZAHA HADIDs WIENER AUSSTELLUNG

PETER NOEVER

Der Gegenstand der Kunst ist das Unmögliche. Der Maler, der versucht, das Unsichtbare sichtbar zu machen, der Schriftsteller, der versucht, das Vergangene gegenwärtig zu halten, der Tänzer, der versucht zu fliegen, stellen sich genau diesem. Gerade das letzte Beispiel kann leicht in Versuchung führen, sich auf die pragmatische Position zurückzuziehen, der Gegenstand der Kunst sei das Schaffen von Illusionen. Doch das verfehlt die Tatsache, dass die Illusion nicht unmöglich ist, sondern Vorspiegelung falscher Tatsachen. Das Unmögliche der Kunst hingegen ist die Wahrheit der Philosophie – also etwas, was nur noch nicht ist, oder zumindest für uns noch nicht ist, von dem die Künstler jedoch bereits eine Ahnung haben, die sie zur Vorstellung zu bringen versuchen, auf dass es verwirklicht werde.

Auch im Werk der Architektin Zaha Hadid werden die Betrachter wie auch die Benutzer immer wieder mit genau solchen Unmöglichkeiten konfrontiert: schwebende Gebäude, Baukörper, die uns entgegentreten wie Kalligraphien in einer noch unentzifferten Sprache, Perspektiven, Lichtführungen, Räume in einer Geometrie, die der Quantenmechanik näher verwandt zu sein scheint als Euklid. Hier artikuliert sich ein Neues. Es ist die Disziplinierung des Chaos mit der Macht der Leichtigkeit; die Sensation als Überwindung des Sensationellen verleiht einer neuen Welt Identität.

Zaha Hadids Raumvorstellungen scheinen heute schon die Konsequenzen aus Entwicklungen und Veränderungen der Sinnlichkeit und Wahrnehmungsfähigkeit ziehen zu wollen, die sonst meist noch immer nur als Möglichkeiten am fernen Horizont diskutiert werden. Dass wir auf dem Bildschirm gleichzeitig mehrere „Fenster" geöffnet haben, ist vom PC, inzwischen auch durch das Fernsehen bekannt. Hadid schafft solche Simultaneitäten im dreidimensionalen Raum: Die Stadt, die Straße wird ins Opernhaus hineingezogen, die Brücke ist nicht nur Überquerung des Flusses, sondern zugleich Landgewinn für die Stadt – diese Architektur schafft nicht Eingrenzung, Abgrenzung und Ausgrenzung, sie schafft zugleich Verbindungen und Vernetzungen, Bewegungsräume, die es den Augen und den Ohren ermöglichen, sich von den Beinen oder den Armen zu emanzipieren, während doch gleichzeitig alle die ihnen je eigenen Ziele verfolgen können.

Zweifelsohne sind es auch die Sensibilitäten einer aus dem Orient kommenden Frau, die Zaha Hadid zu solcher Offenheit in der Wahrnehmung des möglich Gewordenen befähigen. In einem anderen Verständnis von Geschichte, Bewegung und Raum herangewachsen, ist sie frei, die sich eröffnenden Potenziale zu erkennen und zu nutzen: andere, neue Vorstellungen über das Werden und den entsprechenden Umgang mit den Dingen, der Geschichte, der Umwelt, den Mitmenschen.

6

„The World (89 Degrees)", Gemälde / painting
1983

Dabei scheint sie immer und in allem gänzlich von Architektur durchdrungen zu sein: Wie sie Räume schafft, so kann sie mit ihrer einzigartigen Persönlichkeit auch Räume besetzen. Allein ihr Auftritt ist Architektur. Diese umfassende gegenseitige Durchdringung einer historisch georteten Sinnlichkeit und der klar begriffenen Form verleiht allem, was sie macht, eine besondere Erotik, die jedoch bei aller Radikalität und Bedingungslosigkeit der daraus erwachsenden Ansprüche nie den Boden souveräner Professionalität verlässt.

Architektur bedient sich wesentlich des Zeichnens. Zaha Hadid hat ein herausragendes zeichnerisches Werk vorzuweisen. Und gerade an ihren Zeichnungen und Entwürfen ist die Bereicherung abzulesen, die für Architekten in der Verfügung über die im Osten vorherrschende lebendige Tradition der Kalligraphie bereitliegen kann. Ohne den Charakter der Schrift, die Strenge der Form preiszugeben, ist bei ihr den Gestalten etwas Fließendes, Liquides zu Eigen, das besser zu vergleichen ist mit dem Wischen des Pinsels als dem definitorischen Strich des Bleistifts. So gelingt es ihr, Raumvorstellungen zum Ausdruck zu bringen, die sonst nur als abstrakte Formeln aus jener Mathematik und Physik bekannt sind, die die Architektur von elektronischen Bauteilen oder hochkomplexer Software beschreiben.

Mit der Ausstellung „Zaha Hadid. Architektur" präsentiert das MAK nun ihre neuesten Projekte sowie einen umfassenden Überblick über das Gesamtwerk. Im Mittelpunkt steht das eigens für das MAK entwickelte Raumexperiment „Ice-Storm", das die radikal neue Formen- und Raumsprache der Architektin sinnlich erfahrbar macht. Darum versammeln sich Beispiele zu allen Aspekten ihres Schaffens einschließlich einer großen Zahl noch nie gezeigter „Major Paintings" zu einem beeindruckenden Archiv architektonischer Möglichkeiten an den Grenzen des Unmöglichen.

Zaha sagte in einem Interview, das ich vor langer Zeit mit ihr führte, das Interessante an „visionärer Architektur" seien oft jene Dinge, „die in einem etwa fünfzehn Jahre alten Science-Fiction-Film zur Zeit der Entstehung unreal und lächerlich wirkten und später Realität geworden sind"*. Heute liegt dieses Gespräch nahezu fünfzehn Jahre zurück.

* Peter Noever, Liesbeth Waechter-Böhm und Regina Haslinger im Gespräch mit Zaha Hadid, 1990, *Umriss* 1+2/90, Wien

// CHANGING ARCHITECTURE
ON ZAHA HADID'S VIENNA EXHIBITION

PETER NOEVER

The impossible is the genuine subject of art. The painter attempting to visualize the invisible, the writer attempting to invoke the presence of the past, the dancer attempting to fly, they all face up to this challenge. The latter example, though, may be likely to prompt the ostensibly pragmatic view that the subject of art is creating illusions. But this would mean neglecting the fact that illusion is not the impossible; it is make-believe. The impossible in art, however, is the truth of philosophy – something that is not yet here, at least not for all of us to see, but which artists already anticipate, giving it imaginative shape so as to make it come real.

The work of the architect Zaha Hadid also keeps confronting viewers and users with precisely these kinds of impossibilities: floating buildings, volumes that appear like calligraphy in a yet undeciphered language, perspectives, paths of light, spaces of a geometry that seems more related to quantum mechanics than to Euclid. Something new is articulated here. This is the disciplining of chaos through the power of lightness: it is sensation gone beyond the sensational so as to envisage a new world.

Zaha Hadid's spatial imagination seems to try to anticipate consequences of developments and changes of sensory perception that are usually still considered as distant possibilities. To have several "windows" opened on a screen is something that has meanwhile become familiar from personal computers or from TV. Hadid creates simultaneities of this kind in three-dimensional space: the city, the street is drawn into the opera house; the bridge is not only a river crossing, but land gained for the city – this architecture is not circumscription, delimitation, and demarcation, rather it creates connections, links, and networks; room to move which enables the eye and the ear to gain independence from the arm and the leg while letting them all simultaneously pursue their respective goals.

Without doubt, it is her oriental sensibilities that give Zaha Hadid this openness of perception to realize possibilities. Having grown up with a different understanding of history, motion, and space, she is free to recognize and exploit emerging potentials: new and different ideas about the process of becoming and about how to deal with things, history, the environment, fellow human beings.

In any case, she seems to be entirely infused with architecture in whatever she does: her unique personal presence defines spaces in the same manner that she creates them. Her very appearance is architecture. This encompassing mutual incorporation of historically rooted sensual intuition and clearly conceptualized form makes everything she does charged with a special eroticism though she never loses her foothold in professional competence, no matter how radical and uncompromising her aspirations.

Drawing is an essential means of architecture, and Zaha Hadid's lifework of drawing is indeed outstanding. Her drawings and design sketches evidence the enrichment that the vital, predominantly Eastern tradition of calligraphy might have in store for architecture. Without abandoning the character of writing, the precise and clear-cut form, the shapes she creates have something fluid and liquid about them which seems more comparable to a sweeping brushstroke than the definitive pencil line. Thus she is able to articulate spatial ideas that are otherwise known only as abstract formulae from those fields of mathematics and physics that deal with describing the architecture of electronic components or highly complex software.

In its exhibition entitled "Zaha Hadid. Architecture", the MAK now presents her latest projects as well as a comprehensive survey of her complete oeuvre. The highlight of the show is her "Ice-Storm" installation, a spatial experiment developed especially for the MAK which makes Hadid's radically new language of shape and space a palpable experience for the public. Around this, examples covering all aspects of her work, including a large number of hitherto never shown "Major Paintings", have been assembled in an impressive archive of architectural possibilities verging on the impossible.

In an interview I once had with her, Zaha said that what is interesting about "visionary architecture" is that the things "that seemed unreal and ridiculous in a science fiction movie fifteen years ago when it was made, later became a reality." That was almost fifteen years ago.

* Peter Noever, Liesbeth Waechter-Böhm, and Regina Haslinger in conversation with Zaha Hadid, 1990, in: *Umriss* 1+2/90, Vienna.

"THERE ARE 360 DEGREES, SO WHY STICK TO ONE?"

ZAHA HADID

// MECHANISMEN RADIKALER INNOVATION

PATRIK SCHUMACHER

Eines der bedeutsamsten und folgenschwersten Merkmale der Architektur-Avantgarde der letzten zwanzig Jahre ist die rapide Vermehrung von Darstellungsmedien und Entwurfsverfahren. Anfang der achtziger Jahre erschien Zaha Hadid unverhofft mit einer Reihe spektakulärer Entwürfe, die in womöglich noch spektakuläreren Zeichnungen und Gemälden enthalten waren, in der Architekturszene. Die Eigenheiten dieser Zeichnungen machten es schwer, sie bloß als zweckgerichtete architektonische Darstellungen zu deuten. Diese anfängliche Offenheit der möglichen Interpretation mag einige Kommentatoren zu dem Verdacht verleitet haben, es handle sich hier um „bloße Grafik".

DER GRAFISCHE RAUM

Das Dilemma, mit zweidimensionalen Zeichnungen anfangen (und letztlich dabei bleiben) zu müssen, ist das Grunddilemma der Architektur seit ihren Anfängen als eine vom Bauen selbst abgegrenzte eigene Disziplin. Wie Robin Evans so unverblümt konstatierte: Architekten bauen nicht, sie zeichnen. Daher ist die Übertragung von der Zeichnung auf das Bauen immer problematisch – zumindest wo es um Innovation geht.

Die Architektur als entwerferische Disziplin, die vom physischen Vorgang des Bauens unterschieden ist, begründet sich auf dem Zeichnen als Basis. Durch das Differenzierungsmerkmal der Zeichnung als Werkzeug und Fachgebiet, das außerhalb des materiellen Prozesses des Bauens liegt, hebt und löst sich die Architektur vom Bauhandwerk ab. Die erste Auswirkung des Zeichnens (in der klassischen griechischen Architektur) scheint ein erhöhtes Maß an Standardisierung, Präzision und gleichförmiger Reproduktion auf einem ziemlich hohen Komplexitätsniveau und einem recht weiten Gebiet gewesen zu sein. Davon profitierte die römische Architektur, die aber auch erste Anzeichen in Richtung einer Ausnutzung der Erfindungsmöglichkeiten erkennen lässt, die das Zeichnen bietet. Ohne das Zeichnen wäre der große Zuwachs an Bauformen in der römischen Architektur unvorstellbar. Seit der Renaissance (weiter getragen von Manierismus und Barock) hat dieses spekulative Moment der Zeichnung stetig an Dynamik gewonnen. Doch erst der Modernismus der zwanziger Jahre entdeckt die volle Macht und das ganze Potenzial des Zeichnens als höchst ökonomisches Trial-and-Error-Verfahren und eine Ebene müheloser Erfindung. Das Zeichnen beschleunigt die Entwicklung der Architektur.

In dieser Hinsicht hängt die Architektur von der Revolution in den bildenden Künsten ab, die sich letztendlich der Last der Darstellung entledigten. Die moderne Architektur war damit in der Lage, auf dem Erbe der modernen abstrakten Kunst aufzubauen, als der Eroberung eines vordem unvorstellbaren Reichs planerischer Freiheit. Bis dahin war Kunst als Mimesis und Wiederholung vorgegebener Sujets verstanden worden, das heißt mehr als Re-Präsentation denn als Kreation. Architektur war die Re-Präsentation einer feststehenden Zahl von bis ins Kleinste festgelegten Bautypen und kompletter tektonischer Formen. Vor diesem Hintergrund bedeutete Abstraktion die Möglichkeit und Herausforderung freier Schöpfung. Die Leinwand wurde zum Schauplatz neuer und originärer Konstruktionen, ein monumentaler Durchbruch für die gesamte moderne Kultur. Durch Gestalten wie Malewitsch und avantgardistische Gruppen wie die De-Stijl-Bewegung wurde dieser berauschende historische Moment festgehalten und für die Welt der experimentellen Architektur nutzbar gemacht.

Meine These besagt, dass der Rückzug auf die zweidimensionale Fläche, also die Weigerung, alles sofort als räumliche Darstellung zu begreifen, eine Vorbedingung für die volle Ausnutzung des Mediums der Zeichnung als Medium der Erfindung ist. Nur auf dieser Basis, als explizit grafische Techniken, gewinnen die entwerferischen Manöver genug Fluss und Spielraum. Sie müssen losgelassen werden und die Last abschütteln, immer schon etwas Bestimmtes bedeuten zu müssen. Diesem Stadium des Spiels und der wuchernden Ideen muss, das versteht sich von selbst, die zähe Arbeit der Auswahl und Interpretation folgen. An irgendeinem Punkt dann führt die architektonische Arbeit zum Bauen, aber nicht bei jedem „Projekt". Manche Architekturprojekte bleiben Projekte auf dem Papier, die später durch andere Projekte „umgesetzt" werden. Die Disziplin der Architektur hat gelernt, das zuzulassen. Bedeutende Beiträge zur Architekturgeschichte sind auf dieser Grundlage entstanden.

Einer der kühnen Schritte Hadids bestand darin, die Dynamik und den Fluss ihrer kalligraphischen Handschrift direkt in ebenso fließende tektonische Systeme zu übersetzen. Ein weiterer unglaublicher Schritt war der von der isometrischen und perspektivischen Darstellung zu buchstäblichen Verzerrungen des Raums und von der Explosionsaxonometrie zu einem Raum, der buchstäblich zu Trümmern explodiert, von diversen übergestülpten Fischauge-Perspektiven zur buchstäblichen Verbiegung und Einschmelzung des Raums und so weiter. Alle diese Schritte erscheinen anfangs wild unlogisch, ähnlich wie die Verfahrensweisen der Surrealisten.

Das Experimentieren erreichte einen Punkt, an dem die Unterscheidung zwischen Form und Inhalt in diesen Zeichnungen und Gemälden nicht mehr feststand. Die Frage, welche Merkmale der grafischen Manipulation sich mehr auf die Darstellungsweise bezogen als auf das dargestellte Objekt, blieb unbeantwortet. Verdrehte, krümmte, zertrümmerte und durchdrang diese Architektur sich selbst, oder waren das bloß Aspekte der von mehreren Standpunkten aus gesehenen Fischauge-Perspektiven? Die Antwort lautet, dass in einem ausgedehnten Prozess und über eine lange Reihe von Projekten hinweg die grafischen Attribute sich langsam in realisierbare räumliche Attribute verwandelten. Die anfängliche Offenheit in dieser Hinsicht mag bei einigen Kritikern den Verdacht genährt haben, es hier mit „bloßer Grafik" zu tun zu haben. Im Büro von Zaha Hadid wurde diese Ungewissheit durch einen langwierigen Interpretationsprozess mittels weiterer Zeichnungen, Projekte und schließlich Bauten produktiv gemacht.

Diese seltsamen Schritte, die so fremdartig und verrückt erscheinen, erweisen sich, wenn man sie im Kontext der Entwicklung eines Architekturprojekts ernst zu nehmen begonnen hat, als machtvolle Gestaltungsoptionen, wenn man vor der Aufgabe steht, komplexen Nutzungsprogrammen Form zu geben. Die dynamischen Bewegungsströme in einem komplexen Gebäude lassen sich als die am stärksten fließenden Bereiche innerhalb des Gebäudes lesbar machen; trapezförmige Verzerrungen des Ganzen bieten einen weiteren Weg, auf nicht-rechtwinkelige Bauplätze zu reagieren; perspektivische Verzerrungen erlauben die Ausrichtung von Bauelementen auf verschiedene funktionale Brennpunkte und so weiter. Was einst ein unerhörter

Verstoß gegen die Logik war, ist Teil eines strategisch entwickelten Repertoires nuancierter Raumorganisation und -gestaltung geworden.

Malerische Techniken wie Farbmodulationen, Hell-dunkel-Verläufe oder pointillistische Techniken der Auflösung von Objekten in ihrem Hintergrund erlangen Bedeutung für die Ausformung von neuen grafischen Entwurfskonzepten wie dem Morphing oder neuen Raumkonzepten wie weichen Übergängen, „Feldräumen" oder dem „Raum des Werdens" (Eisenman). Jeff Kipnis verdient in diesem Zusammenhang Anerkennung als einer, der über die Möglichkeiten dieses „grafischen Raums" theoretisch gearbeitet hat. Doch es war vielleicht Zaha Hadid, die bei der Erkundung dieser Richtung von innovativer Architektur als Erste und am weitesten voranging.

In den letzten zwanzig Jahren blieb Zaha Hadid eine hartnäckige Radikale auf dem Gebiet architektonischer Experimente. Die Bedeutung ihres Beitrags zur Kultur der Architektur liegt vor allem in einer Reihe von wichtigen, ebenso einflussreichen wie radikalen Erweiterungen des Repertoires der Raumgestaltung, das Architekten heute zu Gebote steht. Diese Zugewinne für die entwerferischen Ressourcen der ganzen Disziplin umfassen Darstellungsmittel, grafische Manipulationen, Kompositionstechniken, Raumkonzepte, typologische Erfindungen und (schon außerhalb des behaupteten eigentlichen Fachbereichs) die Anregung neuer Bewohnungsformen oder -muster. Die Liste dieser Beiträge bildet eine Kausalkette, die bezeichnenderweise vom Oberflächlichen zum Substantiellen fortschreitet und damit die in normativen Rationalitätsmodellen angenommene Ordnung von Zweck und Mittel umkehrt. Das Projekt beginnt als Schuss ins Dunkel, fächert seine Flugbahn auf und erfasst das Ziel erst auf halbem Wege. Ausgangspunkt ist die Anverwandlung neuer Darstellungsmedien (Schichtröntgen, Mehrperspektivenprojektion), die bestimmte grafische Operationen gestatten (überdeterminierende Mehrfachverzerrungen), die dann als gestalterische Transformationen (Fragmentierung und Deformation) wirksam werden. Diese Techniken führen zu neuen Raumkonzepten (Magnetfeldraum, Partikelraum, fortlaufend verzerrter Raum), die eine neue Orientierung, Erschließung und Bewohnung des Raums suggerieren. Der Bewohner solcher Räume orientiert sich nicht mehr anhand von hervorstechenden Formen, Achsen, Kanten und klar abgegrenzten Bereichen. Stattdessen schaffen Dichteverteilungen, Ausrichtungen, Maßstabsänderungen und Transformationsvektoren eine neue Ontologie dessen, was es heißt, irgendwo zu sein. (1)

Diese Einschätzung des Werkes von Hadid in Bezug auf die Erweiterung der Methoden und formalen Ressourcen von Architektur ist unabhängig vom Erfolg oder Verdienst der diversen gebauten und ungebauten Projekte im Hinblick auf die speziellen Aufgaben, die sie zu lösen versucht haben. Anstatt nur ihrem unmittelbaren Zweck im Sinne der Bereitstellung eines bestimmten Nutzwertes – zum Beispiel einer Feuerwache oder eines Ausstellungsgebäudes – nach dem jeweiligen Stand der Technik zu entsprechen, bestehen Bedeutung und Ehrgeiz dieser Projekte darin, dass sie als Manifeste einer neuen Art von Raum gesehen werden könnten. Und als solche ist ihr bestimmender Zusammenhang der historische Entwicklungsfortschritt derartiger Manifeste und nicht ihr konkreter räumlicher und institutioneller Standort. Zur bestimmenden Ahnenschaft etwa der Vitra-Feuerwache oder der Mind Zone im Londoner Millennium Dome gehört das Vermächtnis der modernen Architektur und der abstrakten Kunst, einen vordem unvorstellbaren konstruktiven Freiraum für sich erobert zu haben. Ein Schlüsselbeispiel für ein derartiges gebautes Manifest ist Gerrit Thomas Rietvelds Haus Schröder. Wert und Rechtfertigung dieses Gebäudes verdanken sich nicht nur der besonderen Eignung für die Bedürfnisse der Familie Schröder. Es wirkt als ein inspirierendes Manifest neuer gestalterischer Möglichkeiten, die sehr viel später, in der Vitra-Feuerwache, neuerlich erweitert werden – Hadids erstem gebautem Manifest, das sich nur im Rahmen ihres Gesamtwerks verstehen lässt. (2) Diese beiden Manifestbauten verstoßen radikal gegen typologische und tektonische

Normen ihrer Zeit und wagen es gestalterische Schritte zu suggerieren, von denen die Disziplin der Architektur bis dahin nichts wusste.

Die Einführung von Kategorien wie „Manifest", „Disziplin der Architektur" und „Gesamtwerk" setzt Nützlichkeitserwägungen zeitweilig außer Geltung, freilich ohne sie völlig zu streichen oder zu negieren. Diese Kategorien werden nicht absolut gesetzt, autonom und für immer über die funktionalen Anliegen der Gesellschaft erhaben. Vielmehr werden konkrete Nutzungen und konkrete Nutzer zugunsten des Experimentierens mit neuen potenziell verallgemeinerbaren Prinzipien der Raumorganisation und Gestaltung im Hinblick auf sich abzeichnende gesellschaftliche Bedürfnisse und Nutzungsmuster vorübergehend ausgeklammert. Funktionale Optimierung nach gesicherten Kriterien wird der experimentellen Beförderung gesellschaftlicher Praktiken von potenziell noch höherer Funktionalität untergeordnet. Das Wesen der ikonoklastischen Untersuchungen der Avantgarde besteht eben darin, dass sie sich auf das Unbekannte wirft und ihre herausfordernden Vorschläge noch im Rohzustand in den kollektiven Experimentierprozess einspeist, anstatt abzuwarten, bis der gesamte Kreislauf von Experiment, Variierung, Auswahl, Optimierung und Verfeinerung durchlaufen ist, um sichere und ausgefeilte Resultate zu präsentieren.

Trotz des oft prekären Zustands ihrer teilweisen und vorläufigen Ergebnisse vertrete ich die Meinung, dass dieser Radikalismus eine Art Forschung betreibt; unorthodoxe Forschung insofern, als zu seinen Methoden intuitives Tasten, Zufallsentscheidungen und automatische formale Prozesse gehören, das heißt die temporäre Lockerung rationaler Kriterien.

DIE DIALEKTIK DES NEUEN

Hegel erkannte, dass das Neue seinen unmittelbaren Vorläufer als sein definierendes Gegenteil immer in sich aufnimmt, bewahrt und mit sich zieht wie einen Schatten. Und dieser Schatten hat einen weiteren Schatten und so fort, sodass eine kulturelle Innovation nur von jenen erkannt und gewürdigt werden kann, die imstande sind, sie in die gesamte historische Evolution einzuordnen. Eine solche Würdigung wird damit zu einem relativen, abgestuften und letztlich unendlichen Akt. (Und es ist wesentlich für die Kultur der Architektur, darauf zu beharren, dass eine neue architektonische Position sich nicht auf eine isolierte Form oder Geste reduzieren lässt, sondern, wie eine wissenschaftliche Idee, ein ganzes Netz von sich aufsammelnden Annahmen und Ambitionen mit einbezieht.) Dieser Prozess, den Hegel Aufhebung nannte, manifestiert sich in dem Umstand, dass sich die Definition des Neuen, etwa des „Dekonstruktivismus" oder der „Faltung in der Architektur", über Hunderte von Seiten in Büchern und Zeitschriften hinzieht, die der Architekturgeschichte weitläufig nachgehen und Bezüge zu klassischen wie modernistischen Tropen herstellen. Jedes Mal aber – und das liegt jenseits des Begriffs der Hegel'schen Dialektik – wenn diese Abfolge durchlaufen wird, wird sie verdreht und durch die jeweiligen Eventualitäten und aufkommenden Thematiken rückwirkend neu geordnet. Die Geschichte der (Architektur-)Geschichte zeigt, wie Unterscheidungen und relative Neuheit sich verteilen und unter der Kraft der jeweiligen Innovationen entstehen und zusammenbrechen; einer Kraft, die zum großen Teil gegen den Zeitpfeil wirkt, und das hat hexerische Konsequenzen: Ein Gedanke könnte nicht mehr dieselbe Sprache sprechen wie an seinem eigenen Anfang. Wie Derrida es formuliert: „Es kann nicht alles in einem Schwung gedacht werden", und: „Die Notwendigkeit, diese gelöschte Bestimmung zu passieren, die Notwendigkeit dieses Tricks beim Schreiben ist unaufhebbar." (3)

So leicht und natürlich die neuesten Innovationen (Schichtungen, Deformationen) uns heute erscheinen mögen, so stellten sie doch radikale Verstöße gegen die impliziten Regeln der archi-

tektonischen Ordnung dar, und für die Publikumsmehrheit dominiert dieser oppositionelle Charakter nach wie vor die wahrgenommene Bedeutung. Der innovative Architekt hat keine andere
Wahl, als mit dieser dialektischen Bestimmung durch Opposition oder Kontrast zu rechnen und
damit zu arbeiten. Es wird seine Zeit brauchen, ehe die dieser neuen Sprache innewohnenden
Unterschiede aus dem Schatten des bloßen Unterschieds von Alt und Neu heraustreten.

QUELLEN DER RADIKALEN FANTASIE

Kreative Neubelebung

Es ist kein Zufall, dass sich das Neue in der Kunst immer in der Verkleidung der Wieder-
belebung eines Alten ankündigt. Hadids Karriere beginnt mit der Neuinterpretation der Tektonik
von Malewitsch. Tatsächlich wurden ihre frühen Arbeiten als Neokonstruktivismus (miss)verstan-
den. Man könnte sich auch daran erinnern, wie Peter Eisenman vom frühen Le Corbusier und von
Terragni ausging. Anverwandlung durch Wiederaufgreifen ist die leichteste und unmittelbarste
Möglichkeit, Unzufriedenheit und Widerstand gegen eine herrschende Praxis zu artikulieren.
Doch das hat nichts mit Wiederholung zu tun. Auf dem Rücken der Postmoderne das unfertige
Projekt der Moderne wieder aufzunehmen kann kein simples Nach-Machen sein, selbst wenn
es anfangs mit wörtlichen Zitaten arbeitet. Denn für eine Kultur, die ihre eigene Geschichte
reflektiert, kann diese Geschichte niemals zirkulär sein. Und obwohl es Versuche einer zirku-
lären Geschichtsschreibung gab – zum Beispiel die Geschichte der westlichen Kunst als
Pendelbewegung zwischen einer apollinischen und einer dionysischen Empfindung –, so ist es
doch diskursiv beim zweiten Mal nie dasselbe. Außerdem zeigt, was auf das zweite Mal folgt,
meist ganz klar dessen nicht wegzudisputierende Neuheit. Neubelebung – das Wieder-nach-
vorn-Bringen dessen, was man hinter sich gelassen hat – war immer ein verbreiteter und
wirksamer Mechanismus bei der Produktion des Neuen. Die Wiedereinführung obsoleter
Formensysteme ist immer mehr eine polemische Intervention und eine Bewertung eines aktuel-
len Diskurses als ein Schritt zurück in eine vergangene Ära. Das Ergebnis ist damit unvermeid-
lich ein Effekt der Überdeterminierung.

Neukombination: Collage und Hybridisierung

Der zweite Mechanismus, der hier genannt werden muss, ist die Dialektik von Neukombination
und Hybridisierung. Es ist wichtig sich hierbei zu erinnern, dass das Ergebnis einer Kombination
selten bloß ein vorhersagbarer Kompromiss ist. Synergien könnten nutzbar gemacht werden. Es
könnten unvorhersehbare Wechselwirkungen auftreten und, auf der Bedeutungsseite, Affekte
erzeugt werden, wenn die gesamte Taxonomie der Unterschiede in eine unabsehbare Neu-
anordnung gezwungen wird. Die Neukombination rekontextualisiert und reinterpretiert ihre
Ingredienzien ebenso wie ihr Umfeld.

Abstraktion

Abstraktion impliziert die Vermeidung von allzu vertrauten, vorgefertigten Typologien. Anstatt
Dinge wie Häuser, Zimmer, Fenster, Dach als gegeben anzunehmen, konstituiert Hadid die
Funktionen von Territorialisierung, Umfassung, Schnittstelle, Abgrenzungen, Felder, Ebenen,
Körper, Schnitte, Bänder etc. neu. Die kreative Freiheit dieses Ansatzes folgt aus der relativen
Unbegrenztheit der gestalterischen Konfigurationen und der relativen Unbegrenztheit der
abstrakten Einheiten, die in die Komposition einfließen. Um die befreiende Atmosphäre der
Abstraktion im fertigen Gebäude zu erhalten, verhindert eine „befremdende", minimalistische
Detailgestaltung, dass Körper sofort Zimmer bezeichnen, Einschnitte wieder zu Fenstern werden. Dieser Minimalismus entzieht die vertrauten Dinge, die es ansonsten den Bewohnern
gestatten würden, in gewohnte Verhaltensmuster zu verfallen. Stattdessen sehen sie sich mit
einer abstrakten Komposition konfrontiert, die entdeckt und neu verstanden werden muss.

Analogien

Analogien sind phantastische Motoren der Erfindung im Hinblick auf Organisationsdiagramme, Formensprachen und tektonische Systeme. Sie haben freilich nichts mit Allegorien oder Semantik im Allgemeinen zu tun. Hadids bevorzugte Quelle analoger Übertragung ist das unerschöpfliche Reich der Landschaftsformen: Wälder, Canyons, Flussdeltas, Dünen, Gletscher/Moränen, geologische Verwerfungsschichten, Lavaströme etc. Über solche spezifischen Formen hinaus werden auch abstrakte, formale Charakteristika von Landschaft ins Inventar architektonischer Gestaltung aufgenommen. Der Begriff der künstlichen Landschaft ist eine Arbeitshypothese, die seit dem „Peak" in Hongkong das Œuvre Hadids weitläufig durchzieht. Künstliche Landschaften sind kohärente räumliche Systeme. Sie verweigern sich platonischer Exaktheit, haben deswegen aber nicht bloß irgendeine „freie Form". Sie haben ihre eigene besondere Gesetzmäßigkeit. Sie funktionieren eher durch Verläufe als durch scharfkantige Abgrenzung. Sie treiben endlose Variationen hervor, anstatt über die Wiederholung unverbundener Formentypen zu funktionieren. Sie bleiben unbestimmt und lassen der Interpretation durch die Bewohner Raum.

Ein anderer Quellbereich für Analogien ist Essen: Sandwiches, Kaugummi, Brotwaffeln, Spaghetti. Letztlich könnte alles und jedes als Inspiration für Analogien dienen. Solche Analogien werden oft dem Konzept des Projekts zugrunde gelegt: das Opernhaus von Cardiff als verkehrte Halskette, das Kopenhagener Konzerthaus als Terrazzoblock, die Erweiterung des Victoria and Albert Museum als 3-D-Fernseher, das heißt als dreidimensionaler Punktraster und so weiter.

Surrealistische Mechanismen

Das anfängliche Skizzieren grafischer Texturen „ohne Nachdenken" (siehe die Vitra-Skizzen) in endlosen Wiederholungen funktioniert wie eine „abstrakte Maschine", die Varianten erzeugt, unter denen ausgewählt wird. Sobald eine seltsame Textur oder Form ausgewählt ist und ihr ein Nutzungsprogramm gegenübergestellt wird, entsteht eine besondere Dialektik von Inhalt und Form. Ein aktiver, formendeutender Verstand wird die erwünschten Bedingungen entdecken; ebenso aber entstehen aus der Begegnung mit der eigenartigen Konfiguration Anregungen für neue Bedürfnisse und Funktionen. Der radikal irrationale und willkürliche Umweg führt am Ende direkt ans Ziel.

Dieses „Mirakel" lässt sich durch die Erkenntnis erklären, dass alle Funktionalität relativ ist, dass alle gut gegliederten Organismen einst monströse Abnormitäten waren und später vielleicht wieder krude und mangelhaft erscheinen – jeweils im Vergleich mit anderen „höheren" oder „schöneren" Organisationsformen. Bevor wir also willkürliche Formgebungen abtun, sollten wir uns bewusst machen, dass alle unsere über die Zeit bewährten Typologien sich dogmatisch an den willkürlichen Formalismus der Rechtwinkligkeit und platonischen Einfachheit klammern, der sich von dem Zwang zum Messen, zur Schaffung und Stabilisierung von – aus einem eigentlich recht primitiven Stadium unserer Zivilisation übererbten – Bautechniken herleitet. Zu dieser Zeit und in dieser Epoche in diesen Formen verhaftet zu bleiben wäre mehr als willkürlich. Der einzige Ausweg ist die radikale Formenvermehrung und das Testen anderer Optionen. Alle Ausgangspunkte sind gleichermaßen willkürlich, ehe sie an ausgesuchten Kriterien erprobt werden. Es gibt kein absolut Optimales. Jede Maßnahme geht von einer endlichen Anordnung willkürlicher Möglichkeiten aus, die verglichen, ausgewählt und angepasst werden, um sich von der absoluten Willkür emporzuarbeiten. Im Hinblick darauf ist es bedeutsam, dass die Logik evolutionärer Weiterentwicklung mit der Mutation ihren Ausgang nimmt: Mutation, Selektion und Reproduktion. Zaha Hadid ist für die Kultur der Architektur ein vitaler Motor der Mutation.

PATRIK
SCHUMACHER

Es erscheint zunehmend geboten, die Kategorie des Zufallsereignisses und der spontanen Mutation in unsere Theorien von Innovation und Fortschritt einzubauen, auch wenn diese Begriffe – Zufälligkeit und Fortschritt – bislang als Antithesen galten. Zufälligkeit wirkt ja wie die absolute Antithese jedes Begriffs von strategischem Handeln oder Rationalität.

Sollte man nicht wissen, was man tut? Nicht unbedingt, wenn man wachsam genug ist, die eigenen Zwecke zu erkennen, wenn sie einem unterwegs begegnen. Man kann sehr wohl im Nachhinein erkennen und bestimmen, was man getan hat, im Rückblick auf das Geschehene. Dekonstruktivistische Entwurfsverfahren zeichnen sich durch ebendiese gefaltete Zeitstruktur aus: „Wähle jetzt, begründe später.“ Systematisch wurde dem Entwurfsprozess jegliche vorgefasste Intention ausgetrieben; an ihre Stelle trat eine immer weiter gehende Reihe von anfangs willkürlichen Formgebungsschritten: „Mappings“ und ausgedehnte Serien formaler Transformationen als aleatorische Prozesse der Formgebung. Ein solches Verfahren oder eine solche Methode bedeutet die radikale Außerkraftsetzung von allem, was üblicherweise mit dem Begriff „Entwurf“ als absichtsvolles, zweckgerichtetes Tun assoziiert wird, das darauf gerichtet ist, klar umrissene Probleme nach bekannten und ausformulierten Kriterien zu lösen. Fortschritt lässt sich damit nicht länger als die systematische Ansammlung von Lösungen auf dieser Basis mitverfolgen. Anstelle eines solchen erklärbaren, schrittweisen Vorgehens stand grafische Proliferation auf der Tagesordnung. Freiheit und Fortschritt werden hier durch Zwänge in dem Sinne vermittelt, dass der Entwerfer sich zeitweilig der zufälligen Bestimmung durch den grafischen Prozess selbst unterwirft. Im aleatorischen Entwurfsverfahren geht die Formgebung voraus, und Bedeutung und Programm werden a posteriori hineingelesen, was eine innovative (Um-)Ordnung sowohl der neuen Form wie der neuen Funktion gestattet. Das aleatorische „Spiel“ ist ein Instrument der Intelligenz und nicht deren Ersatz oder Verneinung. Wie in der biologischen Evolution ist die Reproduktion, also die Fähigkeit, einen anfänglich unbeabsichtigten und unkontrollierten Effekt zu wiederholen und nachzubilden, notwendige Voraussetzung für die Fähigkeit, sich für die Zwecke des Fortschritts des Zufalls zu bedienen. Der maschinenartig ablaufende Prozess wird domestiziert und menschengelenkt. Was Spiel war, wird Methode.

„Das Spielerische ist die gewollte, zeitweilige Lockerung von Regeln, um Möglichkeiten alternativer Regeln zu erkunden. Wenn wir spielerisch agieren, stellen wir die Notwendigkeit von Konsequenz in Frage. Eigentlich kündigen wir – im Vorhinein – unsere Ablehnung gegenüber den üblichen Einwänden gegen ein Verhalten an, das nicht zum Standardmodell von Intelligenz passt. Verspieltheit gestattet Experimente. Gleichzeitig anerkennt sie die Vernunft. Sie akzeptiert, dass sie an einem gewissen Punkt … wieder in die Struktur der Intelligenz eingebunden wird … die der Vorstellung, dass man die Bedeutung des gestrigen Tuns in den heutigen Erfahrungen und Deutungen entdeckt, mit Nachsicht begegnet.“ (4) Solche Überlegungen könnten uns einigen Freiraum für Experimente verschaffen, nicht nur am Zeichenbrett, sondern – in bestimmten Grenzen – sogar am Gebäude selbst. Wer sollte sich zum Richter machen und a priori bestreiten wollen, dass ein seltsames Gebäude vielleicht eine seltsam produktive Nutzung anziehen und hervorbringen könnte?

SCHLUSSBEMERKUNG

Worum es im Werk von Zaha Hadid geht, ist ein Vorantreiben der Entwicklung der Disziplin der Architektur selbst, ihrer Raumkonzepte und ihres Formenrepertoires. Diese formalen Neuerungen erzeugen freilich nicht willkürliche Unterschiede bloß um der Neuheit willen. Vielmehr ist es möglich, die generelle Stoßrichtung der Innovation explizit zu lenken: in Richtung neuer Ebenen formaler Komplexität. An anderer Stelle (5) habe ich detailliert argumentiert, dass dieser generellen Stoßrichtung eine progressive Rationalität zugrunde liegt: Sie repräsentiert das Potenzial, sich auf die Komplexitäten und Ungewissheiten postfordistischer gesellschaftlicher Arrangements einzulassen.

Meine zentrale Behauptung hier lautet, dass formale Innovation nur auf der Ebene eines Einzelprojekts oder einer Einzelkarriere als Gegensatz zu programmatischer Funktionalität begriffen werden kann, aber niemals für eine Disziplin im Ganzen (was ja auch das Potenzial für die Zukunft mit einschließt). Formale Innovation verdient insoweit Anerkennung, als sie den Status eines noch unverwirklichten Potenzials zu höher Funktionalität hat. Ein bestimmtes Projekt oder Werk kann formal innovativ sein, noch ohne die dazugehörige programmatische Innovation mitzuliefern. Tatsächlich gedeiht die anfängliche Überflut von Raumkonzepten und Formgebungstechniken am besten, solange es noch keine funktionalen und programmatischen Zwänge gibt. Das ist die Raison d'être vieler der Protagonisten der heutigen Neo-Avantgarde. Die Rationalität einer solchen Praxis kann aber nicht absolut gesetzt werden. Vielmehr hängt sie an eben ihrer Partialität, also der Einbettung in ein arbeitsteiliges System, das Formexperimente und deren funktionale Nutzbarmachung auseinander zu halten vermag. Der Wert formaler Innovation liegt eben in der Verheißung, dass eine formal bereicherte Disziplin sich bei der räumlichen Organisation und Gestaltgebung für den sich entwickelnden Lebensprozess wandlungsfähiger und findiger anstellen wird.

Die funktionale Umsetzung einer neu entwickelten Formensprache wird oft als Trivialisierung gesehen. Doch ohne diese Trivialisierung – die in Wahrheit seine einzige Erlösung ist – wäre ein solcher Formalismus nichts anderes als unverantwortlicher Fetischismus. Jedes neue Formkonzept erweist seine Stärke und Produktivität (und ich würde sogar meinen, seine volle ästhetische Wirkung) nur als belebter Raum. Zaha Hadid ist sich dessen wohl bewusst und zielt darauf ab, an der gemeinsamen Front von formaler und funktionaler Innovation in vorderster Linie zu kämpfen.

Anmerkungen

1   Natürlich entstehen diese Innovationen seit je (und auch in Zukunft) in einem internationalen kollektiven/wettbewerbsgeprägten Milieu von Experimentierern. Jeder Einzelne, der dazu beiträgt, eignet sich die Gesamtheit der aus diesem Milieu hervorgehenden Entdeckungen sofort an – und das mit Recht. Die Ausführungen über Ambition, Bedeutung und Leistung des Werkes von Zaha Hadid stellen somit keinerlei Behauptung in Bezug auf die ursprüngliche Urheberschaft dar – eine Frage, die von jeder substantiellen Diskussion übrigens nur ablenken kann.

2   Hadids Œuvre wiederum lässt sich als Versuch definieren, das „unvollendete Projekt der Moderne" weiter voranzutreiben. So lautet jedenfalls die allgemeinste Darstellung, die Zaha Hadid bei vielen Gelegenheiten von ihrer Arbeit gegeben hat. Das „unvollendete Projekt der Moderne" ist mehr dem russischen Konstruktivismus zugeneigt als dem deutschen Funktionalismus, weil es der formalen Innovation mehr Stellenwert beimisst als der wissenschaftlichen Rationalisierung. Dieser Gegensatz ist allerdings mehr graduell denn prinzipiell. Die historische Überschneidung von abstrakter Kunst, Industrietechnologie und sozialem Fortschritt, der im Gefolge des Ersten Weltkriegs erreicht wurde, war ein unentbehrliches Element für alle Schattierungen in der Bewegung der Moderne.

3   Derrida, J., Grammotologie, Frankfurt a. M.: Suhrkamp 1983, franz. Ausgabe: Paris 1967.

4   March, J. G. & Olsen, J. P., Ambiguity and Choice in Organisations, Bergen: Universitetsforlaget 1979.

5   Schumacher, P., Produktive Ordnungen (engl.: Productive Patterns), in: *ARCH+,* 136, April 1997, Berlin, S. 28–33, 87–90. Siehe auch: a) Schumacher, P., Productive Patterns – Restructuring Architecture. Part 1, in: *arhitektov bilten/architect's bulletin,* Operativity, Bd. 135–136, Juni 1997, Ljubljana, b) Part 2, in: *arhitektov bilten/architect's bulletin,* Bd. 137–138, November 1997, Ljubljana.

// MECHANISMS OF RADICAL INNOVATION

PATRIK SCHUMACHER

One of the most significant and momentous features of architectural avant-garde of the last twenty years is the proliferation of representational media and design processes. In the early eighties Zaha Hadid burst onto the architectural scene with a series of spectacular designs embodied by even more spectacular drawings and paintings. The idiosyncrasies of these drawings made it difficult to read them as straightforward architectural descriptions. This initial openness of interpretation might have led some commentators to suspect "mere graphics" here.

GRAPHIC SPACE

The predicament to start (and ultimately stay) with two-dimensional drawings has been architecture's predicament ever since its inception as a discipline distinguished from construction. As Robin Evans pointed out so bluntly: architects do not build, they draw. Therefore the translation from drawing to building is always problematic – at least under conditions of innovation.

Architecture as a design discipline that is distinguished from the physical act of building constitutes itself on the basis of drawing. The discipline of architecture emerges and separates from the craft of construction through the differentiation of the drawing as the tool and domain of expertise outside (and in advance) of the material process of construction. The first effect of drawing (in ancient Greek architecture) seems to be an increased capacity of standardization, precision and regularized reproduction on a fairly high level of complexity and across a rather wide territory. Roman architecture could benefit from this but also shows hints towards the exploitation of the capacity of invention that the medium of drawing affords. Without drawing, the typological proliferation of Roman architecture is inconceivable. Since the Renaissance (via Mannerism and Baroque) this speculative moment of the drawing has been gathering momentum. But only 1920s modernism really discovers the full power and potential of the drawing as a highly economic trial-error mechanism and as an effortless plane of invention. Drawing accelerates the evolution of architecture.

In this respect modern architecture depends upon the revolution within the visual arts that finally shook off the burden of representation. Modern architecture was able to build upon the legacy of modern abstract art as the conquest of a previously unimaginable realm of constructive freedom. Hitherto art was understood as mimesis and the reiteration of given sujets, i. e. re-presentation rather than creation. Architecture was the re-presentation of a fixed set of minutely determined typologies and complete tectonic systems. Against this backdrop abstraction meant the possibility and challenge of free creation. The canvas became the field of an original construction. A monumental break-through with enormous consequences for the whole of modern civilization. Through figures such as Malevitch and vanguard groups such as the De Stijl movement this exhilarating historical moment was captured and exploited for the world of experimental architecture.

My thesis here is that the withdrawal into the two-dimensional surface, i. e. the refusal to interpret everything immediately as a spatial representation, is a condition for the full exploitation of the medium of drawing as a medium on invention. Only on this basis, as explicitly graphic manœuvres, do the design maneuvers gain enough fluidity and freedom to play. They have to be set loose, shake off the burden to always already mean something determinate. Obviously, this stage of play and proliferation has to be followed by a tenacious work of selection and interpretation. At some stage architectural work leads to building. But not in every "project". Some architectural projects remain "paper projects" which are "translated" later, by other projects. The discipline of architecture has learned to allow for this. Major contributions to the history of architecture have been made on this basis.

One of Hadid's audacious moves was to translate the dynamism and fluidity of her calligraphic hand directly into equally fluid tectonic systems. Another incredible move was the move from isometric and perspective projection to literal distortions of space and from the exploded axonometry to the literal explosion of space into fragments, from the superimposition of various fisheye perspectives to the literal bending and melt down of space etc. All these moves initially appear rampantly illogical, akin to the operations of the surrealists.

The level of experimentation reached a point where the distinction between form and content within these drawings and paintings was no longer fixed. The question: "Which features of the graphic manipulation pertain to the mode of representation rather than to the object of representation?" was left unanswered. Was the architecture itself twisting, bending, fragmenting and interpenetrating or were these features just aspects of the multi-view-point fish-eye perspectives? The answer is that over an extended process and a long chain of projects the graphic features slowly transfigured into realizable spatial features. The initial openness in this respect might have led some commentators to suspect "mere graphics" here. Within Zaha Hadid's studio this uncertainty was productively engaged through a slow process of interpretation via further drawings, projects and finally buildings.

These strange moves which seemed so alien and "crazy" – once taken seriously within the context of developing an architectural project – turn out to be powerful compositional options when faced with the task of articulating complex programmes. The dynamic streams of movements within a complex structure can now be made legible as the most fluid regions within the structure; overall trapezoidal distortions offer one more way to respond to non-orthogonal sites; perspective distortions allow the orientation of elements to various functional focal points etc. What once was an outrageous violation of logic has become part of a strategically deployed repertoire of nuanced spatial organisation and articulation.

Painterly techniques like color modulations, gradients of dark to light or pointillist techniques of dissolving objects into their background assume significance in terms of the articulation of new design concepts like morphing or new spatial concepts like smooth thresholds, "field-space" and the "space of becoming" (Eisenman). Jeff Kipnis deserves recognition here as someone who has theorised such possibilities of "graphic space." But it was Zaha Hadid who went first and furthest in exploring this way of innovating architecture.

Zaha Hadid has been a persistent radical in the field of architectural experimentation for the last twenty years. The importance of her contribution to the culture of architecture lies primarily in a series of momentous expansions – as influential as radical – in the repertoire of spatial articulation available to architects today. These conquests for the design resources of the discipline include representational devices, graphic manipulations, compositional maneuvers, spatial concepts, typological inventions and (beyond the supposed remission of the discipline proper) the suggestion of new modes or patterns of inhabitation. This list of contributions describes a causal chain that significantly moves from the superficial to the substantial and thus reverses the order of ends versus means assumed in normative models of rationality. The project starts as a shot into the dark, spreading its trajectories, and assuming its target in midcourse. The point of departure is the assumption of a new representational media (x-ray layering, multi-perspective projection) which allow for certain graphic operations (multiple, over-determining distortions) which then are made operative as compositional transformations (fragmentation and deformation). These techniques lead to a new concept of space (magnetic field space, particle space, continuously distorted space) which suggests a new orientation, navigation and inhabitation of space. The inhabitant of such spaces no longer orients by means of prominent figures, axis, edges and clearly bounded realms. Instead the distribution of densities, directional bias, scalar grains and gradient vectors of transformation constitute the new ontology defining what it means to be somewhere. (1)

This assessment of Hadid's oeuvre in terms of the expansion of architectural methods and formal resources is independent of the success and merit of the various built and unbuilt projects with respect to the particular tasks they are addressed to solve. Rather than fulfilling only their immediate purpose as a state of the art delivery of a particular use-value – e. g. a fire station or an exhibition venue – the significance and ambition of these projects is that they might be seen as manifestos of a new type of space. As such their defining context is the historical progression of such manifestos rather than their concrete spatial and institutional location. The defining ancestry of e.g. the Vitra Firestation or the Millennium Mind Zone includes the legacy of modern architecture and abstract art as the conquest of a previously unimaginable realm of constructive freedom. A key example for such a manifesto building is Rietveld's House Schroeder. The value and justification of this building does not only depend on the particular suitability to the Schroeder's family interests. It operates as an inspiring manifesto about new compositional possibilities which much later are further extended in the Vitra Firestation – Hadid's first built manifesto to be understood within Zaha Hadid's oeuvre at large. (2) Both these manifesto buildings radically violate the typological and tectonic norms of their time and dare to suggest compositional moves hitherto unknown to the discipline of architecture.

The introduction of categories such as "manifesto", "the discipline of architecture" and "oeuvre" suspends but does not cancel or deny concerns of utility. These categories are not set absolute, autonomous and forever aloof from the functional concerns of society. Rather the concrete uses and users are bracketed for the sake of experimenting with new, potentially generalisable principles of spatial organization and articulation with respect to emerging social demands and use patterns. Optimal functionality according to well corroborated criteria is thus renunciated for the experimental advancement of social practices of potentially higher functionality. The very nature of the kind of iconoclastic research of "the avant-garde" is that it thrusts itself into the unknown and offers its challenging proposals to the collective process of experimentation in a raw state rather than waiting until the full cycle of experimentation, variation, selection, optimization and refinement is complete to present secure and polished results. Despite the often precarious status of its partial and preliminary results I will argue that this radicalism constitutes a form of research; an unorthodox research in as much as it's methods include

23

intuitive groping, randomization and automatic formal processes, i. e. the temporary relaxation and even suspension of rational criteria.

THE DIALECTIC OF THE NEW

Hegel grasped that the New is always consuming its immediate precursor as its defining opposite, maintaining and carrying it along like a shadow. And this shadow carries a further shadow etc., so that a cultural innovation can only be identified and appreciated by those who are able to place it within the whole historical evolution. Such appreciation therefore becomes a relative, graded and ultimately infinite act. (And it is essential for the culture of architecture to insist that a new architectural position can not be reduced to an isolated form or gesture, but – like a scientific idea – involves a whole network of historically cumulative assumptions and ambitions.)

This process, which Hegel called sublation, is born out by the fact that the definition of the New, e. g. of deconstructivism or folding in architecture, stretches across hundreds of magazine and book pages, broadly retracing architectural history, referencing classic as well as modernist tropes. But – and this is beyond the grasp of hegelian dialectic – each time the sequence is traversed it is twisted and retro-actively realigned by current contingencies and emerging agendas. The history of (architectural) history reveals how distinctions and relative newness are redistributed, emerge and collapse under the force of current innovations, a force that thus works to a large extent against the arrow of time and thus has bewitching consequences: A thought might no longer speak the language of its own beginning. As Derrida puts it "… all is not to be thought at one go …" and "the necessity of passing through that erased determination, the necessity of that trick of writing is irreducible." (3) However easy and natural the latest innovations (layerings, deformations) might seem to us now, they did constitute radical violations of the implicit rules of architectural order and for the majority audience this oppositional character still dominates their perceived meaning. The innovative architect has no choice but to reckon and work with this dialectic determination by opposition or contrast. It will take time for the differences internal to the new language to emerge from the shadow of the stark difference of new versus old.

RESOURCES OF THE RADICAL IMAGINATION

Creative revivalism
It is no accident that the New in the arts always announces itself in the guise of a revival. Hadid's career starts with the reinterpretation of Malevitch's tectonics. Her early work has indeed been (mis-)understood as Neo-constructivism. Also one might recount how Peter Eisenman takes off from the early Le Corbusier and Terragni. Revivalist appropriation is the easiest and most immediate option to articulate dissatisfaction and resistance towards a dominant practice. But this has nothing to do with repetition. For instance, to pick up the unfinished project of modernism on the back of post-modernism can not be a simple re-enactment, even if one initially works with literal citations. For a culture which reflects its own history, this history can never be circular. Although there have been attempts to write a circular history – e. g. the history of western art as swinging back and forth between an Apollonian and Dionysian sensibility –, discursively the second time is never the same. Also: what usually follows on from the second time clearly reveals its irreducible newness. Revivalism – the hurling back in front of what was left behind – has been a pervasive and effective mechanism in the production of the New. The re-introduction of obsolete formal systems is always a polemical intervention and qualification of a current discourse rather than a step back into a bygone era. The result is therefore inevitably an effect of over-determination.

Re-combination: collage and hybridization

The second mechanism that has to be mentioned here is the dialectic of re-combination and hybridization. The important reminder here is that the result of combination is rarely just a predictable compromise. Synergies might be harnessed: Unpredictable operational effects might emerge and, on the side of meaning, affects are engendered as the whole taxonomy of differences is forced into an unpredictable realignment. The new combination re-contextualizes and reinterprets its ingredients as well as its surroundings.

Abstraction

Abstraction implies the avoidance of familiar, ready-made typologies. Instead of taking for granted things like houses, rooms, windows, roofs etc. Hadid reconstitutes the functions of territorialization, enclosure and interfacing etc. by means of boundaries, fields, planes, volumes, cuts, ribbons etc. The creative freedom of this approach is due to the open-endedness of the compositional configurations as well as the open-endedness of the list of abstract entities that enter into the composition. To maintain the liberating spirit of abstraction in the final building a defamiliarizing, "minimalist" detailing is preventing that volumes immediately denote rooms and cuts turn into windows again. This minimalism withdraws the familiar items that otherwise would allow the inhabitants to fall into habitual patterns of behavior. Instead they are confronted with an abstract composition that needs to be discovered and made sense of in a new way.

Analogies

Analogies are fantastic engines of invention with respect to organizational diagrams, formal languages and tectonic systems. They have nothing to do with allegory or semantics in general. Hadid's preferred source of analogical transference is the inexhaustible realm of landscape formations: forests, canyons, river deltas, dunes, glaciers/moraines, faulted geological strata, lava flows etc. Beyond such specific formations abstract formal characteristics of landscape in general are brought into the ambit of architectural articulation. The notion of an artificial landscape has been a pervasive working hypothesis within Hadid's œuvre from the Hong Kong Peak onwards. Artificial landscapes are coherent spatial systems. They reject platonic exactitude but they are not just any "freeform". They have a peculiar lawfulness. They operate via gradients rather than hard edge delineation. They proliferate infinite variations rather than operating via the repetition of discrete types. They are indeterminate and leave room for active interpretation on the part of the inhabitants.

Another source realm is food stuffs: sandwiches, chewing gum, papadams, spaghetti. Ultimately anything could serve as analogical inspiration. Often such analogies become to be considered as the concept of the project: The Cardiff Opera House as an inverted necklace, the Copenhagen Concert Hall as a block of terrazzo, the Victoria and Albert Museum extension as 3D TV, i.e. a three-dimensional pixelation etc.

Surrealist mechanisms

The initially "mindless" sketching of graphic textures (see Vitra sketches) in endless iterations operates like an "abstract machine" proliferating differences to select from. Once a strange texture or figure is selected and confronted with a programmatic agenda a peculiar form-content dialectic is engendered. An active figure-reading mind will find the desired conditions but equally new desires and functions are inspired by the encounter with the strange configuration. The radically irrational and arbitrary detour ends up hitting a target. This "miracle" can be explained by recognizing that all functionality is relative, that all well articulated organisms have once been monstrous aberrations and might later seem crude and deficient – relative to other "higher" and more "beautiful" organizations. Before we dismiss arbitrary formalisms we need to realize that all our time-tested typologies themselves adhere dogmatically to the arbitrary formalism of orthogonality and platonic simplicity derived from the constraints of measuring, making and sta-bilizing structures handed down to us from a rather primitive stage of our civilization. To remain locked in within these figures at this time and age would be more than arbitrary. The only way out is radical proliferation and testing of other options. All points of departure are equally arbitrary until tested against presumed criteria. There is no absolute optimum. Every measure starts with a finite array of arbitrary options to compare, select from, adapt and thus working away from absolute arbitrariness. It is significant in this respect that the logic of evolutionary innovation starts with mutation: mutation, selection and reproduction. Hadid has been a vital engine of mutation with respect to the culture of architecture.

HARNESSING THE POWER OF CHANCE

More and more it seems to become an urgency to incorporate the category of random acci-dents and chance mutations into our theories of innovation and progress, even though these terms – randomness and progress – have hitherto been anti-thetical. Randomness seems to be the absolute antithesis of any notion of strategic conduct or rationality.

Should one not know what one is doing? Not necessarily if one is alert towards finding one's purposes along the way. One might very well learn and define what one was doing retrospec-tively, after the event.

Deconstructivist design-processes significantly have had this folded time structure: "choose" now, "motivate" later. The design process was systematically purged of any preconceived inten-tion and replaced by an ever extending series of initially arbitrary formal moves: mappings and extended series of formal transformation as form-generating aleatoric processes. Such a pro-cess or method involves the radical suspension of everything usually associated with "design" as deliberate purpose-lead activity, directed to solve well-defined problems according to known and explicit criteria. Progress can no longer be monitored as the systematic accumulation of solutions on that basis. Instead of such step by step accountable conduct, initially unaccount-able graphic proliferation and groping was the order of the day.

Freedom and progress are here mediated through coercion in the sense of the designers (tem-porary) submission to the arbitrary determination of the graphic process. In the aleatoric design method the formal process is running ahead and a meaning and program is read into it a poster-iori, allowing for an innovative (re-)alignment of both new form and new function. The aleatoric "play" is an instrument of intelligence, not its negation or substitute. As in biological evolution, the necessary condition for the ability to harness chance for the purposes of inno-vation is reproduction, i.e. the ability to reproduce an initially unintended and uncontrolled effect. The machinic process becomes domesticated and human. What was play has become method. "Playfulness is the deliberate, temporary relaxation of rules in order to explore the possibilities of alternative rules. When we are playful we challenge the necessity of consistency. In effect, we announce – in advance – our rejection of usual objections to behaviour that does not fit the standard model of intelligence. Playfulness allows experimentation. At the same time, it ackno-wledges reason. It accepts that at one point … it will be integrated into the structure of intelli-gence … tolerant of the idea that he will discover the meaning of yesterday's action in the experiences and interpretations of today." (4)

Such reasoning might grant us some breathing space for experimentation not only on the dra-wing board, but also – within certain limits – with the building itself. Who is to judge and deny a priori that a strange building will not attract and engender a strangely productive occupation.

CONCLUSION

PATRIK
SCHUMACHER

What is at stake in Hadid's oeuvre is the attempt to push the development of the discipline of architecture itself, its spatial concepts and formal registers. But these formal innovations do not just produce arbitrary difference for the sake of newness. Rather it is possible to explicitly frame the general thrust of innovation: towards new levels of formal complexity. Elsewhere (5) I have argued in detail that this general thrust has an underlying progressive rationality: it represents the potential to engage with the complexities and uncertainties of emerging post-for-dist social arrangements. My main point of contention here is that formal innovation can be opposed to programmatic functionality only on the level of an individual project or career, but never on account of the discipline as a whole (which includes the potential for the future). Formal innovation deserves respect in as much as it has the status of a deferred potential for higher functionality. A particular project or oeuvre might be formally innovative without deliver-ing any respective programmatic innovation.

Indeed the initial proliferation of spatial concepts and formal techniques flourishes best in the absence of functional and programmatic constraints. This is the raison d'etre of a lot of the pro-tagonists of the current neo-avant garde. But the rationality of such practice can not be posed as absolute. Rather it depends on its partiality, i.e. its embeddedness within an effective division of labor that separates formal experimentation from its functional exploitation. The value of this formal innovation lies precisely in the promise that a formally enriched discipline will be more versatile and resourceful in the spatial organization and articulation of the evolving life process. The functional implementation of the newly elaborated formalisms is often regarded as trivial-ization. But without its "trivialization" – which indeed is its only redemption – this formalism would be nothing but an irresponsible fetishism. Any new formal concept reveals its power and productivity (and I would argue even fulfils its full aesthetic affect) only as a lived space. Zaha Hadid is very well aware of this and aims to operate on the integrated front of formal and func-tional innovation.

Notes

1   Of course these innovations have been (and continue to be) produced within an international collective/ competitive milieu of experimenters. The totality of discoveries emerging within this milieux is immediately appropriated – and rightly so – by each and every contributor. The elaboration of the ambition, meaning and achievement of the oeuvre of Zaha Hadid therefore makes no claim here concerning the question of original authorship – a question which can only distract from any substantial discussion.

2   Hadid's oeuvre in turn can be defined as an attempt to push ahead with "the incomplete project of modernism". This is the most general account Zaha Hadid has – on many occasions – given of her work. The "incomplete project of modernism" as Hadid understands it, is more tilted towards Russian Constructivism rather than German Functionalism giving greater prominence to formal innovation rather than scientific rationalization. But this opposition is one of degree rather than principle. For all shades iof the modern movement the historical intersection of abstract art, industrial technology and the social progress conquered in the wake of the 1st world war have been the indispensable ingredients.

3   Derrida, J., Of Grammotology, p. 23, Baltimore 1974, French: Paris 1967

4   March, J. G. & Olsen, J. P., Ambiguity and Choice in Organisations, 1979

5   Schumacher, P., Produktive Ordnungen (engl.: Productive Patterns), in: *ARCH+*, 136, April 1997, Berlin, pp. 28–33, pp. 87–90; see also: a) Schumacher, P., Productive Patterns – Restructuring Architecture. Part 1, in: *architect's bulletin*, Operativity, Volume 135–136, June 1997, Slovenia b) Part 2, in: *architect's bulletin*, Volume 137–138, November 1997, Slovenia

AUSSTELLUNG // EXHIBITION MAK 2003

// ICE-STORM
// 2003

ZAHA HADID & PATRIK SCHUMACHER
DESIGN TEAM: THOMAS VIETZKE, WOODY YAO
INTEGRIERTE MÖBELELEMENTE / INTEGRATED FURNITURE ELEMENTS:
SAWAYA & MORONI

Die Installation „Ice-Storm" – konzipiert und realisiert eigens für die zentrale Ausstellungshalle im MAK – ist ein gebautes Manifest. Mit dem neuen digitalen Potenzial in Design und Herstellung als Triebfeder werden die Möglichkeiten einer innovativen Wohnraumarchitektur sichtbar. Die Installation verweist auf neue Arten von Wohn- und Sitzlandschaften und ist in dieser Hinsicht mehr ein latentes denn ein manifestes Environment; denn weder vertraute Typologien noch bestimmte Codes wurden bislang mit ihrer Morphologie assoziiert.

Die Installation versammelt und verschmilzt eine Reihe früherer Möbelentwürfe und Installationen: „Glacier", „Moraine", „Stalagtite", „Stalagmite", „Iceberg", „Z-Play" und „Domestic Wave" samt „Ice-Flow". Zusätzlich wurden zwei neu entworfene „feste" Sofas in die Installation integriert.

Die semiabstrakte geformte Fläche kann als ein aus einem einzigen Block geschnittenes Apartment gesehen werden. Der Rhythmus von Falten, Nischen, Einbuchtungen und Vorsprüngen folgt einer willkürlichen Logik, deren formale Dynamik durch eine Reihe von halbfunktionalen Einfügungen ausgelöst wird und Sofas, Liegen, Ess- und Schreibtische etc. andeutet.

Die hier erprobte Designsprache arbeitet mit komplexen Krümmungen und Wölbungen, fugenlosen und glatten Übergängen zwischen ansonsten disparaten Elementen. Diese formale Integration unterschiedlichster Formen wurde durch die digitale Technik des „Morphing" ermöglicht. Damit lassen sich bereits bestehende Möbelstücke in die fließende Masse des Ensembles einbetten und werden zu integrierten Organen eines großen Organismus. Die nicht nahtlos in die Gesamtgestalt eingepassten Elemente – die „Z-Play"-Teile – sind dennoch morphologisch verwandt und erscheinen als lose Bruchstücke, die beliebig durch die Szenerie driften. Die Installation lädt die Besucher ein, ihre Struktur zu bewohnen und die neue, offene Ästhetik für sich zu erkunden – eine Ästhetik, die dazu auffordert, die eigene Zugangsweise, das eigene Verhalten, den eigenen Lifestyle neu zu erfinden.

"Ice-Storm" is an installation that was conceived and created for the MAK. It is a built manifesto towards the potential for a new domestic language of architecture, driven by the new digital design and manufacturing capabilities. The installation is suggestive of new types of living/lounging environments. In this respect it is a latent rather than manifest environment. Neither familiar typologies nor any codes of conduct are yet associated with its morphology.

The installation collects and fuses a series of previously designed furniture elements and installations: Glacier, Moraine, Stalactite, Stalagmite, Ice-Berg, Z-Play and Domestic Wave including Ice-Flow. In addition two new hard sofas have been designed to be integrated into the installation.

The semi-abstract, molded surface might be read as an apartment that has been carved from a single continuous mass. The rhythm of folds, niches, recesses and protrusions follows a willful formal logic. This formal dynamic has been triggered by a series of semi-functional insertions which hint towards the potential for sofas, day-bed, desk, tables etc.

The design language explored here emphasizes complex curvelinearity, seamlessness and the smooth transition between otherwise disparate elements. This formal integration of divers forms has been achieved by the technique of "morphing". Via this morphing operation the preexisting furniture pieces are embedded within the overall fluid mass of the ensemble and become integrated organs of the overall organism. Those elements which are not contiguous with the overall figure – the Z-Play pieces – are nevertheless morphologically affiliated and appear like loose fragments that drift around the scene at random.

The installation asks the visitors to occupy the structure and to explore for themselves this new open aesthetic which invites us to reinvent ourselves in terms of posture, demeanor and life-style.

Ausstellungsaufbau / Set-up of the exhibition / MAK 2003

Ice-Storm / MAK-Ausstellungshalle / Exhibition hall / 2003

Ice-Storm / MAK-Ausstellungshalle / Exhibition hall / 2003

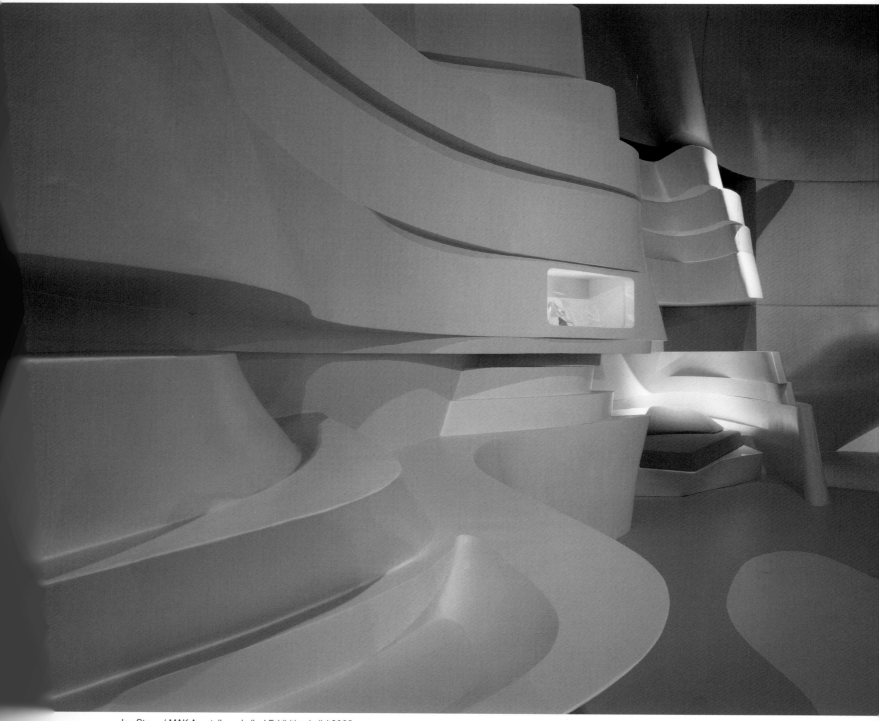

Ice-Storm / MAK-Ausstellungshalle / Exhibition hall / 2003

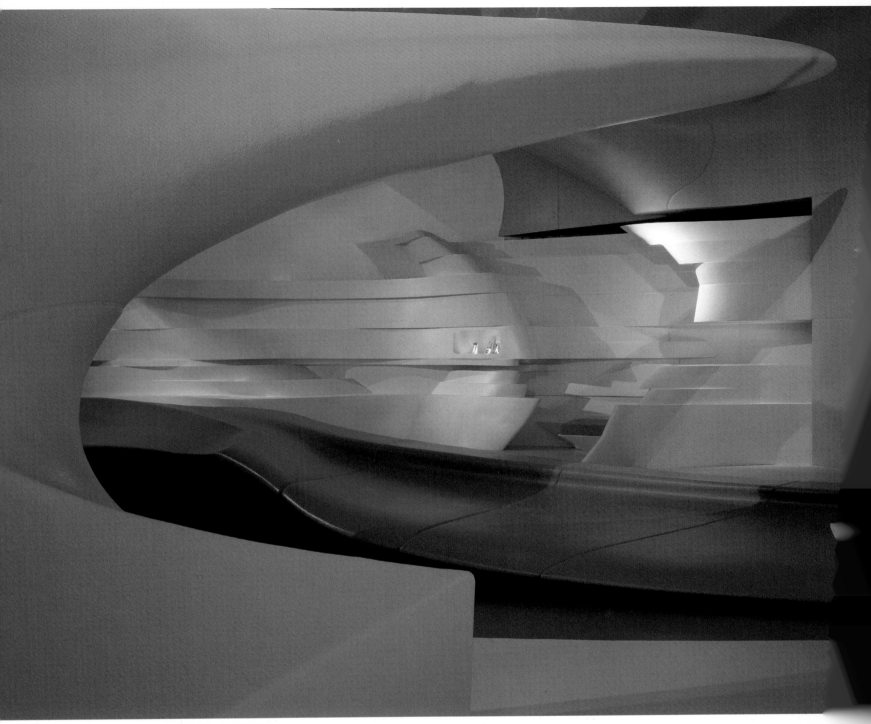

Ice-Storm / MAK-Ausstellungshalle / Exhibition hall / 2003

Ice-Storm / MAK-Ausstellungshalle / Exhibition hall / 2003

Ice-Storm / MAK-Ausstellungshalle / Exhibition hall / 2003

Ice-Storm / MAK-Ausstellungshalle / Exhibition hall / 2003

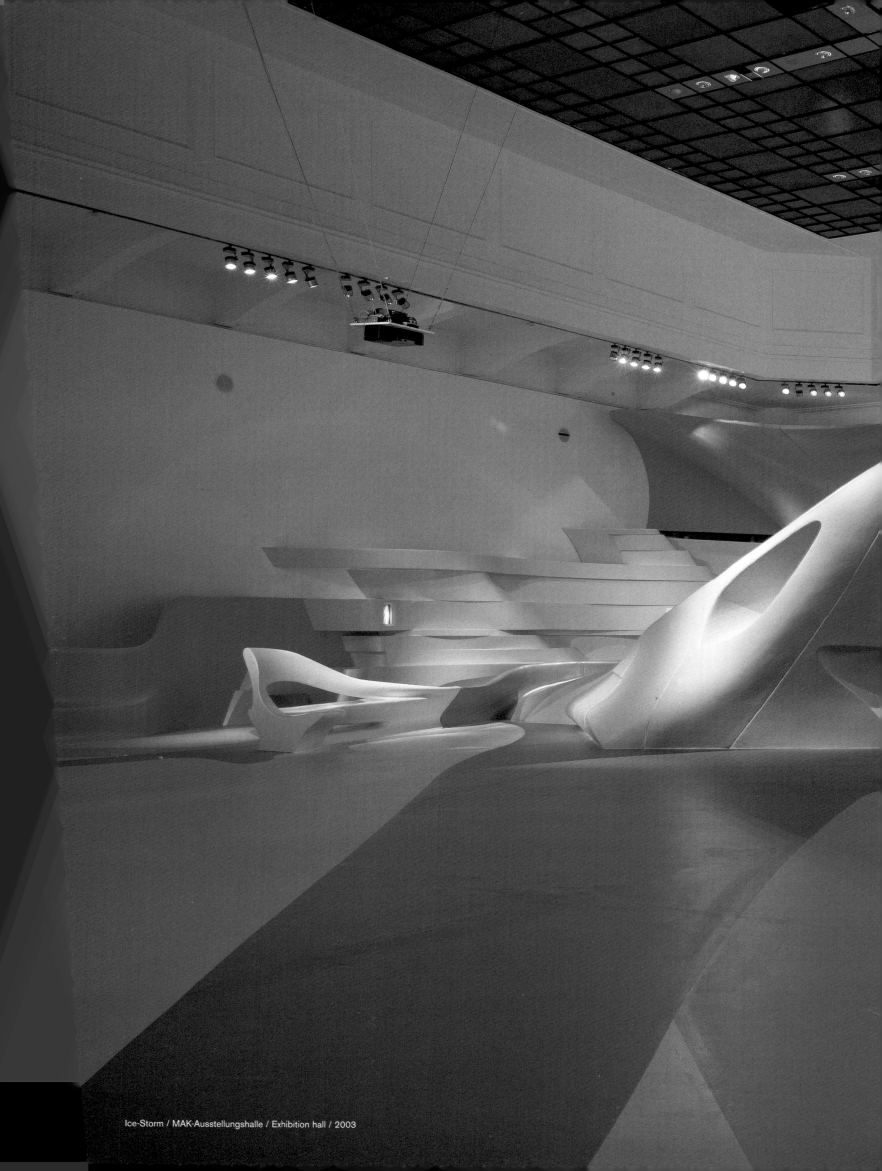

Ice-Storm / MAK-Ausstellungshalle / Exhibition hall / 2003

Ausstellungsansicht / Exhibition view / MAK 2003

Ausstellungsansicht / Exhibition view / MAK 2003

Ausstellungsansicht / Exhibition view / MAK 2003

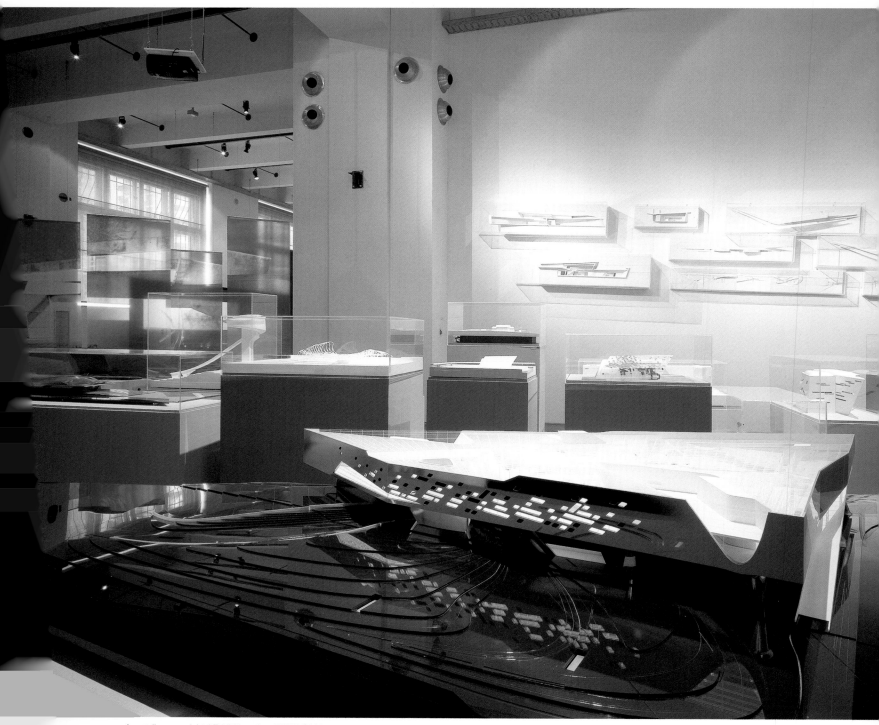

Ausstellungsansicht / Exhibition view / MAK 2003

Ausstellungsansicht / Exhibition view / MAK 2003

Ausstellungsansicht / Exhibition view / MAK 2003

Ausstellungsansicht / Exhibition view / MAK 2003

Ausstellungsansicht / Exhibition view / MAK 2003

Ausstellungsansicht / Exhibition view / MAK 2003

// MULTIPLE HORIZONTE. ODER: WIE MAN GEBÄUDE LANDEN LÄSST.

ÜBER EIN LEITMOTIV IN DER ARCHITEKTUR ZAHA HADIDS

ANDREAS RUBY

Man hat Zaha Hadids Architektur häufig als planetarisch bezeichnet. Auf ihren Bildern kann man sehen, warum. Wie Raumschiffe schweben die Formen in einem unendlichen, schwerelosen Raum. Es gibt kein Oben und kein Unten, kein Vorne oder Hinten, sondern nur verschiedene Bewegungsräume, die sich dynamisch ineinander verzahnen. Wie in einem kubistischen Bild muss sich der Betrachter von einer Perspektive in die nächste hangeln. Die „richtige" Ansicht des Gebäudes löst sich auf zu einer Sequenz von Einstellungen, die als gefaltete Landschaft nebeneinander auf der Bildebene angeordnet sind.

Doch während sich das Projekt von der Skizze zum Gebäude verwandelt, nähert sich das Raumschiff der Erdoberfläche. Die Landung des Gebäudes wird demnach zu einem entscheidenden Manöver der Architektur. Im Unterschied zu einer traditionell tektonischen Architektur ist für Zaha Hadid das Verhältnis zwischen Architektur und Grund nicht selbstverständlich. Zwischen Grund und Gebäude gibt es für sie eine unauflösbare Differenz, die vermittelt, aber nicht aufgehoben werden kann. Im Prozess dieser Vermittlung wird die architektonische Form so intensiv auf den Grund bezogen, dass aus beider Durchdringung ein dritter Raum entsteht. Dieser Raum verbindet die Schwerelosigkeit der planetarischen Architektur mit der gravitationellen Schwere des irdischen Grundes – ein Raum, der am besten mit jenem liegenden Schweben zu beschreiben wäre, das Science-Fiction-Filme immer wieder so betörend inszeniert haben, wenn sich bei der Landung von Außerirdischen das Raumschiff langsam auf den Erdboden herabsenkt. Kurz bevor es ihn tatsächlich berührt, hält es noch einmal inne, um kurze Zeit wie regungslos über dem Boden zu schweben. Und in diesem letzten zögernden Moment scheint der Raum zwischen Erde und Raumschiff unsichtbar zu erzittern, als wenn er von ihrer bevorstehenden Berührung energetisch aufgeladen würde.

Diese Aufladung des über dem Erdboden schwebenden Zwischenraums ist ein zentrales Thema in Zaha Hadids Architektur. In fast all ihren Projekten lässt sich dieses Schauspiel beobachten: Eine Masse senkt sich langsam von oben auf den Grund ab, ohne jedoch wirklich aufzusetzen, und bohrt sodann einige pfahlartige Stützen nach unten in den Boden. Aufgeschreckt durch die Invasion von außen, beginnt das Erdreich im Inneren zu arbeiten und sich nach oben aufzubäumen, bis die Erdoberfläche schließlich auseinander klafft und sich unter ihr ungesehene Räume auftun.

Doch erwächst das dynamische Verhalten dieser Architektur nicht allein aus seiner formalen Komplexität. Denn die räumliche Artikulation dieses künstlichen Territoriums lässt sich nicht von seiner Programmierung trennen, die sich bei Hadid als eine Choreographie von Ereignissen entlang bestimmter Bewegungslinien äußert. Auf diese Weise wird das Geschehen des

Straßenniveaus in das Gebäude hinein verlängert und durch seinen Raum hindurchgeführt. In diesem Punkt geht Zaha Hadid ganz entschieden über die Architektur des Modernismus hinaus, in der die Loslösung des Gebäudes vom Grund bereits emphatisch gefordert und kanonisch durchgesetzt worden war. Bekanntlich formulierte sie Le Corbusier als einen seiner „Fünf Punkte der modernen Architektur". Doch spricht Le Corbusier bezeichnenderweise von einer „Befreiung vom Boden" („libération du sol"), als ob von ihm eine Bedrohung ausginge, vor der man sich in Sicherheit bringen müsste. Entsprechend avanciert der „lift-up", die Aufständerung des Gebäudes vom Boden, zum normativen Grounding-Modell der Moderne. Doch erweist sich die Erhöhung der Architektur als eindimensional: Sie isoliert das Gebäude von seiner Umgebung und entfremdet den Grund zu einem verwaisten Territorium. Vor allem aber bleibt der durch die Aufständerung des Gebäudes entstandene Raum, das frei gelassene Erdgeschoss also, in den allermeisten Fällen ohne weitere programmatische Definition. Es fällt nicht schwer, hierin die Verbindung zu einem entscheidenden Problem des modernen Städtebaus zu sehen. Die visuelle Kontinuität, die die Freiräume zwischen den Gebäuden von Le Corbusiers „Ville Radieuse" erzeugen, ist zweifellos faszinierend. Aber in Ermangelung einer programmatischen Definition jenseits ihrer hygienischen Symbolik von Licht, Luft und Sonne kommen sie nur selten über den Status von Resträumen und Abstandsflächen hinaus.

Zaha Hadid setzt genau hier an und konzentriert alle Energien auf die programmatische Aktivierung dieses „Grundraums". Im Gegensatz zur Moderne denkt sie die Architektur nicht vom Grund her, sondern zu ihm hin. Ihre Gebäude sind nicht aus dem Boden von unten nach oben gewachsen, sondern nähern sich ihm von oben. Je näher sie dem Boden kommen, umso stärker komprimiert sich der Raum an seiner Oberfläche.

Welches Potenzial dieser Raum besitzt, die öffentliche Sphäre der Stadt mit der tendenziell abgeschlossenen Welt eines Gebäudes zu verbinden, demonstriert ihr Entwurf für das Cardiff Bay Opera House. Dass das Opernhaus räumlich getrennt ist von seinen Sekundärfunktionen, die in der umlaufenden Mantelbebauung untergebracht sind, ist ungewöhnlich genug in der Geschichte dieser Typologie. Die eigentliche Innovation liegt jedoch in der landschaftlichen Organisation dieser programmatischen Elemente, jener als „Bubble" bezeichneten schrägen Ebene. Zwischen der „Halskette" der Blockrandbebauung und dem „Diamant" des Opernhauses führt sie eine dritte vertikale Bezugsgröße ein, die als ein obliquer Horizont verstanden werden kann. Wie durch eine gewaltige Welle aus der Bucht von Cardiff emporgedrückt, hat der Grund die Straßenebene verlassen und ist den Schaft des Opernhauses ein Stück nach oben gerutscht. Ein Riss geht diagonal durch das Grundstück und lässt die linke Hälfte des Grundes am Boden liegen. Die Höhendifferenz zwischen beiden Ebenen macht Raum für eine Passage, die sowohl unterirdisch als auch ebenerdig funktioniert. Durch sie erhält die Öffentlichkeit direkten Zugang zu den verschiedenen Veranstaltungen im Opernhaus, dessen „Eingang" sich damit in ein gestrecktes räumliches Interface zwischen Innen und Außen verwandelt. Eine ähnlich umkehrende Raumerfahrung macht man, wenn man den Weg über den stetig ansteigenden „Bubble" wählt. Solange man auf der gerampten Ebene auf das Opernhaus zugeht, empfindet man sich noch als am Fuße des Gebäudes. Hat man jedoch das Opernhaus irgendwann rechts liegen gelassen, findet man sich unter dem „Dach" des aufgeständerten Volumens wieder – inmitten eines dramatisch geöffneten Innenraums, eines dreidimensionalen Platzes, der den Übergang zwischen Stadt und Opernhaus zu einer eigenständigen öffentlichen Sphäre artikuliert.

In einer verwandten, wenn auch auf den ersten Blick ganz verschiedenen Weise hat Hadid dieses architektonische Public-Space-Design in ihrem preisgekrönten Entwurf für die Thames Water Habitable Bridge zur Entfaltung gebracht. Ihre Brücke erfüllt nicht nur die Aufgabe des

Wettbewerbs, die momentan voneinander isolierten Ufer der Themse besser miteinander zu verbinden. Vielmehr gelingt es Hadid, aus der Annäherung der beiden Brückenköpfe einen Raum zu schaffen, der die Flussüberquerung zu einem permanenten Ereignis macht. Anstatt einfach ein kontinuierliches Band über den Fluss zu schwingen, schiebt Hadid von jeder Uferseite je einen bündelartigen Baukörper zur Flussmitte hin: zwei künstliche Hafenpiers, räumlich angereichert und um neunzig Grad in den Flussraum gedreht, die dennoch auf „ihrer Seite" bleiben und sich nicht zu einem homogenen Ganzen fügen. Die einzige durchgehende Verbindung besteht aus einer Reihe von fragilen Fußgängerstegen. Tatsächlich wäre es fast angemessener, die Brücke als zwei Gebäudekomplexe zu beschreiben, die, anstatt auf der Erde zu stehen, frei über der Themse schweben. Sie verlängern die urbanen Uferäume in den eigentlich unbewohnbaren Luftraum über dem Fluss hinein – in einer derart dicht bebauten Metropole wie London sicherlich eine intelligente Form der Landgewinnung.

Auch das Projekt für die Philharmonie in Luxemburg bezieht seine Originalität aus der unkonventionellen Auseinandersetzung mit einem extremen Baugrundstück. Zumindest ist das bewegte Massiv des Kirchbergs kein typischer Kontext für einen großen Konzertbau. Die Versuchung lag also nahe, ihn auf einer horizontalen Platte zu platzieren, um sich nicht auf den unsicheren Baugrund einlassen zu müssen. Hadid dagegen nimmt seine komplexe Topographie emphatisch auf, um sie mit dem Gebäude als einer künstlichen Landschaft weiterzuschreiben. Sie nutzt die verschiedenen Raumhöhen, die das Raumprogramm fordert, um im Gebäude eine innere Landschaft zu erzeugen. Über das leicht ansteigende Plateau des Foyers gelangt das Publikum zu den Konzertsälen, deren leicht abfallende Volumina nun wie Täler erscheinen, in die man hinabsteigt. Dabei sind die funktionsbedingt absinkenden Konzertsäle so auf den abfallenden Bergrücken gesetzt, dass sich die Profile von Landschaft und Architektur in einer parallelen Bewegung geschmeidig aneinander reiben.

Diese Sicherheit, existierende Bewegungen eines Ortes aufzuspüren, aufzunehmen und gegebenenfalls umzulenken, entfaltet Hadid auch in ihren urbanen Projekten für den amerikanischen Kontext, hier vor allem im 42nd Street Times Square Gate Hotel, New York, und in ihrem mittlerweile realisierten Rosenthal Center for Contemporary Art in Cincinnati/Ohio. In beiden Fällen geht es darum, den horizontalen Bewegungsstrom der Straße in das Gebäude zu ziehen und hier vertikal nach oben fortzusetzen. In Cincinnati wird diese Kontinuität von Außen und Innen noch besonders sinnfällig durch den „Urban Carpet" zum Ausdruck gebracht. Es handelt sich dabei um eine kontinuierliche Oberfläche, die sich aus der Straßenebene heraus entwickelt, zum Eingang des Gebäudes hin leicht ansteigt und in es hineinfließt, sich hier zur Lobby verwandelt, bevor sie sich an ihrem Ende nach oben biegt und als monumentaler Erschließungsschacht für Treppen und Rampen das Gebäude vertikal durchquert. Diese Strategie reagiert präzise auf ein klassisches Problem amerikanischer Downtowns, die mit ihren Skyscraper-Agglomerationen zwar einerseits einen berauschenden Stadtraum schaffen, der Öffentlichkeit andererseits aber nie mehr als eine Ebene davon zugänglich machen, nämlich die Lobby im Erdgeschoss. Nicht umsonst entwarfen Pioniere der Avantgarde immer wieder visionäre Projekte, wie man die Hochhausstadt auch oberhalb der Straßenebene vernetzen könnte – am bekanntesten sicherlich in Fritz Langs Film „Metropolis". Dennoch sind solche Modelle nie wirklich zur Ausführung gekommen. Zaha Hadid schlägt deswegen vor, in Cincinnati, wie auch schon in New York, die innere Orientierung des Hochhauses nicht mehr horizontal auszulegen. Stattdessen wird der Strom der Straße in die Vertikale umgelenkt und der architektonische Innenraum zu einer stehenden Straße umfunktioniert.

Die Vervielfachung des Grundes durch das Gebäude hindurch macht es zunehmend schwierig zu bestimmen, wo die Stadt aufhört und das Gebäude anfängt. Innen und Außen beginnen sich zu verflechten und teilen ihre Qualitäten miteinander, was zu typologischen Hybriden wie Outdoor Lobbies und Indoor Plazas führt. Die vielleicht radikalste Manifestation dieser urbanen Architektur in Hadids Werk bisher ist das Science Center in Wolfsburg, das derzeit im Bau ist. Das Museum besteht grundsätzlich aus einer massigen horizontalen Scheibe. Sechs Meter hoch über dem dreieckigen Grundstück schwebend, verwandelt sie den Raum unter ihr in ein urbanes Anti-Chambre. Getragen wird die Scheibe von einer Reihe von umgekehrten Kegelstümpfen, in denen verschiedene begleitende Funktionen des Centers (Science-Shop, Buchladen, Bistro und Restaurant) untergebracht sind. Gleichzeitig bieten diese Volumen eine Reihe von Zugängen zu den eigentlichen Ausstellungsräumen des Museums und funktionieren als ein vertikales Interface zwischen Stadt und Museum (im Gegensatz zu der eher trennenden Wirkung eines Zentraleingangs). Dank der Anziehungskraft ihrer Funktionen ziehen diese Volumen Menschen von der Straßenebene zu der Hauptausstellungsebene empor. Die eigentliche Schwelle ins Museum – die Kartenkontrolle – befindet sich hier, also mitten im Gebäude. Der Akt des Eintretens ist somit kein abrupter Vorgang, sondern ein fließendes Treiben aus dem Außenraum in den Innenraum – und wieder zurück in den Außenraum. Denn eine der Eingangssequenzen windet sich ihren Weg durch den Körper des Gebäudes hindurch und mündet im Außenraum in die Fußgängerbrücke, die zur VW-Autostadt auf der anderen Seite der Eisenbahnschienen führt. Auch deswegen repräsentiert das Gebäude die Antithese zur geschlossenen Black Box, die kommerzielle Experience Designer für die Idealtypologie der Massenunterhaltung zu halten scheinen. Es operiert als eine Austauschplattform für die Bewegungsflüsse der Stadt, die sich auf dem Grundstück begegnen und überlagern.

Diese energetische Dimension von architektonischem Raum thematisiert Hadid besonders in dem 2001 fertig gestellten Terminus Hoenheim-Nord in Straßburg, einer Straßenbahnendhaltestelle mit Park-and-Ride-Station. Hier emanzipiert sich die Architektur nahezu von der Erwartung, sich als Gebäude materialisieren zu müssen. Denn das von einem Wald aus schrägen Stützen getragene Dach der Straßenbahnhaltestelle, das auf den ersten Blick den Hauptkörper des Projekts zu bilden scheint, repräsentiert in Wirklichkeit den extrudierten Ausschnitt einer viel größeren Form, die wie ein monumentaler Abdruck flach auf dem Territorium liegt. Diagonal über das Grundstück ausgestreckt greift die Form seitwärts auf den Parkplatz über und verformt die orthogonale Anordnung der Parkplatzmarkierungen in ein gekurvtes Feld. Wenn die Bodenlinien bei Dämmerung im Dunkeln verschwinden, fangen die den Parkkojen zugeordneten Lichtpfosten zu leuchten an und überziehen den Parkplatz mit einem fliegenden Lichtteppich, der Walter De Marias „Lightning Field" unaufdringlich in Erinnerung ruft. Letzten Endes, so scheint es, ist der Grund wieder auf der Erde gelandet.

// MULTIPLE HORIZONS. OR: HOW TO LAND A BUILDING.

ON A LEITMOTIF IN THE ARCHITECTURE OF ZAHA HADID

ANDREAS RUBY

Zaha Hadid's architecture has often been called planetary. Looking at her paintings, you can understand why. Three-dimensional forms hover like spaceships in weightless space with neither front nor back, top nor bottom. Through their spatial relationship on the canvas, however, they form a series of motion-spaces which are dynamically intertwined. Like in a Cubist painting, the observer has to climb hand over hand from one vista to another. The main point of view established by traditional perspectival vision dissolves into a sequence of takes that spread over the picture plane as a folded landscape.

As the project proceeds from sketch to building, the spaceships start approaching the ground. Landing the building, then, becomes a prime maneuver of architecture. The traditional duality of figure and ground starts to falter. The building is no longer an isolated object placed on a neutral plane: both conditions become entangled in a dancing movement giving rise to a third space. Merging the weightlessness of planetary architecture with the ground's downward gravitational force, this space invokes the "heavy hovering" so eloquently pictured in countless science-fiction movies, that archetypal shot that stages the landing of extra-terrestrial spaceships on earth. Just before landing, the spaceship stops briefly to rest motionlessly in mid-air. And in a final hesitant moment, the space between the earth and the UFO seems to vividly vibrate, as if being charged with energy by the impending contact.

In the architecture of Zaha Hadid, this energetic compression of ground space is an overarching concern. In almost all of her projects you can witness the same stunning scenario of a mass slowly sinking to the ground from above. But instead of firmly settling down, it penetrates the earth with stilts. Startled by this invasion from the outside, the earth begins to stir and eventually breaks up, its surface gaping wide open to reveal hitherto unseen spaces.

But the unique dynamic behavior of this architecture does not, as some tend to think, arise from its spatial complexity alone. For the spatial articulation of the artificial territory is inseparable from its programming, which in Hadid's terms is more akin to a choreography of events along specific movement paths. Hence the action on the ground is carefully prolonged and gently pushed inside and throughout the building. It is here that Zaha Hadid goes decidedly beyond the modernist agenda, where the separation between building and ground was emphatically called for and dogmatically executed. It even figures as one of the "Five Points of Modern Architecture" by Le Corbusier, significantly termed "liberation from the ground" ("libération du sol"), as if the ground was a danger from which you had to bring yourself to safety. Accordingly, Le Corbusier advocated raising the building above the ground as the de facto standard grounding model of modernism. As with any singular solution that is turned into a recipe, it was soon to show its limits. Isolating the building from its surroundings, this approach threatens to alienate the ground and create an orphan territory. Because the space created by raising the building – that is, the freed-up ground floor level – remains in most cases without programmatic definition, it is not far-fetched to identify this practice as one of the main problems of modern urbanism. The void areas between the buildings of Le Corbusier's "Ville Radieuse" are doubtlessly fascinating – particularly in terms of their potential to achieve a visual continuity of the urban space – but they lack any programmatic scenario beyond their hygienic symbolism of air, light and sun, and sooner or later will wind up as residual spaces and setback placeholders. Hadid, in a complementary attempt to update and eventually fulfil the aspirations of modernism, puts all her energies into activating this "urban ground floor" with program. But quite contrary to modernism, her architecture does not grow out of the ground, it approaches from above. And the closer it gets to the ground, the more it compresses the space at its surface.

The unique potential of this space – to connect the public sphere of the city with the relatively closed world of the building – was sharply demonstrated in her design for the Cardiff Bay Opera House. The Opera House proper is spatially separated from its secondary functions, which are accommodated in a perimeter block running around the building. This, in itself, is a remarkable shift in the history of this building typology. However, the true innovation lies in their landscape-like connection through the sloping plane called the "bubble". The "necklace" of the perimeter block and the "diamond" of the Opera House are connected by an oblique horizon. Like a giant wave pushing through Cardiff Bay the ground leaves the normal ground level and moves upward, along the shaft of the Opera House. A fissure runs diagonally across the site, causing the left side of the site to fall down to the ground. The height difference between both levels creates room for a passage, which works both below and above ground. Through this passage, the public attains direct access to the various events in the Opera House whose entry is transformed into an elongated spatial interface between inside and outside. Taking the path across the steadily sloping plane, you experience a similar spatial inversion. As long as you approach the Opera House from the sloped plane, it feels as if you are at the foot of the building. But as soon as you go past the Opera House to the left you find yourself below the "roof" of the raised block perimeter buildings – amidst a dramatically opened interior space and a three dimensional square framing the encounter between city and Opera House as a new public sphere.

Although not visible at a first glance, Zaha Hadid's prize-winning design for the Thames Water Habitable Bridge in London similarly develops this "public space design". The bridge not only fulfills the competition's task of joining the two isolated edges of the Thames River, but also, and more importantly, it creates a space by the approximation of the two bridgeheads that makes the crossing of the river a permanent happening. Instead of flinging a continuous band across the river, Hadid throws from each of its banks a bundle-like structure towards the middle of the river – two artificial harbor piers, spatially enhanced by a 90-degree-turn cutting into the river space. Yet both of them stay on "their" sides, they don't really join to form a homogenous whole. The only continuous connection consists of a series of fragile pedestrian bridges making the walk to the other side an intense physical experience. Indeed the bridge works almost as two buildings, which instead of standing on the ground, float freely across the Thames. They extend the urban neighborhoods of each riverbank into the actual uninhabitable airspace above the river. In a city as densely populated as London, this is surely a compelling form of land gain.

The project for the Luxembourg Philharmonic also derives part of its originality from the unconventional reaction to an extreme site. The animated Plateau of the Kirchberg is certainly not a typical context for a concert hall. The standard solution would have been to place the hall on a horizontal platform in order to avoid dealing with an uncertain building ground. Hadid, however, passionately picks up the complex topography, in order to extend it with the building as an artificial landscape. Using the varying room heights of the competition brief, she turns the inner world of the building into a landscape in its own right. Over the slightly inclined plateau of the foyer, the public reaches the concert halls whose slightly falling volumes now appear like valleys into which the visitors descend. Sloping down for functional reasons, the concert halls are set on the likewise descending mountain ridge in such a way that the corresponding profiles of the landscape and the architecture rub against each other gently in a parallel movement.

The projects Zaha Hadid has designed for the American urban context equally show her almost seismographic capacity to register existing movements of a site and to choreograph them according to her design intentions. Take for example her 42nd Street Times Square Gate Hotel, New York, or the Rosenthal Center for Contemporary Art in Cincinnati, Ohio. In both cases the issue is to take the horizontal flow of the street's movement into the building and then to continue to develop it vertically. In Cincinnati this continuity between inside and outside gives rise to the "Urban Carpet", a continuous surface coming in from the street level, which slightly rises at the entrance of the building. Having entered the museum, it transforms itself into a lobby until it finally bends up to pierce the building vertically as a steep hall accommodating its circulation infrastructure. This strategy is a poignant reaction to a classical problem of American downtowns: while creating exciting city spaces through their skyscraper agglomerations, they generally don't give the public access to more than one level – namely the lobby at the ground floor. Intuitively compensating for this lack, the pioneers of the avant-garde repeatedly designed visionary projects aimed at networking skyscraper cities above ground level (with Fritz Lang's film "Metropolis" as one of the most celebrated examples). Yet such models were never realized. Hence Zaha Hadid proposes in Cincinnati, as well as in New York before, to conceive of the building's inner orientation not in a horizontal way. Instead the flows from the street are redirected vertically, turning the interior space of the building into a vertical street.

This proliferation of ground space throughout the building makes it increasingly difficult to say where the city stops and the building begins. Inside and outside start to intermingle and share their qualities with each other, leading to hybrid typologies such as outdoor lobbies and indoor plazas. Maybe the most radical manifestation of this urban architecture in Hadid's work so far is her competition-winning project for the Science Center Wolfsburg. The museum is primarily articulated through a huge horizontal slab. Hovering over the triangular-shaped site at a height of about six meters, it turns the open space underneath into an urban ante-chamber for the museum proper. The connection with the ground and the structural support of the slab is ensured by a series of conical concrete volumes. Programmed with a variety of commercial functions related to the Science Center (science-shop, bookstore, bistro and restaurant) they simultaneously provide public access to the museum above. Effectively displacing the disciplinary dispositive of the central entrance, the cones act as a vertical interface between city and museum. Fueled by the attracting power of their functions, they literally suck in the people from street level and ventilate them upwards to the main exhibition level. The actual threshold into the museum – the ticket counter – is placed here, in the middle of the building. The act of entering is hence not an abrupt incident, but a fleeting drift from outside to inside – and outside again. One of the entrance sequences actually winds its way through the body of the building and finally links up at its end with a pedestrian bridge leading to the VW Autostadt at the other side of the railway tracks. The building represents therefore the exact opposite of the hermetic black box, which commercial experience designers seem to favor as the prototypical building type for the endemic entertainment of the masses. It rather operates as an interchange for the urban flows which coincide and superimpose each other on the site.

This latent shift in the definition of architecture from matter to energy becomes ultimately explicit in one of her most recent buildings, the Terminus Hoenheim-Nord at Strasbourg. Here, the project almost frees itself from the necessity to materialize as a building. What marks the presence of the project is not the tram station roof supported by a forest of inclined posts, though it may seem to be its essence at first glance. In fact, the roof is nothing but the elevated part of a much larger form imprinted flat on the ground. Stretching diagonally over the site, it shoots sideways into the car park and bends the orderly formation of parking lines into a curved field. As the night falls and the lines start to fade into darkness, light posts take over their position, forming a flying carpet of energy between heaven and earth unobtrusively reminiscent of Walter De Maria's "Lightning Field". Finally, it seems, the ground has settled back down to earth.

PROJEKTE // PROJECTS 1979–2003

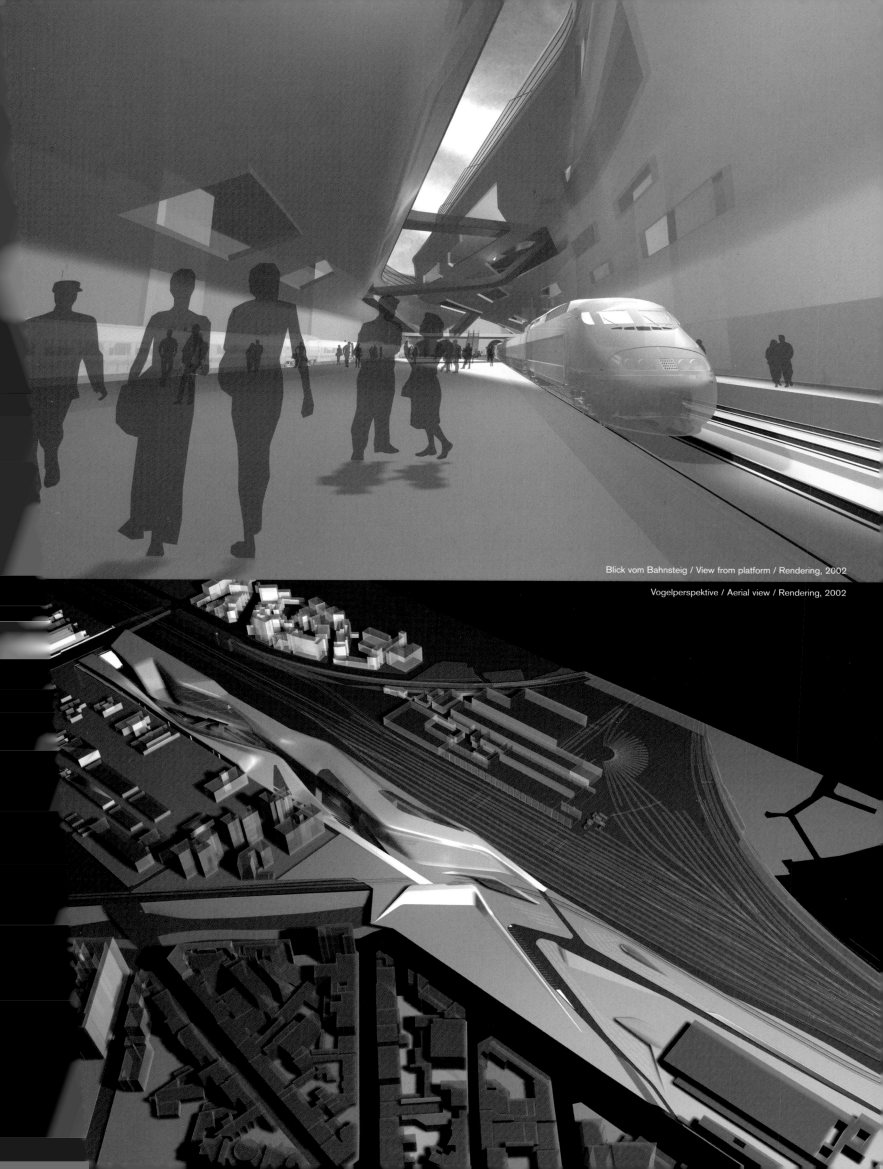

Blick vom Bahnsteig / View from platform / Rendering, 2002

Vogelperspektive / Aerial view / Rendering, 2002

// NUOVA STAZIONE AV DI FIRENZE
FLORENZ, ITALIEN
// NUOVA STAZIONE AV DI FIRENZE
FLORENCE, ITALY
// 2002

WETTBEWERB / COMPETITION
MIT / WITH PATRIK SCHUMACHER

Architektonisches Konzept und städtebauliche Strategie

Die zentrale Herausforderung dieses architektonischen Vorhabens besteht darin, einen städtischen Erlebnisraum und eine Kommunikationsdrehscheibe zu schaffen, die von einer Bahnlinie 25 Meter unter der Erde angetrieben wird. Die Aufgabe lautet, dieser verborgenen Lebenslinie sichtbare Gestalt zu geben und das Geschehen im Untergrund an die Oberfläche der Stadt zu bringen.

Diese primäre Zielsetzung ist der Ausgangspunkt unseres Konzepts: den Boden aufzubrechen und das tiefe Innere der Station offen zu legen. Jener Riss wird als tektonische Bruchlinie gestaltet, entlang derer sich der Boden auf einer Seite aufbäumt, während er sich auf der anderen unter dem Druck von unten nur leicht emporwölbt.

Die tektonische Verwerfung ist auch ein Mittel, den bestehenden erhöhten Gleiskörper am Ostrand des Geländes mit der tiefer gelegenen städtischen Ebene auf der Westseite (der Gegend der früheren Macelli [Schlachthöfe]) zu verbinden. Zwischen den beiden Seiten öffnet sich ein tiefer Graben fast über die gesamte Länge des Bahnhofs, der die beiden Haupteingänge verbindet. Das Spiel mit großen tektonischen Gesten gestattet überdies sanfte und natürliche Übergänge zwischen den beträchtlichen Niveauunterschieden am nördlichen und südlichen Zugang zu dem Gelände.

Das Mittel der Verwerfungslinie und des Grabens bedeutet, dass alle oberirdischen Bauteile ganz natürlich abwärts ins Herz der Station führen und eine dramatische „promenade architecturale" entstehen lassen. Gleichzeitig bereitet der Graben allen, die mit der neuen Bahnlinie in Florenz ankommen, einen spektakulären Empfang. Beim Verlassen des Zuges bietet sich einem ein direkter Blick auf den Himmel. Außerdem ermöglicht der Graben in beide Richtungen unfehlbare Orientierung – an sich schon keine unbedeutende Sache in einem Bahnhof von 450 Metern Länge.

Architectural concept and urban strategy

The key challenges of the architectural project is to create an urban event space and communication hub which is initiated by a train that is buried 25 meter under the ground. The task is to give expression to this hidden life-line and to bring this underground event to the urban surface.

This primary task is the point of departure for our concept: To split the ground and reveal the deep interior of the station. The split is articulated as a tectonic fault-line along which one side lifts up while the other side bulges only slightly under the pressure from below.

This tectonic shift is our way of mediating the existing bank of elevated railway lines on the eastern boundary of the site with the lower urban level on the western side (ex Macelli area). Between the two sides a deep canyon opens up, nearly along the full length of the station, connecting the two main entrances. The play with large tectonic gestures also allows for the smooth and natural mediation of the considerable level differences between the northern and southern entrance to the site.

The device of the fault-line/canyon means that all overground structures naturally lead downwards into the heart of the station, unfolding a dramatic "promenade architecturale". At the same time the canyon offers a spectacular point of arrival for those who arrive in Florence by the new train. Direct glimpses of the sky are offered right as the passenger steps off the train. Also: In both directions the canyon offers an infallible means of orientation – in itself not a trivial matter in a station that measures 450 meter.

The two sides of the canyon lean inwards and – at precise moments – connect. This way no further structure is required to support this grand space.

The architectural language proposed is geared towards the articulation of movement and allows for the smooth integration of all the flows and traffic lines that intersect in this new transport interchange. It ties in naturally with the bundle of railway lines,

Vogelperspektive / Aerial view / Rendering, 2002

Die beiden Seiten des Grabens lehnen sich zu-einander und berühren sich in präzis gesetzten Momenten. Auf diese Weise ist keine weitere Strukturierung dieses weitläufigen Raums erforderlich.

Die vorgeschlagene architektonische Sprache ist auf die Artikulation von Bewegung abgestimmt und erlaubt die glatte Integration aller Verkehrsflüsse und -linien, die sich an diesem neuen Kreuzungspunkt überschneiden. Sie verknüpft sich als natürlicher Strang mit dem Knäuel von Bahnlinien, Straßen-bahnen und Autostraßen, die das gegebene urbane Gelände bestimmen. Diese dynamische Qualität der Stadtgestalt setzt sich im Inneren des Gebäudes fort, wo die Wege der Reisenden die kurvige Geo-metrie des Gebäudes bestimmen. Das grundlegen-de Anliegen des Entwurfs ist es, leichten und offen-sichtlichen Zugang zu schaffen sowie alle Bewegun-gen im Inneren sanft zu lenken und zu leiten.

Nutzungsfunktionen

Die Aufteilung der wesentlichen Funktionen ergibt sich logisch aus zwei Bedingungen, die das pro-grammatische Layout des Gesamtplans bestimmen:
1. dem Zugang von den beiden Endpunkten der Anlage,
2. dem Wunsch nach einem einzigen Passagierzentrum.

Auf jeder Seite befindet sich eine große Eingangs-halle mit Geschäften, während das Passagierzen-trum in der Mitte liegt. Die Konfiguration ähnelt einer Smokingfliege: Die beiden Eingangshallen wirken als Trichter, die die Ströme sammeln und am zentra-len Knotenpunkt des Passagierzentrums (mit den Fahrkartenschaltern) zusammenführen. Dies funktio-niert auch im Querschnitt: Die auf mehreren Ebenen angelegten Eingangshallen nehmen die ebenerdigen Bewegungsströme in sich auf und führen sie halb nach unten in das Passagierzentrum. Von dort ge-langen die Passagiere noch weiter nach unten bis zu zwei Orientierungsplattformen, die an beiden Enden des Bahnhofs noch über den Gleisen schweben.

Die zweite zentrale programmatische Differen-zierung basiert auf der klaren Unterscheidung von

tramways and roads which characterize the given urban field. This dynamic quality of the urban figure is pursuit further within the interior of the building where the trajectories of the travelers determines the curve-linear geometry of the space. The facilitation of obvious and easy access, as well as the smooth guidance of all movements within, is the fundamen-tal ethos of our design.

Program distribution

The distribution of the key functional categories fol-lows logically from two conditions that determine the programmatic layout of the scheme:
1. the access from the two extreme ends of the site
2. the desire for a single passenger center

A large entrance hall with commercial spaces is located on each side, while the passenger center is located in the middle. The configuration resembles a bow-tie: The two entrance halls act as funnels that gather and concentrate the flows towards the cen-tral knot of the passenger center (ticketing). This also works in section: The multi-level entrance halls pick up the flows from ground level and brings them half way down into the passenger center. From here the passengers descend to two orientation plat-forms hovering above the tracks on the two ends of the station.

The other key programmatic differentiation is based on the clear distinction of public spaces and serving spaces. The public spaces are all gathered around the canyon. The canyon acts like a big atrium: it faci-litates visual connections and the deep visual pene-tration of the space. The inner public space is then wrapped with a thick skin of servicing spaces. This way all public and commercial spaces have imme-diate backing with respective servicing spaces. In case of the passenger center the public counter areas are backed up by the offices, the restaurant is backed up by the kitchen and storage spaces etc.

The commercial areas are lining the perimeter of the entrance halls. Some are also scattered into the depth of these halls. A thin, continuous layer of com-

öffentlichen und Betriebsräumen. Die öffentlichen Bereiche sind allesamt um den Graben herum angeordnet, der wie ein großes Atrium funktioniert: Er erleichtert Sichtverbindungen und gestattet weitläufige Blicke durch den Raum. Der innere öffentliche Bereich ist von einer dicken Schicht von Betriebs- und Versorgungsräumen gesäumt. Auf diese Weise bekommen öffentliche wie Geschäftsräume direkten Rückhalt durch die jeweiligen Versorgungsräume. Im Falle des Passagierzentrums liegen hinter den öffentlichen Schalterräumen die Büros, hinter dem Restaurant befinden sich Küche und Lagerräume.

Die Geschäftslokale sind an der Umfassungslinie der Eingangshallen aufgereiht. Einige sind auch in der Tiefe dieser Hallen verstreut. Eine dünne, durchgehende Schicht von Geschäften ist an der Schnittstelle zwischen Taxistandplätzen sowie jenen Bereichen, die der Verabschiedung oder dem Abholen von Passagieren dienen, und den oberen Ebenen der Eingangshallen platziert. So verfügen sie über eine große Schaufensterfläche und sind sowohl von innen (durch die Halle) als auch von außen (vom Bürgersteig her) zugänglich.

Güter- und Personenströme
Die Passagierströme sind streng von den Güterströmen getrennt. Die Passagiere werden über eine auf zwei Ebenen geführte Zufahrtsstraße an der Ostseite des Geländes in das System geführt. Über eine abgesenkte Versorgungszufahrt werden sämtliche Güter von der Westseite des Geländes hereingebracht.

Die Zufahrt für Passagiere ist auf zwei Ebenen aufgeteilt: eine für Taxis und Busse und darüber eine weitere für Privatautos. Von hier werden die Passagiere, die mit dem Auto anfahren, mit jenen zusammengeführt, die zu Fuß oder mit öffentlichen Verkehrsmitteln (Straßenbahn, Regionalzug oder -bus) kommen. Alle sammeln sich in den beiden großen Eingangshallen, die sich von beiden Seiten der Anlage bis zum Mittelpunkt erstrecken, wo das über die gesamte Grabenöffnung hinweg sichtbare Passagierzentrum liegt. Rampenbrücken verbinden die Eingangshallen mit den zentralen Ticketverkaufsbereichen darunter. Von hier bewegen sich die Passagiere direkt auf eine der beiden Orientierungsplattformen, die bequem erreichbar auf halbem Weg zu den beiden Endpunkten des Bahnhofs über den Gleisen angelegt sind.

Alternativ dazu können die Passagiere – wenn ihnen noch Zeit bleibt – vom Schalterbereich in den Wartebereich genau unter dem Passagierzentrum gehen, wo es ein Café und ein Restaurant gibt. Von hier aus lassen sich Ankunft und Abfahrt der Züge überblicken, ohne dass man sich dem Lärm und Gedränge auf den Bahnsteigen selbst aussetzen müsste. Weitere Rampen führen von hier auf die Orientierungsplattformen.

Blick vom Bahnsteig / View from platform / Rendering, 2002

mercial spaces is placed at the interface between the kiss and ride/taxi strips and the upper levels of the big entrance halls. This way they have a large exposure surface and are accessible from both inside (hall) and outside (curbside).

Flows of persons and things
The flow of passengers is strictly separated from the flow of goods. Passengers are fed into the system from a double-level access road located along the eastern edge of the site. A sunken service road brings in all the goods from the western edge of the site.

The passenger access is split into two levels: one road for taxis and buses and on top a separate road for private cars (kiss & ride). From here those passengers arriving by road are brought together with those who come in by foot or public transport (tram, regional train or regional bus). All are collected in the two big entrance halls that stretch out from either side of the scheme to come close to the center of the space where the passenger center is located, visible across the crevice. Ramp-bridges connect those two entrance halls downwards into the central ticketing area. From here passengers might move directly down to one of the two orientation platforms that are conveniently located halfway towards either end of the station, hovering right above the tracks.

Alternatively – if there is some time to kill – passengers might move from the ticketing area to the waiting area with café and restaurant located just below the passenger center. From here the coming and going of trains might be overlooked without being subject to the noise and hustle of the platform itself. Another set of ramps leads from here down to the orientation platforms.

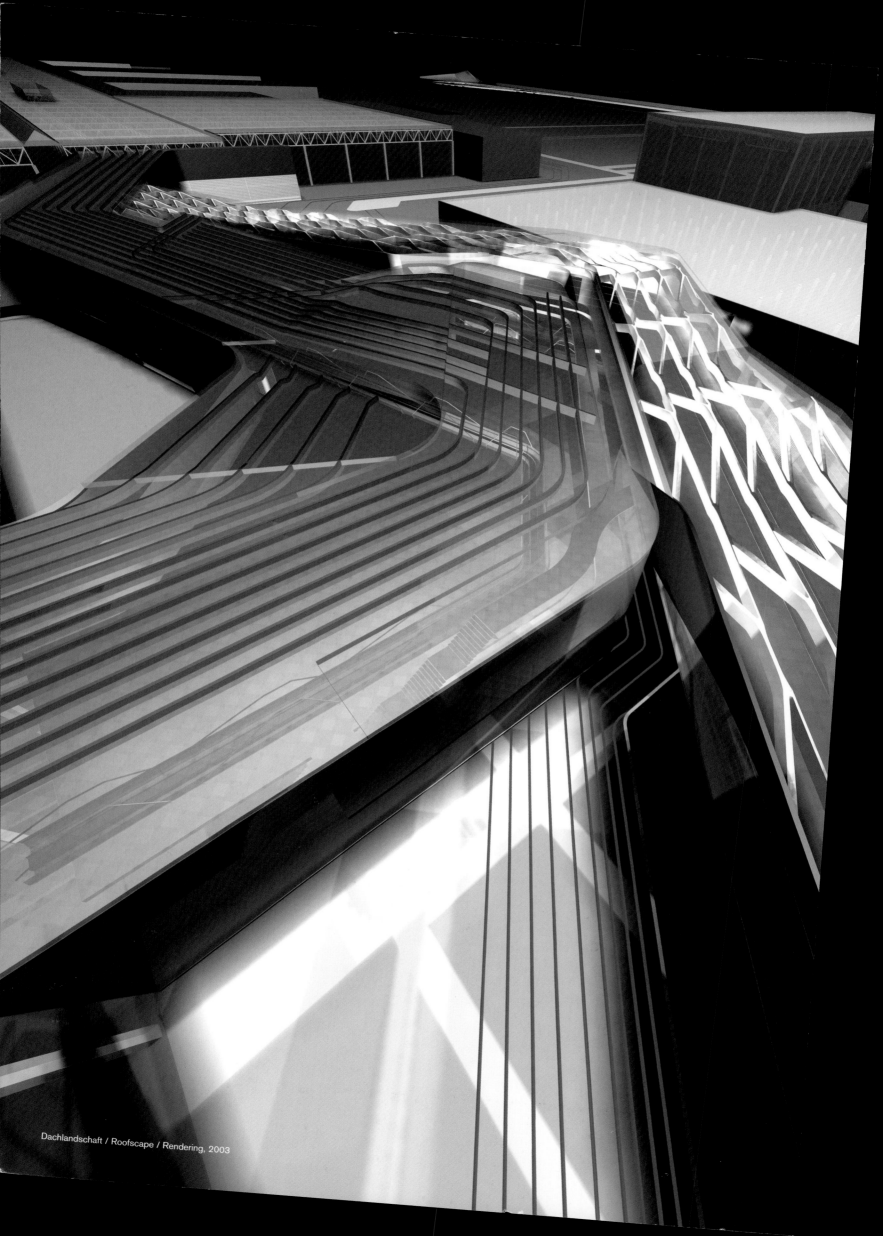

Dachlandschaft / Roofscape / Rendering, 2003

// BMW-WERK, ZENTRALGEBÄUDE LEIPZIG, DEUTSCHLAND
// BMW PLANT, CENTRAL BUILDING LEIPZIG, GERMANY
// 2002

WETTBEWERB, 1. PREIS / COMPETITION, 1ST PRIZE
IN BAU SEIT / UNDER CONSTRUCTION SINCE 2003
MIT / WITH PATRIK SCHUMACHER

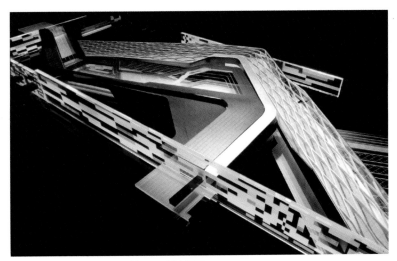

Wettbewerbsmodell / Competition model / 2002

Das Hauptgebäude ist das aktive Nervenzentrum, das Gehirn des Fabrikkomplexes. Hier laufen die Fäden aller Aktivitäten zusammen, um sich von hier aus wieder zu verzweigen. Dies betrifft sowohl die Kreisläufe und Kurvenbahnen des Produktionsprozesses, die alle diesen zentralen Punkt queren, ihn durchlaufen und wiederkehren, als auch die Bewegungen der Menschen (Arbeiter, Besucher).

Dieser Brennpunkt des Unternehmens wird im vorgesehenen dynamischen Raumsystem visuell kenntlich gemacht. Es umfasst die gesamte Nordseite der Fabrikanlage und artikuliert das Zentralgebäude als Kulminations- und Sammelpunkt der verschiedenen konvergierenden Ströme. Es wirkt, als werde das gesamte Gelände auf dieser Seite der Fabrik auf ein vom Zentralgebäude ausgehendes Kraftfeld ausgerichtet und von diesem belebt. Alle auf dem Gelände konvergierenden Bewegungen durchlaufen diese Kompressionskammer, die selbst zwischen die drei wichtigsten Produktionsbereiche, Karosseriebau, Lackiererei und Montage, gezwängt ist.

Die Organisation des Gebäudes folgt der offenkundigen Abfolge von vorne nach hinten und reiht die öffentlichen, die betriebsamen und die eher zurückgezogenen, stillen Bereiche aneinander.

Diese Logik wird in zweierlei wichtiger Hinsicht gelockert: Erstens sind Organisation und Wirkweise der inneren Drehscheibe des Zentralgebäudes ihrem Wesen nach introspektiv. Die tatsächliche Fassaden-

The Central Building is the active nerve-center or brain of the whole factory complex. All threads of the activities gather together and branch out from here. This planning strategy applies to the cycles and trajectories of the production that traverses the central point – departing and returning again, as well as to the cycles of people (workers, visitors).

This focal point of the enterprise is made visually evident in the proposed dynamic spatial system that encompasses the whole northern side of the factory and articulates the central building as the point of confluence and culmination of the various converging flows. It seems as if the whole expanse of this side of the factory is oriented and animated by a force field emanating from the central building. All movement converging on the site is funnelled through this compression chamber squeezed in between the three main segments of production: Body in White, Paint Shop and Assembly.

The organization of the building exploits the obvious sequence of front to back for the phasing of the public from the busy to more withdrawn and quiet activities.

This logic is loosened in two important regards: firstly, the organization and activities of the internal hub of the Central Building are introspective in character. The actual façade envelope is pulled in under a large diagonally projecting top floor. Here is the main vertical connection in a form of an internal atrium. The

73

Perspektivischer Grundriss
Perspective plan view / Rendering, 2002

Vogelperspektive des Eingangsbereichs / Aerial view from entrance / Rendering, 2002

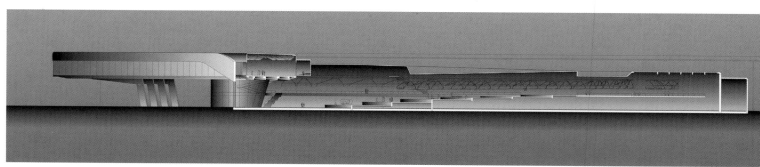

Längsschnitt / Longitudinal section / 2002

verkleidung ist unter ein ausladendes, diagonal vor-springendes Obergeschoss eingezogen. Hier liegt der wichtigste vertikale Verbindungsraum in Form eines Atriums. Das Atrium verbindet die Sitzungsbereiche oben mit den Ausstellungs- und Vorführbereichen (wie dem Virtual-Reality-Labor).

Zweitens ist das Gebäude in seiner Tiefe durch eingelassene Höfe geöffnet, die Tageslicht in das Zentrum des Gebäudes bringen und gute Sichtverhältnisse schaffen. Dies zeigt sich am Beispiel der Kantine, die neben einem Lichtschacht liegt und einen Kommunikationspunkt auf halbem Weg durch das Gebäude bietet.

Die potenziell problematische Vorgabe, vor dem Gebäude Raum für einen großen Parkplatz zu schaffen, musste zu einem integralen architektonischen Element umgemünzt werden, das den Gesamtplan stützt, indem es aus dem Parkplatz ein eigenes dynamisches Spektakel macht. Die inhärente Dynamik der Fahrzeugbewegungen und das „lebendige" Feld der abgestellten Autos wird durch einen optischen Trick belebt, der aus der normativen Einteilung des Parkplatzes ein bewegtes, farblich changierendes und funkelndes Feld macht.

Wie in großen Stadien, wo sich eine Illusion vollständiger Auslastung herstellen lässt, wird hier der Ein-

atrium relates the administrative meeting areas above to the public exhibition and demonstration areas (such as the Virtual Reality/VR Laboratory).

Secondly the depth of the building is opened by means of the insertion into the plan of courtyards that admit daylight and visibility to the heart of the building. This is exemplified by the location of the canteen adjacent to a lightwell, offering a point of communication half-way into the inner zone.

The potential problem of placing a large car-park in front of the building had to be turned into an integral architectural feature that carries the scheme by turning it into a dynamic spectacle in its own right. The inherent dynamism of vehicle movement and the "lively" field of the car bodies is revealed by giving the normative arrangement of parking lots a twist that lets the whole field move, color and sparkle.

As in large stadia, where an illusion of full-seat-capacity can be created, so a similar illusion and effect depicting a full car park and presence of cars is established by painting a positive/negative "binary" plan car pattern in each plot.

The confluence, organization and dispersion of spaces and lines developed in the plan is translated into

Terrassierte Bürolandschaft / Terraced office scape / Rendering, 2002

druck eines Parkplatzes voller Autos erweckt, indem auf jedem Stellplatz ein „binärer" positiv-negativer Umriss eines Autos auf den Boden gemalt wird.

Der Zusammenfluss, die Organisation und Streuung von Räumen und Linien, wie sie im Grundriss entwickelt sind, werden auf die Aufrissansichten des Zentralgebäudes übersetzt. Die Ausdrucksformen der Seitenansichten beziehen sich auf die Bahn und die Richtung der Bodenplatten und setzen sich in der Gestaltung der Quersprossen, Fenster und Platten des Innenhofs und der Außenfassaden fort.

Diese Architektur setzt nicht auf Wiederholung und vorgegebene Formen. Vielmehr handelt es sich um eine organische Architektur, die imstande ist, sich den Besonderheiten des Terrains anzupassen und sich darin einzufügen, sich an verschiedenen Zugängen auszurichten und eine Reihe komplexer Anforderungen in ein fugenlos geschlossenes Ganzes aufzunehmen. Dies wird durch eine in sich gekrümmte Morphologie ermöglicht, die eine Vielzahl von Formen und Richtungslinien integrieren kann, ohne sie zu fragmentieren. Neue CNC-gesteuerte Fertigungsmethoden machen diesen quasi natürlichen Prozess der Formenvariation möglich und erschwinglich. Das Resultat ist der Versuch, sich der zwingenden Schönheit lebender Organismen ein Stück anzunähern.

the treatment of the elevations of the Central Building. Expression in the elevations relates to the trajectory and direction of the floor plates. This is projected into the transoms, window and panel designs of the internal courtyard and external façades.

This architecture is no longer the architecture of repetition and pre-conceived forms. Rather, it is an organic architecture that is able to adapt and mould itself to the peculiarities of the terrain, to orient itself to the various directions of access and synthesise a complex series of concerns into a seamless and integrated whole. This is made possible by the curvilinear morphology that can incorporate a multitude of forms and directions without fragmentation. New numerically controlled manufacturing techniques make this quasi-natural process of formal variation possible and affordable. The result is – aiming to come closer to the compelling beauty of living organisms.

// SAMMLUNG BRANDHORST MÜNCHEN, DEUTSCHLAND
// COLLECTION BRANDHORST MUNICH, GERMANY
// 2002

WETTBEWERB, 2. PREIS / COMPETITION, 2ND PRIZE
MIT / WITH PATRIK SCHUMACHER

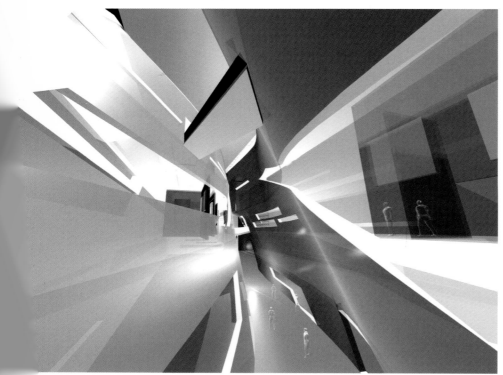

Im Inneren des Canyon / Inside the canyon / Rendering, 2002

Eingangsbereich / Entrance area / Rendering, 2002

Ausgangspunkt des Entwurfs ist das kompakte Volumen, das durch die strenge städtebauliche Einbindung des Gebäudes vorgegeben ist. Die Komplexität der Sammlung entfaltet sich ausschließlich im Inneren des Volumens. Hier ist es allerdings möglich, mit der Vielfalt der Galerieräume den komplexen Erfahrungsraum der Sammlung auszugestalten.

Wesentlicher Entwurfsgedanke ist der diagonale Schnitt, der die dicht gepackte „Kunstkiste" canyonartig öffnet und einen vertikal durchgängigen Kommunikationsraum in das Volumen einschneidet. Dieser Einschnitt ist von städtebaulicher Bedeutung für das nähere Umfeld des Museumsforums, indem eine diagonale Durchsicht und ein eventueller Durchgang von der Ecke Theresienstraße/Türkenstraße zur Pinakothek der Moderne geöffnet wird. Diese Blick- und Wegführung wird durch den prägnanten ästhetischen Reiz des Schnitts sinnlich vermittelt.

Im Inneren entsteht auf diese Weise ein unerwartetes Raumerlebnis, das die Höhe des Gesamtvolumens bis in das Untergeschoss hinab mit einbezieht. Hier erstreckt sich der öffentliche Foyerbereich mit der Rezeption an der einen Seite und dem Museumsshop an der anderen Seite. Darüber und dar-

The compact volume dictated by the tight urban integration of the building formed the point of departure for the design. The collection's complexity can unfold only within this volume, yet here the diversity of gallery spaces succeeds in elaborating the complex space of experience that is the collection.

The essential conceptual idea is a diagonal incision that splits open the tightly packed "art box" like a canyon and cuts a coherent vertical communication space into the volume. This incision is also significant for the immediate urban environment of the museum, as it opens up a diagonal view and perhaps a passage from the corner of Theresienstrasse and Turkenstrasse to the Pinakothek der Moderne museum. This visual and physical direction becomes a sensory experience through the terse aesthetic appeal of the incision.

Within the building, a startling experience of space is thus created, encompassing the volume's entire height down to below ground level. This is where the public lobby and the reception are situated to one side, and the museum's shop to the other side. Above and below, the internal passages of the museum spread along the two walls defining the cleft. The passages are visibly cut into these walls.

Wettbewerbsmodell / Competition Model / 2002

Durchblick durch den Canyon, Modell / View through the canyon, model / 2002

unter entfalten sich die Wege des Museums, die sichtbar in die den Spalt begrenzenden Wände eingeschnitten sind.

Der Spalt vermittelt zwischen den verschiedenen Geschosshöhen, die sich aufgrund der geforderten lichten Höhe der Ausstellungsräume ergeben. Drei Brücken kreuzen den Spalt auf den oberen Ebenen. Auf diese Weise kann sich der Besucher auf dem Weg von Galerie zu Galerie immer wieder am Stadtraum orientieren. Tageslicht darf sichtbar eindringen; das Spiel der wetterbedingten Lichtverhältnisse wird sich hier abbilden; temporäre Installationen oder Skulpturen sind in diesen Bereichen möglich.

Zur Organisation der
Raum- und Funktionsbezüge

Der Haupteingang befindet sich auf der der Türkenstraße zugewandten Seite des Gebäudes. Von hier aus ist auch die Cafeteria separat zugänglich. Ein zweiter Eingang befindet sich auf der gegenüberliegenden Seite. Der Foyerbereich der Erdgeschosszone vermittelt zwischen der Nullebene des Zugangs, der Cafeteria und Galerien auf der einen Seite und der nach unten versetzten ersten Sequenz von Ausstellungsräumen auf der anderen Seite. Hier befinden sich auch der zweite große Ausstellungsraum und der Multimediaraum. Die Galerien im Untergeschoss werden durch einen großzügigen Luftraum an den Foyerbereich angebunden. Alle Ausstellungsräume im Halb-Untergeschoss sind durch ein oben liegendes Fensterband oder Oberlicht natürlich beleuchtet. Restaurierungsatelier, Depot, Lastenaufzug, Anlieferungsbereich und Werkstatt schließen sich direkt an die Sequenz der Ausstellungsräume an. Im Geschoss unter dem Bodenniveau, unterhalb des diagonalen Schnitts, befinden sich die Technikräume.

Im ersten Obergeschoss liegt die Verwaltung; sie ist für Besucher unsichtbar. Die Besucher überqueren die erste Brücke zu einer weiteren Sequenz von fünf Ausstellungsräumen auf dem Niveau + 4.00. Von hier aus geht es weiter zur letzten Sequenz von vier Ausstellungsräumen auf der Ebene + 11.00 im zweiten Obergeschoss. Ein Überqueren der zweiten Brücke führt schließlich zum großen, sieben Meter hohen Ausstellungsraum. Dieser Raum erhält mittels Oberlicht gleichmäßig natürliches Licht.

The cleft serves as an interface between the varying room heights that result from the differences in clearance required in the various showrooms. Three bridges span the cleft at the upper levels. This allows visitors to use the urban space for orientation when making their way from gallery to gallery. Daylight is permitted to penetrate conspicuously; changing with the weather, this is where the light will play. Temporary installations or sculptures could conceivably be placed in this space.

Organization of spatial and functional references

The main entrance is situated on the side of the building facing Turkenstrasse. This side also features a separate access to the cafeteria. A second entrance is situated on the opposite side. The lobby area of the ground floor zone communicates between the neutral level of the entrance, the cafeteria and galleries to one side, and the lowered first sequence of showrooms on the other side, including the second large exhibition hall and the multimedia room. The galleries on the bottom level are connected to the lobby area by a generous void. All the showrooms at mezzanine level are illuminated by natural light entering through strip windows or skylights. The restoration studio, the depot, the freight elevator, the delivery area and the workshop follow up the showroom sequence. The technical facilities are situated beneath the diagonal incision below ground level.

The first story houses the administrative area, hidden from the visitor's eye. Visitors cross the first bridge towards a further sequence of five showrooms at level + 4.00. From there, they proceed to the last sequence of four showrooms at level + 11.00 on the second floor. Crossing another bridge finally leads them to the large exhibition hall, seven meter high, flooded evenly by natural light through skylights.

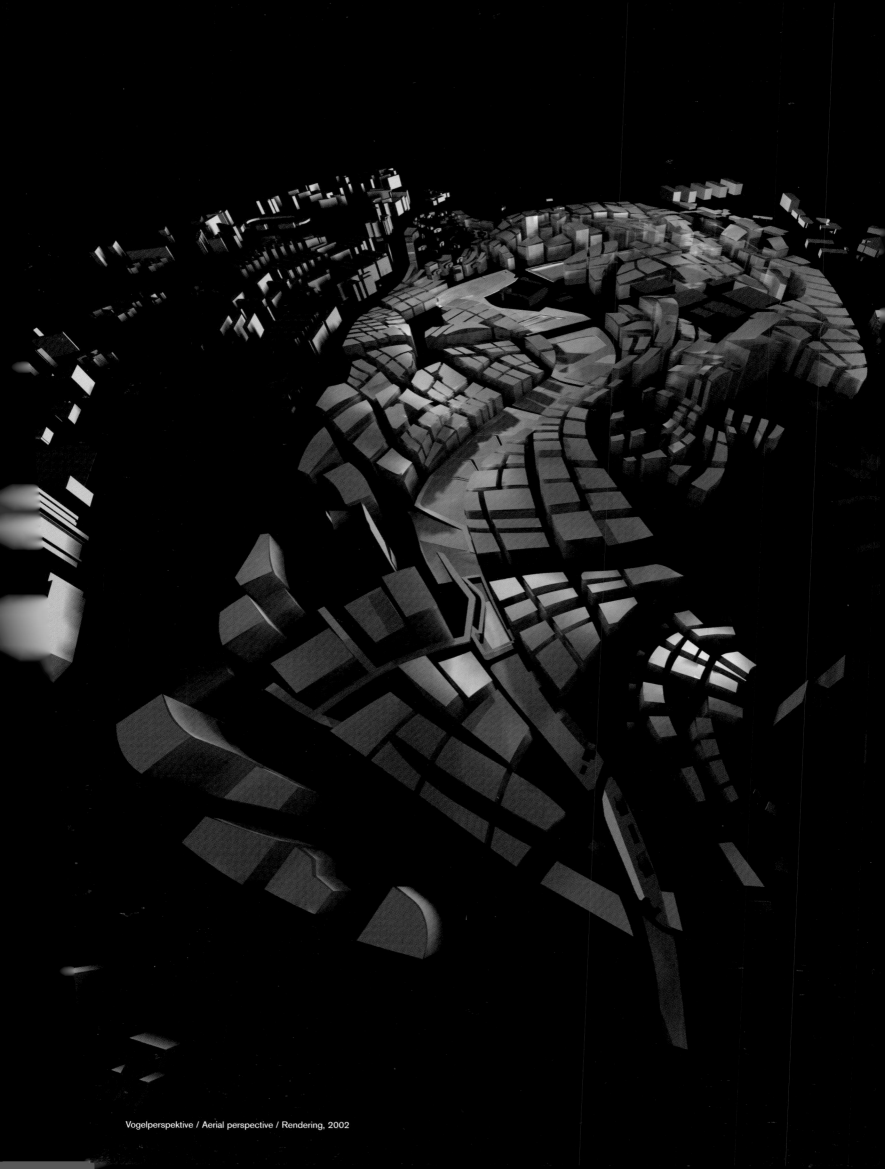
Vogelperspektive / Aerial perspective / Rendering, 2002

// SINGAPUR – „VISTA" MASTERPLAN
// SINGAPORE – "VISTA" MASTERPLAN
// 2001

WETTBEWERB, 1. PREIS / COMPETITION, 1ST PRIZE
PHASE 1 IN REALISIERUNG SEIT / PHASE 1 IN REALIZATION SINCE 2002

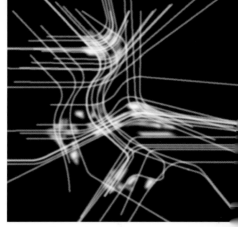

Verformter Raster, Computerzeichnung
Deformed grid, computer drawing / 2001

Eine Stadtarchitektur, die auf das räumliche Repertoire und die Morphologie natürlicher Landschaftsformen zurückgreift, ist seit fast zwanzig Jahren ein durchgängiges Thema in der künstlerischen Arbeit Zaha Hadids. Tatsächlich verdankte sie bereits ihre allererste internationale Anerkennung einer produktiven Analogie mit landschaftlichen Bedingungen, in diesem Fall mit einer geologischen Formation: Es war die siegreiche Wettbewerbseinreichung für den „Peak" in Hongkong im Jahre 1982. Der vorgeschlagene Generalplan für den Stadtteil Buona Vista („Vista" Masterplan) dehnt das Konzept der künstlichen Landschaft nun erstmals auf die Gestaltung eines ganzen Viertels aus. Die Vorzüge dieses kühnen Schritts sind unübersehbar:

Identitätsstiftung

Der Plan bietet eine originäre Großstadtskyline und ein identifizierbares Panorama, das von außerhalb ebenso sichtbar wird wie vom Park im Herzen des neuen Stadtviertels aus. Die reiche Vielfalt von Plätzen und Gassen schafft ein einzigartiges Raumgefühl innerhalb der verschiedenen kleinräumigen Bezirksteile.

Einheit in der Vielfalt

Das Konzept der sanft gewellten, dünenartigen städtischen Großform schafft ein Gefühl räumlicher Kohärenz, das in modernen Metropolen selten geworden ist. Die Regelung von Bauhöhen ist ein ganz normaler stadtplanerischer Vorgang und lässt sich leicht umsetzen. Das machtvolle ästhetische Potenzial, das in diesem alltäglichen Planungswerkzeug verborgen liegt, ist freilich bisher noch nie ausgeschöpft worden. Indem man die Hausdächer zusammenwachsen und so zur Schaffung einer einzigen, leicht gewellten Fläche beitragen lässt, wird ein ungewöhnlicher Grad an ästhetischem Zusammenhang und an Einheit erreicht. Gleichzeitig wird eine ungeheure Vielfalt verschiedener Baukörper – hohe, flache, breite, kleine – einer einigenden Kraft unterworfen.

Integrierte Heterogenität

Die sanften geschwungenen Fluchtlinien, die Straßen und Fußwege wie auch die Bausubstanz definieren,

The possibility of an urban architecture that exploits the spatial repertoire and morphology of natural landscape formations has been a consistent theme within the creative career of Zaha Hadid Architects for nearly twenty years. Indeed the very first moment of international recognition was already informed by a productive analogy with landscape conditions, here with geological form: the wining competition entry for the Hong Kong "Peak" in 1982. The proposal for the Vista Masterplan – for the first time – applies the concept of artificial landscape formation to the articulation of the whole urban quarter. The advantages of such a bold move are striking:

Strong sense of identity

The scheme offers an original urban skyline and identifiable panorama visible from without as well as from the park in the heart of the new urban quarter. The rich diversity of squares and alleys engenders a unique sense of place within the various micro-environments.

Unity in difference

The concept of the gently undulating, dune-like urban mega-form gives a sense of spatial coherence that has become rare in the modern metropolis. The regulation of the building heights is normal planning procedure and easily instituted. The powerful aesthetic potential that lies dormant in this ordinary planning tool has never been exploited before. An unusual degree of aesthetic cohesion and unity is achieved by allowing the roof surfaces to join in the creation of softly modulated surface. At the same time a huge variety of built volumes – tall, low, wide, small – is brought under the spell of a unifying force.

Integrating heterogeneity

The softly swaying pattern of lines that defines the streets, paths as well as the built fabric allows the mediation and integration of the various heterogeneous urban grids of the adjacent areas. The curvilinear pattern is able to absorb and harmonize all the divergent contextual orientations.

Flexibility without chaos

The proposed morphological system allows for in-

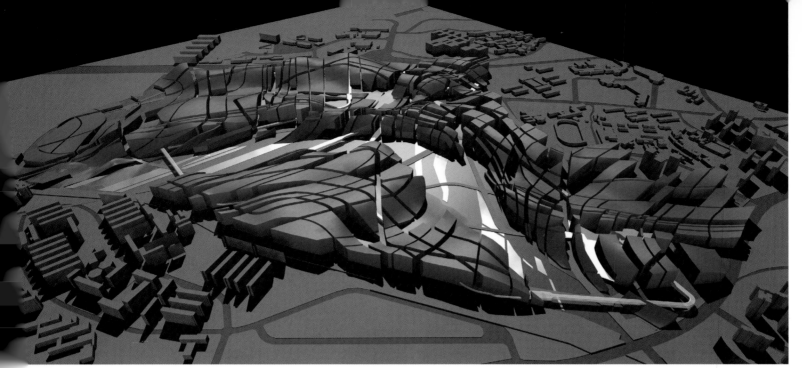

Isometrische Gesamtansicht / Isometric overview / Rendering, 2001

gestatten die Anbindung und Einbeziehung der verschiedenen, sehr unterschiedlichen städtischen Raster der angrenzenden Gebiete. Das Krümmungsmuster ist in der Lage, die divergenten Orientierungslinien der Umgebung zu absorbieren und zu harmonisieren.

Flexibilität ohne Chaos

Das vorgeschlagene morphologische System ermöglicht unendliche Variation innerhalb der Grenzen einer starken formalen Kohärenz und Gesetzmäßigkeit. Darin liegt der große Vorteil der Arbeit mit einer „natürlichen" anstatt einer strikten, platonischen Geometrie. Die Form ist „frei" und daher in jeder Phase ihrer Entwicklung formbar, während traditionelle Interpretationen platonischer geometrischer Figuren (Quadrate, Kreise, gerade Achsen etc.) zu bindend und damit anfällig für Verfälschung und Verwässerung durch spätere Adaptionen sind. Die vorgeschlagene natürliche Morphologie hat nicht weniger Gesetzmäßigkeit und Zusammenhalt als das platonische System, ist aber ungleich geschmeidiger und elastischer und stets imstande, Adaptionen in ihr System natürlicher Schönheit aufzunehmen.

Die Idee einer künstlichen Landschaftsform zeigt sich nicht nur auf der Ebene der urbanen Gesamtgestalt. Nicht nur die Großform, sondern auch die kleinteiligen Umgebungen könnten von der Analogie zur Landschaft profitieren, insbesondere in Knotenbereichen. Hier ließen sich durch die Errichtung einer erhöhten Plaza rund fünf Meter über dem Straßenniveau Entwicklungsmöglichkeiten erschließen. Da diese Bereiche durch Straßenzugänge, Park- und Liefermöglichkeiten gut erschlossen sein müssen, während sie gleichzeitig lebendige Fußgängerzonen sein wollen, scheint eine Verdoppelung der Bodenfläche in diesen Bereichen angezeigt. Dies würde gestatten, das über Hochleitungen

finite variation within the bounds of a strong formal coherence and lawfulness. This is a great advantage of working with a "natural" geometry rather than with a strict Platonic geometry. The form is "free" and therefore malleable at any stage of its development while traditional interpretations of Platonic figures (squares, circles, strict axes etc.) are too exacting and therefore vulnerable to corruption and degradation by later adaptations. The proposed natural morphology is no less lawful and cohesive than the Platonic system; but it is much more pliant and resilient, always able to absorb adaptations into its system of natural beauty.

The idea of an artificial landscape formation occurs not only on the level of the overall urban form. Not only the mega-form but also some of the micro-environments could benefit from the landscape analogy. In particular in hub areas where one of the possibilities of developing could be to introduce a raised plaza level about 5 meter above the street level. Since these areas would need to be well serviced by street access, parking and deliveries, while at the same time aspiring to a lively pedestrian scene, it seems opportune to double the ground surface in these areas. This would allow to bring the elevated APMS system onto the same level with the plane of pedestrian communication. These raised plazas would not be vast, flat and vacant fields but would be articulated through terraces and gentle slopes. These raised grounds will be connected to the ground proper through the interiors of the buildings as well as by means of broad staircases and shallow ramps on the exterior.

Within Zaha Hadid's œuvre there is a long series of urban schemes, which explore various artificial landscapes as a means to sculpt public space and to impregnate it with public program. These schemes

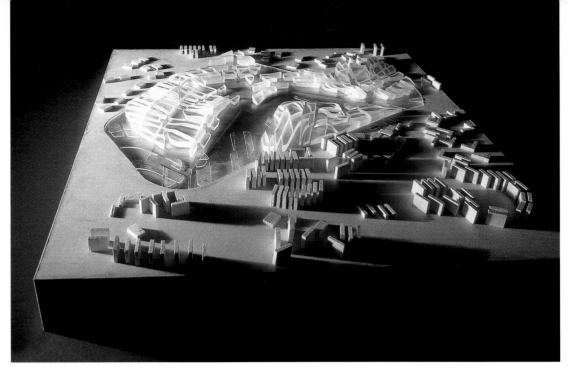

Gesamtansicht, Modell / Overall view, model / 2001

geführte automatisierte Energieversorgungssystem auf derselben Ebene anzusiedeln wie den Fußgängerverkehr. Diese erhöhten Plazas wären allerdings keine weiten, flachen und leeren Flächen, sondern würden durch Terrassen und sanfte Abhänge strukturiert. Die erhöhte Bodenebene wäre durch das Innere der Gebäude und außen durch breite Treppen und flache Rampen mit dem eigentlichen Boden verbunden.

Im Werk von Zaha Hadid gibt es eine lange Reihe von Stadtplanungskonzepten, die die Möglichkeiten verschiedenartiger künstlicher Landschaften als Mittel zur Gestaltung des öffentlichen Raums und seiner Nutzbarmachung für die Öffentlichkeit erforschen. Diese Konzepte verändern und vermehren die Bodenfläche durch Abhänge, Verwerfungen, Abtragung oder Terrassierung.
Durch derartige Eingriffe lassen sich drei wichtige Vorteile erzielen:
– Die visuelle Orientierung im öffentlichen Raum wird durch Neigung der Blickebene erleichtert; Ausblicke von oben werden über die gesamte Szenerie ermöglicht.
– Durch die sanfte Differenzierung durch Abhänge, Grate, Terrassen usw. lässt sich die Bodenfläche dazu nutzen, die Bewegungen darauf auf unaufdringliche und suggestive Weise zu choreographieren und zu lenken.
– Die zur Landschaft gestaltete Fläche ist reich an latenten Orten. Ausformungen wie flache Täler oder Hügel könnten zu Versammlungs- oder Treffpunkten und damit zu Aufnahmeorten für Ereignisse und Veranstaltungen im Freien werden, ohne das Gelände zu determinieren oder zu blockieren.

manipulate and multiply the ground surface by means of sloping, warping, peeling or terracing the ground.
Three important advantages may be achieved by such manipulation:
– The visual orientation within the public realm is enhanced by means of tilting the plane into view and allowing for vistas overlooking the scene from above.
– By means of a gentle differentiation of slopes, ridges, terraces etc. the ground plane can be used to choreograph and channel movements across the plane in an unobtrusive and suggestive manner.
– The landscaped surface is rich with latent places. Articulations like shallow valleys or hills might give a foothold to gatherings and become receptacles for outdoor events without otherwise predetermining or obstructing the field.

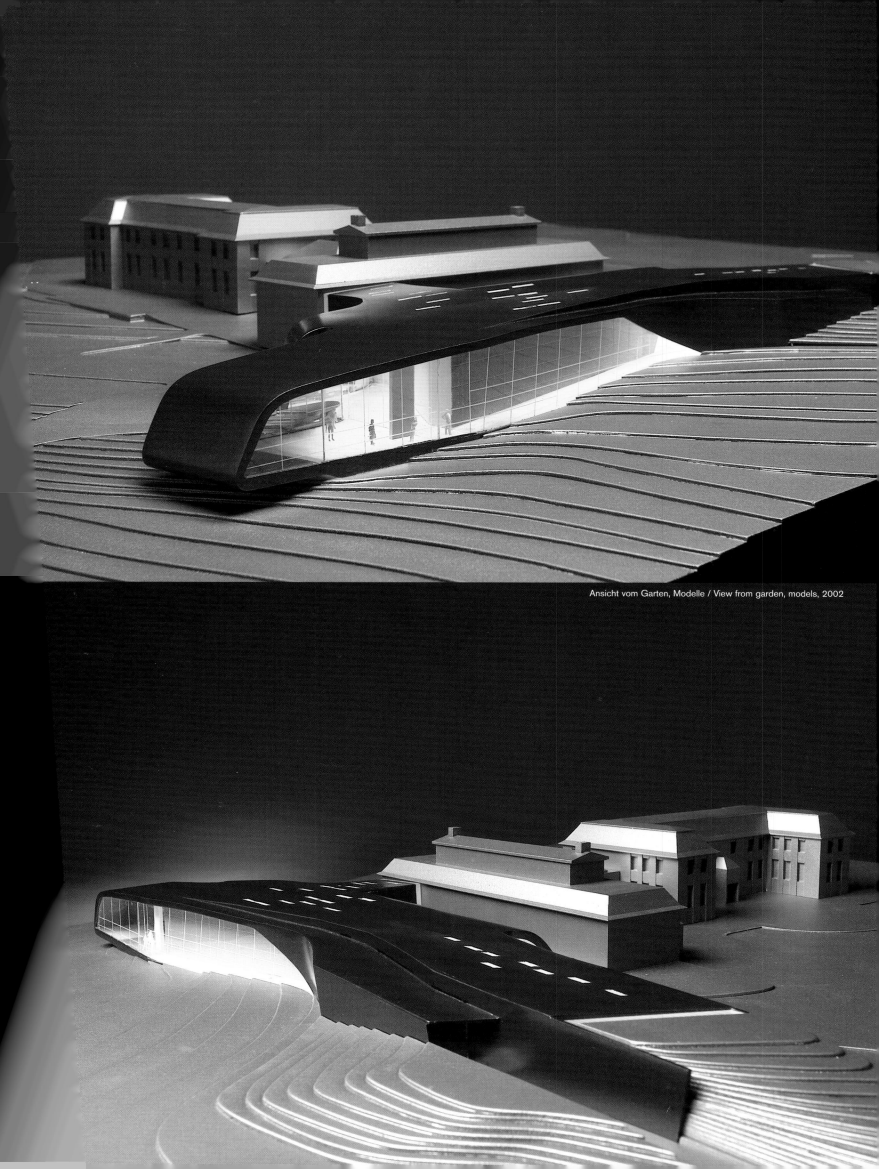

Ansicht vom Garten, Modelle / View from garden, models, 2002

// ERWEITERUNG DES ORDRUPGAARD MUSEUMS
   KOPENHAGEN, DÄNEMARK
// ORDRUPGAARD MUSEUM EXTENSION
   COPENHAGEN, DENMARK
// 2001

WETTBEWERB, 1. PREIS / COMPETITION, 1ST PRIZE
IN PLANUNG / IN PLANNING

Die Expansion dieser Institution bietet Gelegenheit, mit einem neuartigen Ansatz die Museumsgebäude verschiedener Generationen und die Gärten zu einer Einheit zu verbinden. Zugleich ein für sich allein stehendes Landschaftsmerkmal und eine Erweiterung der bestehenden Topographie des Gartens, trennt dieses Ensemble das flache Gelände vor dem Gebäude vom Gartenabhang auf der Rückseite. Die Konturen wurden studiert und abstrahiert, anschließend angehoben und verkrümmt, um eine Muschel zu bilden, die zur Hülle des Museums wird. Eine Formensprache von sanft sich erhebenden Konturen, die weiter angehoben werden und Wände und ein Dach bilden, prägt das Erweiterungsgebäude. Es entstehen Sichten von innen nach außen und umgekehrt. Besucher begegnen Kunstwerken im Garten, auf den Zugangswegen zum Erweiterungsbau und im Gebäude selbst. Werke in unterschiedlichem Maßstab sind von verschiedenen Standpunkten aus auf dem Gelände zu sehen. Innenlandschaften in den Schauräumen sind gleichzeitig ein Kontrapunkt zum Außenbereich und stehen in direkter thematischer Verbindung oder in maßstäblicher Beziehung zueinander. Die Säle werden in diesem Projektvorschlag zu einer Folge von fließenden, miteinander verbundenen Räumen, in denen Werke der ständigen Sammlungen und Wechselausstellungen gezeigt werden.

Das Herrenhaus kann als Teil des kuratorischen Plans gesehen werden. Ordrupgaard hat eine seit langem entwickelte Strategie von Ausstellungen von Land-Art oder Installationen. Innenräume und Gartenansichten werden in Beziehung zueinander gesetzt, wie sich bei der permanenten Sammlung beispielhaft zeigt. Diese Praxis sollte durch eine Folge von miteinander verbundenen Suiten, Salons, offenen kleinen Zimmern und Galerien, in denen die Besucher den Beziehungen zu den Kunstobjekten nachspüren können, gefördert und genutzt werden. Außerdem sollten eingeladene Möbelbauer, Bildhauer und andere Künstler eine neue Atmosphäre in die Innenräume bringen, die einen Kontrast zur traditionellen Sicht der Funktion eines Museums bildet.

The growth of the institution presents an opportunity which requires a new attitude to unite the buildings of the museum from different generations and gardens into one single entity. At once a discrete feature in the landscape and an addition to the existing garden topography, this ensemble separates the flat terrain in front of the building from the slope of the garden at the rear. Contours have been studied and abstracted, then lifted and twisted to form a shell that becomes the museum enclosure. A formal language of gently lifted contours raised again to form walls and a roof, forms the structure of the extension. Views are set up both from the outside in and vice-versa. Visitors encounter art in the garden, upon approach to the new extension and within the building. Works of different scales can be seen from various vantage points on the grounds. Interior landscapes within the galleries are at once a counterpoint to the exterior and in direct thematic connection, or in scale relation to one another. Rooms in this proposal are transformed into a series of flowing connected spaces displaying works from the permanent and temporary collection.

The mansion can be seen as a part of the curatorial plan. Ordrupgaard has a developed policy of land-art displays, or installations. A relationship is established between the interior and garden vistas, as exemplified in its permanent collection. This practice should be encouraged and exploited by a sequence of interconnected suites, salons, open chambers and galleries wherein visitors can examine the relationships with art pieces. Furthermore, invited furniture makers, sculptors and other artists are to bring a new attitude to the interior providing a thematic contrast to the traditional view-point of the museum's function.

The adopted local planning strategy positions the new extension on an east-west line, effectively completing the bisection of the site with an ensemble of garden and building enclosures, from the tall mini-forest to the front and the sloping "English" garden at the rear.

Die gewählte Planungsstrategie positioniert die neue Erweiterung auf eine Ost-West-Linie, vom hohen Hain an der Front zum Hang des Englischen Gartens auf der Rückseite, was zu einer effektiven Zweiteilung des Geländes mit seinem Ensemble von Garten und Gebäuden führt.

Das Haupthaus wird seine Schauen auf Gebrauchs- und Originalmöbel sowie historische Originalstücke konzentrieren, getrennt von den Kunstausstellungen. Konzeptuell wird die Nutzung des Herrenhauses als Teil des kuratorischen Lebens innerhalb des Ordrupgaard-Ensembles gesehen. Die vorgeschlagene Umwandlung des bisherigen Eingangs in einen reinen Mitarbeitereingang wird zu einer physischen Trennung der Gebäude führen und die Einheit aufspalten.

Durch Grabungen und Aufschüttungen wird das Gebäude an Schlüsselpunkten des Grundrisses in den Boden abgesenkt. Eine solche Aufschüttung, eine Rampe, bringt die Besucher ins Foyer. Um den Raum für Wechselausstellungen unterzubringen, sind minimale Grabungsarbeiten erforderlich. Ein kleines Untergeschoss wird in den Boden gegraben und soll eine Küche, einen Servicebereich, einen Personenfahrstuhl und Einrichtungen für die Besucher beherbergen.

Eine Innenrampe bringt die Besucher vom Foyer und vom Wechselausstellungsbereich zur permanenten Sammlung, zum Café und zu einem Mehrzweckbereich. Die sanfte Steigung der Geländetopographie wird als Orientierungshilfe für die Besucher genutzt. Die wie eine Zeltplane anmutende Schale, getragen von einem Netzwerk von Wänden, ist im Querschnitt gewölbt und angeschnitten, um indirektes Tageslicht ins Innere zu lassen.

Das neue Gebäude ist durch einen Hof weiträumig vom bestehenden langen Gebäude der französischen Sammlung getrennt. Ein Foyer hat nach Westen Blick auf den Hof und die Längsseite des bestehenden Gebäudes. Die Ausstellungsräume sind hinter dem Foyer und dem Shopbereich in Nord-Süd-Richtung aneinander gereiht. Eine tiefe, für Servicefunktionen genutzte Wand mit Fahrstuhl, Treppenhaus und Lagerräumen trennt das Foyer von den Ausstellungsräumen. Eine lange geneigte Rampe trennt die Räume für permanente und temporäre Ausstellungen und führt zum Mehrzwecksaal sowie zum Café, die beide auf den Garten hinausgehen.

Anstelle von spezifischen und auf vertraute Weise proportionierten Räumen werden Zonen und Umschließungsbereiche vorgeschlagen. Für die Sammlungen werden engere Einheiten geschaffen, die ausschließlich Kunstlicht erfordern. Andere kommen in den Genuss von Tageslicht durch Schlitze, die in das „Muschel"-Dach geschnitten werden und den Besuchern Orientierungshilfe leisten. Das Tageslicht wird beim Einfall durch die Schale des Gebäudes, das Dach, gefiltert und gemildert.

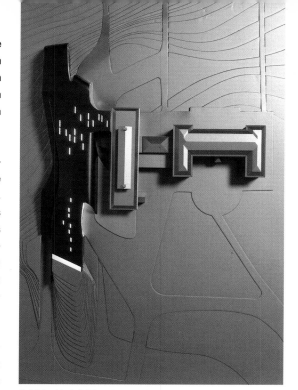

Aufsicht, Modell / Top view, model / 2002

The mansion will concentrate its display on contextual and original furniture and original period features separate from art displays. Conceptually, the use of the mansion is considered as part of the curatorial life of the Ordrupgaard ensemble. The proposed use of the existing entrance for staff only, will physically split the buildings, and divide the entity.

Earthworks and embankments bring the building into the ground at key points around the plan. One such embankment, a ramp, brings visitors to the foyer. Minimal excavation is required to accommodate the temporary gallery space. A small basement is cut into the ground to house a kitchen, service area, passenger lift and visitor facilities.

An internal ramp brings visitors from the foyer and temporary display area to the permanent collection, café and multi-purpose area. The visitors' orientation through the galleries exploits the gentle sloping topography of the site. The canvas-like shell, which is supported on the network of walls, is curved in section and cut to admit indirect natural daylight into the interior.

The new building is, in greater area, physically separated by a courtyard from the existing long French gallery building. A foyer looks west to the courtyard and the long wall of the existing gallery. The galleries are aligned north-south behind the foyer and shop area. A thick serviced wall of lift, stairs and storage divides the foyer from gallery spaces. A long sloping ramp divides the temporary and permanent gallery spaces and leads to the multi-purpose hall and café which face out to the garden.

Rather than specific and familiarly proportioned rooms, zones and enclosures are proposed. Tighter

Eingangsbereich, Modell / Entrance area, model / 2002

Lichtstudie, Reliefmodell / Light study, relief model / 2002

Den Kernbereich der Gebäudegestaltung bilden die Schauräume für die dänische und die französische Sammlung. Ein neuer Galerieraum wird auf der Gartenseite an die bestehende Gaugin-Galerie angeschlossen und bildet den Abschluss eines schmalen Hofes. Dieser wird wiederum mit dem Foyer und den dänischen Sammlungen verbunden. Die im temporären Ausstellungsbereich gezeigten „neuen Arbeiten" könnten höhere Räume benötigen, insbesondere für Schauen von größeren skulpturalen Arbeiten und großformatigen Gemälden. Die Kunstwerke können direkt von der an die Zufahrt anschließenden Ladezone weg transportiert und an Ort und Stelle gebracht werden.

Dieser Schauraum ist im vorgeschlagenen Gebäudeplan als der größte Einzelraum angelegt. In östlicher Richtung bietet sich eine Aussicht auf die mit Büschen bepflanzten Bereiche und den koppelartigen Gartenteil dahinter. Von diesem Bereich aus lassen sich Blickverbindungen in Querrichtung zu anderen Schauräumen und dem kreuzgangähnlichen Teil des Gartens an der östlichen Grundstücksgrenze sowie zu dem nach Süden hin abfallenden Garten herstellen.

Zum neuen Haupteingang gelangt man von einem schmalen Hof, der entlang der Wand der bestehenden französischen Galerie verläuft. Das parallel dazu verlaufende Foyer führt die Besucher in beiderlei Richtung zu den nord- und südseitigen Schauräumen.

Das Café ist im südlichen Ende untergebracht und geht zum Garten mit dem Mehrzweckbereich hinaus. Die Besucher können über einen unabhängigen, über eine Rampe geführten Durchgang, der vom Foyer nach unten führt, direkt ins Café gelangen, ohne die Schauräume passieren zu müssen. Die neuen Terrassen wurden entworfen, um das Neue an die bestehenden Terrassen des Herrenhausgartens anzubinden.

enclosures are provided for those collections which demand total artificial lighting. Others enjoy sky-lighting provided through slits cut into the "shell" roof. The lighting slits act as orienteering devices to the visitors. Natural light is filtered and moderated as it passes through the building shell, the roof.

At the heart of the building composition are the galleries for the Danish and French collections. A new gallery is physically connected to the existing Gauguin Gallery at the garden end closing off a narrow courtyard. This in turn is connected to the foyer and Danish collections. The "new" works displayed in the temporary area may require a higher space, particularly to exhibit larger sculptural works and canvases. Works can be directly transported and moved from the loading area adjacent to the driveway.

This gallery is seen as the largest single space within the proposed building. Views can be exploited to the bush areas and paddock-like garden beyond facing east. From this area visual connections can be made across to other gallery spaces and out to the cloister-like spaces of garden against the eastern boundary and southwards to the sloped garden beyond.

The new entrance is accessed from a narrow courtyard running alongside the long wall of the existing French Gallery. The foyer runs parallel "guiding" visitors in each direction to the galleries north and south.

The café is located at the southerly tip facing the garden with the multi-purpose area. Visitors can get to the café from an independent ramped passage descending from the foyer to the café, without ever having to pass through the galleries. Terraces are designed to connect the new to the existing Mansion garden terraces.

// GUGGENHEIM MUSEUM TOKYO
   TOKIO, JAPAN
// GUGGENHEIM MUSEUM TOKYO
   TOKYO, JAPAN
// 2001

WETTBEWERB, 1. PREIS / COMPETITION, 1ST PRIZE
MIT / WITH PATRIK SCHUMACHER

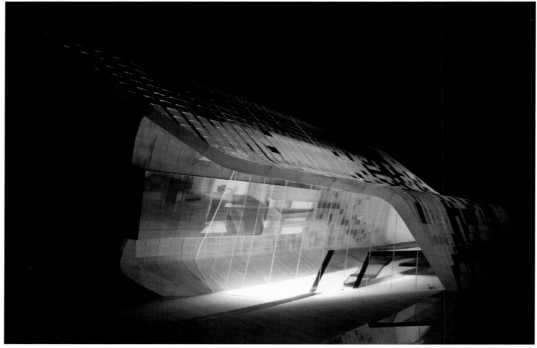

Eingangsbereich, Wettbewerbsmodell / Entrance area, competition model / 2001

Die Insel Odaiba ist vielleicht der perfekte Ort, um eine Stätte für kulturelle Experimente zu errichten. Hier entsteht ein sehr dynamischer urbaner Raum, gebaut auf künstlichem Land und beseelt von Unternehmergeist. In diesem Zusammenhang wird die auf zehn Jahre angelegte Intervention einer Guggenheim-Dependance als kultureller Brennpunkt und Katalysator für verwandte Initiativen wirken. Das temporäre Guggenheim-Museum wird eine Art Trendsetter für die architektonische Identität der Vergnügungsinsel sein.

Im Hinblick auf die architektonische Ikonographie sollte das Gebäude den kreativen Einsatz neuester Wissenschaft und Technologie erkennen lassen. Als Erlebnis für den Besucher muss das Objekt Neugier und Verlangen wecken. Ein beträchtliches Maß an Fremdheit ist dafür unerlässlich. Das Gebäude soll mysteriös wirken, wie ein unbekanntes Territorium, das es zu entdecken und zu erkunden gilt.

Der temporären Natur des Bauwerks entsprechend wurde eine leichte Außenhülle gewählt. Durch zwei in sich gefaltete Ebenen, die sich wie zwei Blatt Papier gegeneinander lehnen und einen großzügigen Innenraum umschließen, wird eine starke, markante Form geschaffen. Dieses Bild einer eleganten, leichten Verpackung ist die Reaktion auf die Forderung nach einem aufnahmefähigen Raum, der

Odaiba Island is possibly the perfect place to establish a site of cultural experimentation. A very dynamic urban space emerges, built upon synthetic land and animated by the entrepreneurial spirit of rapid development. In this context the ten-year intervention of the temporary Guggenheim will be an instant cultural hotspot and a catalyst for related activities. The temporary Guggenheim will also be a trend-setter in terms of the architectural identity of the area.

In respect to the architectural iconography the structure should signify the creative employment of the state of the art science and technology. As a visitor experience the object has to excite curiosity and desire. A considerable degree of strangeness is indispensable. The project is to appear mysterious, an unknown territory set to be discovered and explored.

In line with the temporary nature of the structure we are opting for a lightweight envelope. A strong signature figure is created as two-folded planes – like sheets of paper – which lean against each other and encapsulate a generous space. This image of an elegant lightweight wrapping is a response to a demand for a receptive space able to constantly redefine itself in order to accommodate changing exhibitions. The empty space itself is already an attraction of a kind. Although the spatial concept is extremely simple – in effect the parallel extrusion of

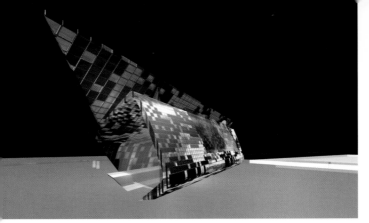

Perspektivische Ansicht / Perspective elevation / Rendering, 2001

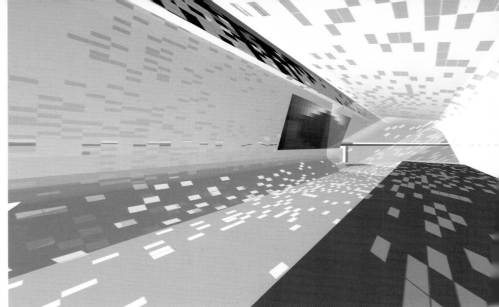

Ausstellungshalle, perspektivische Innenansicht / Exhibition hall, interior perspective / Rendering, 2001

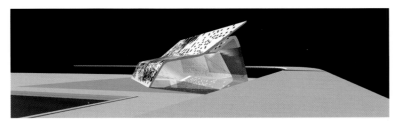

Perspektivische Ansicht / Perspective elevation / Rendering, 2001

in der Lage ist, sich andauernd neu zu definieren, um wechselnde Ausstellungen zu beherbergen. Schon der leere Raum ist eine Attraktion für sich. Obwohl das Raumkonzept extrem einfach ist – im Wesentlichen die parallele Extrusion dreier einfacher Schnitte –, stellen die schiere Größe, der Abstraktionsgrad und das dynamische Profil der gefalteten Ebenen eine berauschende Raumempfindung sicher. Der diagonale Spalt an der Spitze erzeugt ein dramatisches Schwindelgefühl, wenn das Licht sich über die geneigte Ebene abwärts ergießt.

Das einzige Element, das darüber hinaus den von den Faltebenen umschlossenen Innenraum strukturiert, ist eine dritte extrudierte Ebene, die als Halbgeschoss fungiert. Diese Ebene ist wie eine große Tischplatte eingesetzt, die unterhalb die säuberliche Unterbringung sämtlicher Versorgungsräume und darüber eine großzügige erhöhte Ausstellungsfläche möglich macht – und dem „Garagenraum" damit den Vorteil eines Ausblicks wie von einem Hochplateau verschafft. Die drei Extrusionsebenen sind an beiden Enden in unterschiedlichen Winkeln abgeschnitten. Diese simple Maßnahme bringt die Enden sehr effektiv zur Geltung und erlaubt die Betonung des Eingangsbereichs durch eine dramatische Geste.

Ein weiterer beachtenswerter Aspekt ist die Beschaffenheit der Außenhaut. Es wurde eine Punktierung, ähnlich einer Schlangenhaut, vorgeschlagen, die eine formal kohärente Integration verschiedener Leistungen der Fläche gestattet. Das primäre Verkleidungsmaterial sind großflächige keramische Fliesen (die eine glatte Oberfläche und leuchtende Farben bieten). Dazwischen eingefügte Lichtboxen sollen mehr Tageslichteinfall im Inneren ermöglichen und nachts als künstliche Lichtquellen dienen. Wieder andere Platten sind fotovoltaische Zellen. Und schließlich wird ein großer Medienbildschirm vorgeschlagen – gebildet aus „smart slabs" in Form von Honigwaben. Durch seine lebendige Oberfläche erhielte dieser Bildschirm fast eine „natürliche Tarnung". Im Inneren würde die Haut nach demselben Konzept funktionieren, allerdings ästhetisch gedämpfter. Hier sind Beleuchtung, Belüftung und Heizung in die „Pixellogik" eingebaut.

three simple sections – the size, level of abstraction and dynamic profile of the folded planes insures an exhilarating spatial sensation. The diagonal cleft at the top excerpts a dramatic sense of vertigo as the light washes down the tilted plane.

The only further element that structures the interior captured between the two folded planes is a third extruded section that acts as a mezzanine level. This plane is inserted like a large table which affords the clean accommodation of all support spaces below and a generous raised exhibition area above – thus offering within the "garage" space the viewing advantages afforded by a raised plateau. At both ends the three extrusions are cut off at different angles. This simple move effectively articulates the ends and allows us to emphasize the entrance zone with a dramatic gesture.

A further aspect to be noted is the quality of the skin. A snakeskin-like pixelation is being proposed that allows a formally coherent integration of various surface performances. The primary cladding material would be large-scale ceramic tiles (offering smooth surface and brilliant colors). These would be interspersed by light-boxes which allow further daylight to penetrate the space as well as to act as artificial source of light at night. Further panels would be photo-voltaic elements. Finally we are proposing to embed a large media screen – in the form of honeycomb based "smart slabs". The media screen would nearly be camouflaged into the overall animation of the skin. Internally the skin operates according to the same concept but is aesthetically much more muted. Here light, ventilation and heating are incorporated within the pixel logic.

Vogelperspektive / Aerial view / Rendering, 2000

// BIBLIOTHÈQUE NATIONAL DU QUÉBEC
QUÉBEC, MONTREAL, KANADA
// BIBLIOTHÈQUE NATIONAL DU QUÉBEC
QUÉBEC, MONTREAL, CANADA
// 2000

WETTBEWERB / COMPETITION
MIT / WITH PATRIK SCHUMACHER

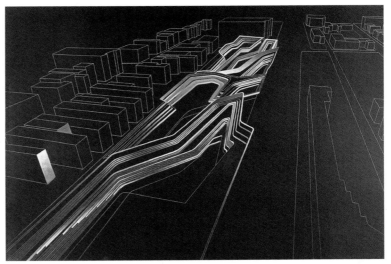

Perspektivischer Blick von oben, Farbzeichnung / Aerial perspective, colored drawing / 2000

Die Aufgaben der Bibliothèque National du Québec sind offenkundig äußerst vielfältig. Sie reichen vom Umgang mit antiquarischen Stücken bis hin zur Betreuung einer Besucherzone, die täglich rund um die Uhr geöffnet ist. Darin zeigt sich die wachsende Zahl und Art von Dienstleistungen, die heutige Bibliotheken zu erbringen haben. Ein derart heterogenes Nutzungsprogramm innerhalb der Bibliothek zu gestalten ist einer der wesentlichen Planungsaspekte. Die Lösung versteht sich als Schaffung von „thematischen Örtlichkeiten": Jeder Nutzungs- oder Themenbereich soll zu einer selbständigen räumlichen Umgebung werden, die kontextuell mit den anderen verbunden ist. Das nährt ein Gefühl der Vertrautheit im Umgang mit den jeweils zur Verfügung stehenden Materialien. Die Ausdifferenzierung dieser „Örtlichkeiten" wirkt überdies dem Gefühl der institutionellen Entfremdung entgegen, das in großen öffentlichen Gebäuden leicht entsteht.

Unterschiedliche Größenverhältnisse können gleichzeitig nebeneinander bestehen, sodass der Besucher immer weiß, wo im Gesamtkomplex des Gebäudes er sich befindet, aber auch das Gefühl für die unmittelbare Umgebung bewahrt.

Das architektonische Grundkonzept basiert auf der Anlage eines durchgehenden Navigationsraums, entlang dessen sich nacheinander die verschiedenen, von den einzelnen Sammlungen der Bibliothek umfassten Wissensgebiete entfalten. Dieser Navigationspfad folgt der Logik der zunehmenden Verzweigung und Differenzierung der Disziplinen – dem Baum der Erkenntnis. Architektonisch ist der Navigationsraum als ein System von Adern gestaltet, das

The functions of the Bibliothèque National du Québec are evidently diverse in type, from the handling of rare antiquities to a 24 hour access zone. This reflects the increasing number and types of services that contemporary libraries have to offer. Articulating the heterogeneous program within the new library will be a critical aspect of its design. This formulation is meant as a creation of "topical localities": each programmatic, or thematic area is to become a self-contained environment that is connected contextually to the other parts. It encourages a sense of relative intimacy with the specific material at hand. Also, by differentiating the "localities" one subverts the sense of institutional alienation that can befall large, public buildings.

A number of different scales can co-exist simultaneously so that the visitor is able to locate himself within the body of the whole building, but also to have a sense of the immediate surrounding.

The main architectural concept is based on the articulation of a continuous navigation space that sequentially unfolds various bodies of human knowledge contained in different collections of the library. This navigation space follows the branching logic of successive disciplinary differentiation – the tree of knowledge. The navigation space is architecturally expressed as the veins eroding the solid mass of the building. The actual circulation through the building traces these voids and crevices allowing for diagonal vistas and good orientation across levels. In this microcosm various channels of connection between the parts are active, catalytic tissue within the library as a whole.

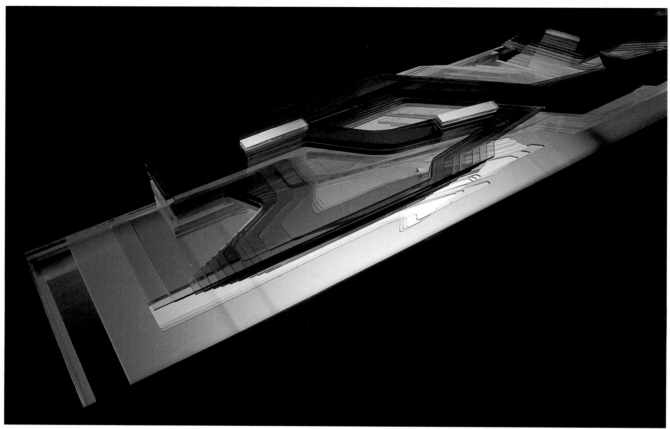

Wettbewerbsmodell / Competition model / 2000

den Festkörper des Gebäudes durchzieht. Die eigentliche Erschließung des Baus durch diese Leerräume und Kavernen ermöglicht diagonale Durchsichten und eine leichte Orientierung von Ebene zu Ebene. In diesem Mikrokosmos sind jeweils mehrere Verbindungskanäle zwischen den einzelnen Teilen aktiv; sie bilden eine Art katalytisches Bindegewebe innerhalb der Bibliothek als Ganzes.

Die Baumasse, die der Erosion widersteht, umfasst die Sammlungsräume mit den Büchern und die Lesesäle. Die Gesamtgestalt dieses Baukörpers ist unterhöhlt wie eine überhängende Klippe und vom Haupteingang aus gut einsehbar. So entsteht an der Frontseite eine öffentlich zugängliche Freifläche, die dem Besucher einen Einblick in die aufeinander folgenden Schichten der Bibliothek bietet. Der Blick des Besuchers kann den sich aufwärts verzweigenden Adern folgen, ehe er sich für den Verlauf zu den Sammlungen und Lesesälen entscheidet. Die wichtigsten Sammlungssäle sind geformt wie terrassierte Täler; die Bücher sind an den Rändern aufgereiht, die Lesezonen in der Mitte platziert. Der terrassenartige Aufbau ermöglicht sowohl eine differenzierte Suche als auch einen Gesamtüberblick. Die im obersten Geschoss liegenden Leseräume haben den Vorteil der Belichtung durch gefiltertes Tageslicht von oben. Das im Inneren vorherrschende Material ist Holz, das Intimität und Ruhe schafft. Atmosphä-

The mass that is withstanding the erosion includes the collection spaces filled with books and the reading rooms. The overall formation of this mass is undercut like an overhanging cliff exposed to the views at the main entrance. In this way a main public void is created at the front of the building offering a visitor revealing glimpses of the successive strata of the library. The visitors' view can follow the branching veins upwards before choosing the trajectory to the collections and the reading rooms. The major collections are shaped like terraced valleys lined with books on the perimeter and the reading areas in the middle. The terracing offers differentiation as well as overall orientation. The reading rooms at the top of the building are taking advantage of the possibility of filtered daylight from above. The predominant interior material here is wood providing intimacy and quietude. Atmospherically these rooms are conceived in analogy with the canopy level of trees.

One of the most inimitable experiential qualities of libraries is the silence that shrouds reading rooms. The library is to become an acoustically differentiated map that harbors pockets of the most reflective silence, counterpoised with strips, circuits and enclaves of enlivened sounds.

The overall spatial organization is treated as a three-dimensional information design utilizing the ramifying

Lobby (oben) und Eingangsbereich
Lobby (top) and entrance area / Renderings, 2000

risch sind diese Räume in Analogie zum Kronenschluss von Bäumen konzipiert.

Eine der unvergleichlichen Erlebnisqualitäten von Bibliotheken ist die Stille, die die Räume einhüllt. Diese Bibliothek soll ein akustisch differenziertes Gelände sein, das Buchten nachdenklicher Stille in sich birgt, zu denen Gänge, Umläufe und Enklaven lebhafter Geräusche ein ausgleichendes Element bilden.

Die gesamte Raumorganisation ist als dreidimensionales Informationssystem gestaltet, das die Verzweigungsmuster des Klassifikationsbaums als Erschließungsdiagramm nutzt. Das Wegesystem gabelt sich gemäß den Wissenszweigen, was auch im Einklang mit dem Weg vom Allgemeinen zum Besonderen steht.

Den Abteilungen für Nachrichtenmedien und Nachschlagewerke folgt auf der einen Seite die Abteilung Geisteswissenschaften und Kunst und auf der anderen die der Naturwissenschaften. Beide haben eigene Wurzeln und einen Stamm auf der Erdgeschossebene und verzweigen sich auf dem Weg nach oben durch das Gebäude auf wie zwei miteinander verwachsene Bäume. Die Geisteswissenschaften gabeln sich in die Künste (einschließlich Literatur und Musik) auf der einen Seite und Geschichte und Sozialwissenschaften auf der anderen. Der naturwissenschaftliche Ast gliedert sich in reine Naturwissenschaften und angewandte Wissenschaft oder Technologie. Die Naturwissenschaften differenzieren sich weiter in Life Sciences gegenüber Physik usw. Dieses lineare Verzweigungssystem ist nur Rückgrat und Ausgangspunkt für eine ganze Reihe von Überschneidungen, Kreuzungen und seitlichen Verbindungen – Wirtschaft beispielsweise ist ein wichtiges Überschneidungsgebiet von Geistes- und Naturwissenschaften. Das System wird zu einem Netzwerk aus einer Vielzahl von Pfaden, die Stöbern und Forschen ermöglichen, während die grundlegenden Unterscheidungen das Orientierung gebende Gerüst des zunehmend komplexen Labyrinths bilden.

pattern of the classification tree as circulation diagram. The system of paths thus bifurcates according to the branches of human knowledge which coincides with the path from the general to the particular.

The news library and encyclopedia sections are followed by the sections of humanities and arts on the one hand and sciences on the other. Each has its own root and trunk on the ground floor and ramifies upwards into the building like two intertwining trees. The humanities departments bifurcate into the arts (incl. music and literature) on the one hand and history and the social sciences on the other hand. The sciences branch into natural science vs applied science or technology. The natural sciences are further differentiated into life sciences vs physics etc. This linear system of ramification is only the most basic backbone and point of departure for a whole series of overlaps, cross-overs and lateral connections – e. g. economics is an important field of conversion and intersection between the humanities and sciences. The system becomes a network of multiple paths which allows for explorative browsing while the primary distinctions give an orienting armature to the increasingly complex.

Gebetshalle / Prayer hall / Rendering, 2000

// LA GRANDE MOSQUEE DE STRASBOURG
STRASSBURG, FRANKREICH
// LA GRANDE MOSQUEE DE STRASBOURG
STRASBOURG, FRANCE
// 2000

WETTBEWERB / COMPETITION

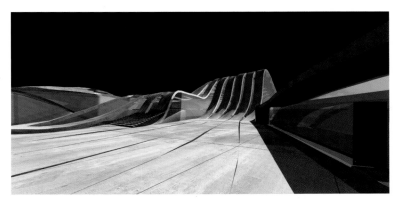

Zugang / Approach / Rendering, 2000

Die Architektur der Moschee: Quibla versus Fluss

Das Projekt ist als Matrix angelegt, die sich aus der Achse der Gebetsrichtung oder Quibla einerseits und der Biegung des Flusses andererseits ergibt. Wo sich die beiden Richtungslinien überschneiden, fraktalisieren sie sich und schaffen Volumen. Der Brenn- oder Scheitelpunkt dieses Richtungsfelds ist die Moschee. Ihre räumliche Signifikanz steht damit sichtbar jenseits und über jener der Elemente, die sie ausmachen.

Das Religiöse und das Säkulare: Die erhöhte Moschee

Säkulare und religiöse Funktionen des Gebäudes sind voneinander getrennt. Die wichtigsten säkularen Bereiche liegen auf der Eingangsebene; dazu zählen die Eingangshalle, das Auditorium, Essbereiche und Ausstellungsräume. Moschee und Hof liegen erhöht über dem Bodenniveau und sind so dem urbanen Kontext enthoben. Dadurch bildet die Moschee einen schwebenden heiligen Ort oberhalb der Stadt. Der Hof ist ein nicht-öffentlicher innerer Raum, der von den tiefer gelegenen säkularen Bereichen her zu betreten ist und fast ausschließlich als Zugangsweg in die Moschee genutzt wird. Als solcher wird dieser zentrale Hof als ein Ort der Kontemplation und als ein Übergangsbereich zwischen der Außenwelt und dem Inneren der Moschee aufgefasst. Er bildet einen abgeschirmten Ort, der von den Mauern des Auditoriums, der Bibliothek und des Kindergartens umschlossen wird. Diese Raumanordnung hat ihre Ursprünge in den historischen von vier Mauern umschlossenen Moscheen; zusätzlich bietet sie im Freien Platz zum Gebet, wenn die Moschee zum Abschlussfest des Ramadan (Eid) oder beim Freitagsgebet (Cuma) nicht alle Gläubigen aufnehmen kann.

Durch den Grundriss wird eine sorgfältige Trennung in der Raumaufteilung zwischen funktionalen und öffentlichen Bereichen der Moschee, die vom Straßenniveau aus zugänglich sind, erreicht. Die integrierten Funktionen sind durch eine Reihe von kulturellen, sozialen und Bildungsaktivitäten sowie durch Wartungs- und Versorgungsdienste, wie sie in der Ausschreibung gefordert werden, räumlich klar

Mosque Architecture: quibla versus river

The project is organized as a matrix set up by the axis for prayer or quibla in one direction and the curvature of the river in the other. Where the two directions intersect, they fractalise and generate volume. The focus or the apex of this directional field is the mosque itself. Its spatial significance is seen therefore above and beyond the individual elements that comprise the building.

Religious and secular: the elevated mosque

The project has separated the secular and religious functions of the building. The main secular spaces are at the entry level, including the entry hall, auditorium, dining areas and exhibition spaces. The mosque and courtyard are lifted above the ground removing it from its urban context and enabling it to form a floating sacred space above the city. The courtyard is a private internal space reached from the lower secular parts of the building below and used almost exclusively as the entry to the mosque. As such, the central courtyard is seen as a contemplative space and an area of transition between the outside world and the inner space of the mosque. The courtyard is a sheltered space formed by the walls of the auditorium, the library and the kindergarten. Whilst this spatial composition has its origins in the historical four walled mosques it also provides additional outdoor space for prayer when the mosque is full on Eid or Jumma.

The plan achieves a careful separation in the spatial allocation and distribution of functional and public areas of the mosque, which are accessible from the street level. The integral function is clearly allocated through the series of cultural, educational, social activities and back-up services required in the brief. The design of these spaces pays respect to the

93

angesiedelt. Die Gestaltung dieser Räume respektiert die Gestaltungsprinzipien der traditionellen islamischen Architektur, für die Übergänge und Zugangspassagen bei der Gestaltung des Eingangsbereichs wesentlich sind. Der Gebetssaal als Zielpunkt des Zugangs ist auf einer separaten Ebene angesiedelt, die von einer umhüllenden, serenen Einfassung bestimmt ist, während sie doch mit dem Gebäude unterhalb verbunden bleibt.

Gestaltungskonzept

In der Ausführung des Gesamtentwurfs wurde Wert darauf gelegt, die besinnliche Qualität der Gebäudeumfassung zu gewährleisten, wie sie die kulturelle und spirituelle Natur des ausgeschriebenen Projekts erfordert. Die deutliche Abgeschiedenheit der Gebetssäle – zentrale Punkte des Projekts – schafft einen herausgehobenen Raum, der dem Lärm des öffentlichen Treibens entzogen ist. Die Anlage des Hofs artikuliert die visuelle Trennung, die auch der Ungestörtheit der Gebetsbereiche für Männer und Frauen dient, während sie zugleich, falls erforderlich, zusätzlichen Raum zum Gebet bietet.

Der Verlauf der Quibla-Wand an der Längsseite des Gebetssaals bestimmt die Ausrichtung der Gebetsreihen in der gebotenen Orientierung gen Mekka. Der Gebetsraum für Frauen ist im Planvorschlag ein eigener Saal, im Gegensatz zu einer bloß abgetrennten Galerie. Das bereichert die innovative Sichtweise des Entwurfs und zollt gleichzeitig dem Beitrag der von den Frauen geschaffenen spirituellen und inhaltlichen Kultur in der islamischen Gesellschaft Anerkennung, einer Rolle, die sie seit den Anfängen des Islam innehaben.

Wasser

Die Einbeziehung von Wasser anerkennt die Bedeutung dieses Elements in der islamischen Architektur. Der Koran nennt das Wasser den Quell allen Lebens. Wasserkanäle ziehen sich auf ebenerdigem Niveau und im Hof durch den Grundriss und bilden Parallelen zur Quibla-Wand. Die subtile und diskrete Gestaltung fließenden Wassers schafft eine beruhigende und sanfte Ablenkung.

Kalligraphie

Islamische Kalligraphie zeigt sich metaphorisch in den fließenden Linien und in den Querschnitten des Gebäudes. Kalligraphie als Bemalung zeigt sich an den Innenwänden insbesondere der Gebetssäle. Hierfür wurde die elegante klassische Thuluth-Schrift in Erwägung gezogen. Verse aus dem Koran sollen als Ergänzung, aber auch als Kontrast zur Architektur von einem Meister traditioneller Kalligraphie ausgewählt und von Hand ausgeführt werden.

Muster

Islamische geometrische Muster sind eine Darstellungsweise und -methode des Entwerfens, die im endgültigen konkreten Bauwerk oft verborgen liegt. Ursprünglich waren sie eine Matrix zur gesicherten Herstellung von Harmonie und Proportion in der isla-

design principles of the traditional Islamic architecture, where a series of transitional spaces and introductory passage play an essential role in the unfolding of the entry passage. The prayer hall, being the focal point of arrival is placed on a separate level entirely dedicated to an embracing and serene enclosure, while connected to the rest of the building below.

Design concept

Emphasis has been put in the treatment of the overall design to ensure the reflective quality of enclosure, which the cultural and spiritual nature of this brief and project demands. The distinct seclusion of the main prayer halls – the focus of the project – creates a distinguished space removed from the clamor of public interaction. The use of the courtyard space articulates the visual separation enhancing the privacy between the men and the woman's prayer spaces while providing for additional prayer space if required.

The delineation of the "quibla" wall taking the longer side of the prayer hall accommodates the "prayer rows" in the favorable orientation towards Mecca. The women's prayer area is here suggested as a separate hall, as opposed to a mere secondary gallery space. This enriches the innovative perception of the scheme while acknowledging the contribution of women's spiritual and material culture in Islamic society in particular, a role they have maintained since early Islam.

Water

The introduction of water into the plan acknowledges the importance of this element in Islamic architecture. Water is mentioned in the Qur'an as being the source of everything that has life. Channels drift across the plan, on the ground floor level and in the courtyard, forming parallel lines to the quibla wall. The subtle and discreet expression of water-flow endorses a soothing and gentle distraction.

Calligraphy

The metaphor of Islamic calligraphy is apparent in the flowing lines of the structure and the sections of the building. Calligraphy as a layer appears as a part of the internal skin of the prayer halls in particular. The elegant classical Thuluth Jali script has been contemplated. Other Qur'anic verses will be selected and executed by hand by a traditional master calligrapher. This will complement and contrast the architectural arrangement.

Patterns

Islamic geometric patterns are a presentation of a design and methodology often hidden from the final and tangible space. It originally provided the matrix for achieving an ascertained sense of harmony and proportion in Islamic architecture. Calligraphy has served as a point of reference and inspiration for this design scheme.

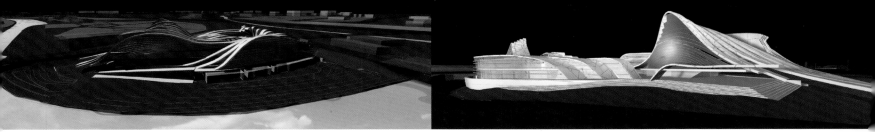

Gebetshalle / Prayer hall / Rendering, 2000

mischen Architektur. Die Kalligraphie war für diese Entwurfsweise ein Bezugspunkt und Quell der Inspiration.

Struktur

Das grundlegende Bauelement ist der Bogen. Er bildet das streifenförmige Gliederungselement der Quibla-Wand. Die Sekundärstruktur hält die primären Strukturelemente zusammen und vervollständigt das durch Rippen gebildete Fraktal.

Der Anstieg: Eine Erzählung aus Licht und Geräusch

Der Weg oder Aufstieg zur Moschee wird durch eine Erzählung aus Licht und Geräusch gestaltet. Das Fundament des Gebäudes fällt zum Fluss und zum ebenerdigen Eingangsbereich hin ab. Durch Schlitze im Boden der erhöhten Moschee dringen Licht und Geräusche in den Bereich darunter und entmaterialisieren damit den Baukörper oberhalb. Die säkularen Nutzungselemente sind als halbautonome Einheiten angelegt. Sie fungieren als eine Ansammlung von Bruchstücken mit jeweils eigener Lichttextur und Aura, ähnlich wie die Einzelgebäude innerhalb einer Zitadelle.

Das Tageslicht des erhöhten Hofs wird von den strengen weißen Flächen oder leeren Wänden der anstoßenden Gebäude eingefasst. Diese Gebäude bilden eine akustische Barriere zwischen den Bahngleisen, der Straße und der Moschee. Die Form der Moschee selbst leitet sich von Geräuschmustern, Reflexionen und dem Spiel des Tageslichts ab. Die Quibla-Wand ist so angelegt, dass sie eine Schalldämmung innerhalb der Moschee bietet. Die Wand wird durch Licht, das durch Schlitze zwischen den Gliederungsbögen einfällt, beleuchtet.

Materialität: Fraktale Flächen und Geometrie

Die Idee der islamischen Geometrie wurde herangezogen, um einen fraktalen Raum zu erzeugen. Aus dem Fraktal ergeben sich die Stahlbetonbögen als Grundstruktur. Diese wiederum trägt eine sekundäre Schicht von dazwischen eingesetzten Betonplatten, Glas und Keramik. So entsteht ein Mosaik, eine fragmentierte Haut, die eine unerwartete Komposition aus Licht und Geräuschen liefert. Die Färbung des Gebäudes wird durch schwarz und weiß pigmentierten Beton, Einsprengsel türkiser Keramik und durchscheinende Glaselemente erreicht.

Structure

The principle structural element is the arch. This provides the striations that set up the quibla wall. The secondary structure ties the primary structural elements and completes the ribbed fractal.

The ascent: a narrative of light and sound

The journey or ascent to the mosque is organized by the narrative of light and sound. The base of the building slopes down to meet the river and the ground level entry area. Slits on the floor of the raised mosque enable light and sound to fill the area below – dematerializing the volume above. The secular program is seen as semi-autonomous pieces. These act as a collection of fragments with their own light and aural textures similar to the pavilion arrangements of a citadel.

The daylight of the raised courtyard is framed by the austere or blank canvases of the adjoining buildings. These buildings including the auditorium at the back provide an acoustic or sound barrier between the railway lines, the road and the mosque. The form of the mosque itself is derived from sound patterns, reverberations and the play of daylight. The quibla wall is accented to provide a sound envelope inside the mosque. The wall is illuminated by light reaching it through slots between the main structural arches.

Materiality: fractal face and geometry

The idea of Islamic geometry was taken to generate a fractal space. The fractal gives the reinforced concrete arches as primary structure. This in turn supports a secondary layer of interspersed concrete paneling, glass and ceramics. The effect is to generate a mosaic or fragmented skin, which provides an unexpected composition of light and sound. The coloration of the building is achieved by black and white pigmented concrete, hints of turquoise ceramics and translucent glazing elements.

95

// CENTRO JVC HOTEL
GUADALAJARA, MEXIKO
// CENTRO JVC HOTEL
GUADALAJARA, MEXICO
// 2000

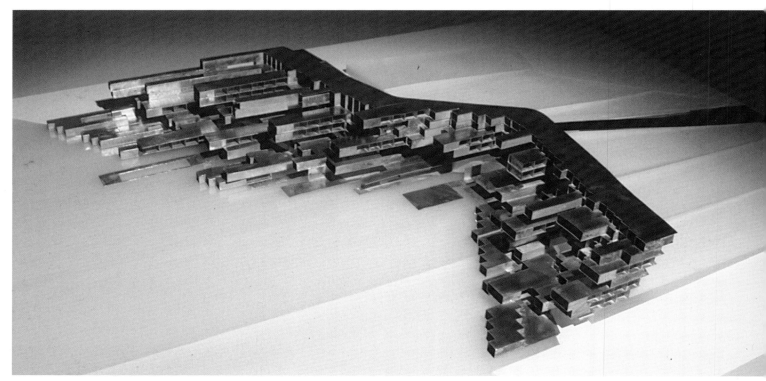

Vogelperspektive, Modell / Aerial view, model / 2000

Das JVC-Zentrum in Guadalajara ist ein faszinierender Standort von zehn miteinander verbundenen urbanen Nutzungsformen, darunter ein Kongresszentrum, ein Museum, Büros, ein Entertainment- und Einkaufszentrum sowie eine Universität. Der Plan für das Hotel versucht die individualistischen Qualitäten dieses dialektischen Modells im Rahmen des Einzelbaus nachzuvollziehen und ein spezifisches urbanes Gestaltungsprinzip zu entwickeln.

Der ausgewählte Standort für das geplante Fünfsternhotel liegt auf einem Gelände an der nördlichen Umfassungslinie des JVC-Zentrums mit Blick auf dessen Mitte über einen künstlichen See hinweg. Der vorgeschlagene Bauplan für das Hotel nutzt diese Lage, um ein starkes, direkt zugängliches bauliches Symbol für das Zentrum zu schaffen und die zukünftigen Gäste in eine Betrachterposition zu bringen, von der aus sie die gesamte Anlage überblicken können. Diese Ausblicke sowie die Aufschlüsselung anderer standortspezifischer Beziehungslinien führten zur Gestalt des Grundrasters. Er basiert auf dem Zimmer als Grundmodul und ist so ausgelegt, bestmögliche Ausblicke zu gewährleisten und zugleich dem Raster Geschmeidigkeit zu geben, um geschichtete und vernetzte Räume zu schaffen.

The JVC Center site in Guadalajara has a fascinating setting of ten interrelated and urban programmatic elements with a convention center, museum, office, entertainment and shopping center and a university. The scheme for the hotel tries to implement the individualistic qualities of this dialectic model into its own brief and develop a specific and urban design rationale.

The chosen site for the projected five star hotel lies on a plot on the northern perimeter of the JVC Center facing its middle across an artificial lake. The proposal for the hotel uses this situation to create a strong and directly accessible icon for the JVC Center and puts the future guest into a spectator's position overviewing the contents of the whole site. These vistas and research of other site-specific relations have led to the shape of the system grid. The grid is based on the room module and it deals with the optimization of view combined with the malleability of the grid to create layering and networking of spaces.

The hotel room is the programmatic and spatial sub entity creating the overall fabric of the hotel structure. The basic organizational principle locates the stratum of "hotel"-particles directly at the perimeter

Arbeitsmodell, Detail / Study model, detail / 2000

Das Hotelzimmer ist die programmatische und räumliche Grundeinheit, aus der sich die Gesamtstruktur des Hotelgebäudes zusammensetzt. Nach dem grundlegenden Organisationsprinzip nimmt diese Schicht von Hotel-„Partikeln" direkt am Rand des künstlichen Sees, fast auf dem Niveau des Wassers, ihren Anfang und steigt in der Folge mehr in die Vertikale an. Diese Zellen können auf allen Ebenen des Gebäudes mit Nachbarzellen verschmelzen und somit größere Einheiten innerhalb des Gesamtgeflechts bilden. Durch die Öffnung hin zum und den Anstieg vom Bodenniveau wird das Gebäude zu einem Teil der Landschaft. Elemente wie Teiche und bepflanzte Flächen, die zwischen die beschriebenen Schichten gesetzt werden, unterstreichen den Eindruck einer punktweise aufgebauten künstlichen Landschaft.

Das Hotel ist eine ausgewogene Durchmischung von linearen, „klebebandartigen" Elementen wie den Erschließungswegen und den verstreuten Gästezimmern. Diese „dialektische Synthese" lässt sich am deutlichsten an den Hauptfassaden ablesen. Die Nordostfassade entwickelt ein dynamisches Muster von kurvenförmigen Korridoren vor der punktierten Rückseite des Zimmerkomplexes; die Außenhaut ist eine durchscheinende Glasfläche, die nachts erleuchtet sein wird. Diese Zugangswege für die Gäste verlaufen parallel zu den kurzphasigen Räumen der angrenzenden Autobahn und der Stadt Guadalajara. Die Südostfassade öffnet sich zum JVC-Zentrum mit Landschaftsstreifen, die sich bis in den See hinein ziehen. Der Raum wirkt durchbrochen und mit Einschnitten durchsetzt. Daraus entsteht eine sehr belebte Verflechtung von Innenräumen und Außenbereichen. Diese „Taschen" und Flächen sollen als Begegnungsbereiche und als Dachterrassen genutzt werden.

Dachaufsicht / Roof plan / Rendering, 2000

of the artificial lake starting almost at the water level and then raising into a more vertical pattern. In all levels of the building these cells are allowed to form amalgamates and therefore larger entities within the general fabric. By opening and raising the built structure from the ground surface the building becomes part of the landscape. Elements such as water-pools and planted surfaces added to the described strata of the hotel underline the image of a pixelated and artificial landscape.

The hotel represents a balance of its own "adhesive" linear elements such as circulation and dispersed guest-rooms. This "dialectic synthesis" can be perceived most clearly in the main façades. The northeast façade develops a dynamic pattern of curved corridors in front of the pixelated backside of the room-complex, with its outer membrane of a transparent glass surface that will be illuminated at night. These guest access ways parallel the transient spaces of the adjacent motorway and the city of Guadalajara. The south-east façade opens itself to the JVC-site with landscape strips extended into the lake. The space appears interrupted and carved. It becomes a highly activated condition between inside space and outside areas. These "pockets" and surfaces are to be used as meeting areas and roof terraces.

Parkplatz / Car park / 2001

// TERMINUS HOENHEIM-NORD
STRASSBURG, FRANKREICH
// TERMINUS HOENHEIM-NORD
STRASBOURG, FRANCE
// 1999–2001

Luftaufnahme / Aerial view / 2001

Die Stadt Straßburg entwickelt ein neues Straßenbahnnetz, um der steigenden Verkehrsbelastung und Umweltverschmutzung im Stadtzentrum entgegenzuwirken. Sie ermutigt die Bevölkerung, ihre Autos außerhalb der Stadt auf eigens dafür vorgesehenen Parkplätzen abzustellen, um mit der Straßenbahn den Weg in die inneren Stadtteile zurückzulegen. Der erste Teil dieser Initiative bestand in der Schaffung der Linie A, die Straßburg von Ost nach West durchquert. Parallel zur Planung des Verkehrsnetzes setzte man eine Initiative zur Einbindung zahlreicher Künstler, wie Barbara Kruger und Mario Merz, die an Schlüsselstellen der Straßenbahnlinie Installationen errichteten. Derzeit plant Straßburg die zweite Straßenbahnlinie, Linie B, die von Norden nach Süden verläuft. Im Rahmen der Initiative zur künstlerischen Gestaltung wurde Zaha Hadid eingeladen, die Endstation und einen Parkplatz mit siebenhundert Stellplätzen am nördlichen Abschluss der Linie zu entwerfen.

Das Grundkonzept bei der Planung des Parkplatzes und der Station besteht aus sich überschneidenden Feldern und Linien, die sich zu einem ständig in Bewegung befindlichen Ganzen verknüpfen. Diese „Felder" sind die von Autos, Straßenbahnen, Radfahrern und Fußgängern erzeugten Bewegungsmuster. Jedes Element folgt einer Bahn und zieht

The city of Strasbourg has been developing a new tram-line service to combat increasing congestion and pollution in the city center. It encourages people to leave their cars outside the city in specially designed car parks, and then take a tram to the more central parts of the city. The first part of this initiative was the development of Line "A" that ran east to west across Strasbourg. A parallel initiative to the design of the transport system was the inclusion of a number of artists, such as Barbara Kruger and Mario Merz, to make specific installations at key points of the line. Currently, Strasbourg is planning the second line, "B", that will run north to south. Zaha Hadid has been invited, as part of the new artists' interventions, to design the tram-station and a car park for 700 cars at the northern apex of the line.

The overall concept towards the planning of the car park and the station is one of overlapping fields and lines that knit together to form a constantly shifting whole. Those "fields" are the patterns of movement engendered by cars, trams, bicycles and pedestrians. Each has a trajectory and a trace, as well as a static fixture. It is as though the transition between transport types (car to tram, train to tram) is rendered as the material and spatial transitions of the station, the landscaping and the context.

99

Staßenbahnstation / Tram station / 2002

Busstation / Bus station / 2002

eine Spur und hat gleichzeitig einen statischen Fixpunkt. Es ist, als ob der Übergang zwischen den verschiedenen Transportmitteln (vom Auto zur Straßenbahn, vom Zug zur Straßenbahn) als körperlicher und räumlicher Übergang von Station, Landschaft und Kontext sichtbar gemacht wird.

Die Station wird mit einem Grundprogramm aus Warteraum, Fahrradraum, WC und Geschäft versehen. Dieser Eindruck von dreidimensionalen Vektoren wird durch die Gestaltung des Raums verstärkt: Das Spiel der Linien setzt sich fort in Lichtspuren im Boden, in Möbelstücken oder Lichtlinien an der Decke. Im Grundriss betrachtet verschmelzen all diese „Linien" zu einem synchronen Gesamteindruck. Der Grundgedanke liegt in der Schaffung eines kraftvollen, attraktiven Raums mit einer klaren Definition von Funktion und Bewegung, die durch die dreidimensionale Gestaltung mittels Licht und Öffnungen ermöglicht wird.

Der Parkplatz ist in zwei Teile geteilt und bietet Platz für siebenhundert Autos. Der Gedanke, dass die Autos vergängliche und veränderliche Elemente des Raums sind, manifestiert sich als „Magnetfeld" von weißen Linien auf dem schwarzen Asphalt. Diese begrenzen jeden Stellplatz; sie beginnen in Nord-Süd-Ausrichtung am untersten Teil des Platzes und kreisen dann sanft entlang der Krümmung der Platzgrenzen. An jedem Stellplatz steht ein vertikaler Lichtpfosten. Als Kontrast zu den Bodenlinien schneidet ein Bereich von dunklerem Beton, beinahe ein imaginärer „Schatten", behutsam durch den Park-

The station contains a basic program of waiting space, bicycle storage, toilets and shop. This sense of three-dimensional vectors is enhanced in the treatment of space: the play of lines continues as light lines in the floor, or furniture pieces or striplights in the ceiling. Viewed in plan, all the "lines" coalesce to create a synchronous whole. The idea is to create an energetic and attractive space that is clearly defined in terms of function and circulation, which is made possible through three-dimensional graphics of light and openings.

The car park is divided into two parts to cater 700 cars. The notion of the cars as being ephemeral and constantly changing elements on site is manifest as a "magnetic field" of white lines on the black tarmac. These delineate each parking space and start off aligned north/south at the lowest part of the site, then gently rotate according to the curvature of the site boundaries. Each space has a vertical light post. In contrast with the lines on the ground, an area of

Parkplatz / Car park / 2002

platz und verbindet das Feld der Station mit dem Parkplatzfeld. Insgesamt erhält das „Feld" der Lichtpfosten eine konstante Bezugshöhe, die sich mit dem Gefälle der Bodenneigung verbindet. Wiederum besteht die Absicht im Wechselspiel zwischen statischen und dynamischen Elementen auf allen Ebenen.

Als Gesamtheit schaffen die Straßenbahnstation und der Parkplatz eine Synthese aus Boden, Licht und Raum. Durch die Gliederung der Übergangsmomente zwischen dem offenen Landschaftsraum und dem öffentlichen Innenraum soll ein neues Verständnis von „künstlicher Natur" dargeboten werden, das mit Blick auf die Verbesserung des städtischen Lebens in Straßburg die Grenzen zwischen natürlicher und künstlicher Umgebung verschwimmen lässt.

darker concrete, almost an imaginary "shadow", cuts gently through the car park, linking the field of the station to the one of the car park. Overall, the "field" of the light posts maintains a constant datum height that combines with the gradient of the floor slope. Again, the intention is to reciprocate between static and dynamic elements at all scales.

As an ensemble, the tram station and the car park create a synthesis between floor, light and space. By articulating the moments of transition between open landscape space and public interior space, it is hoped that a new notion of an "artificial nature" is offered, one that blurs the boundaries between the natural and artificial environments towards the improving of civic life for Strasbourg.

Seitenansicht / Side elevation / 1999

// MIND ZONE, MILLENNIUM DOME LONDON, GROSSBRITANNIEN // MIND ZONE, MILLENNIUM DOME LONDON, GREAT BRITAIN // 1999

WETTBEWERB, 1. PREIS / COMPETITION, 1ST PRIZE

Bauphase / Construction / 1999

Die „Mind Zone" war eine von vierzehn separaten Ausstellungsbereichen im Londoner Millennium Dome. In einem einzigartigen Unterfangen gestalteten Zaha Hadid Architects zugleich Ausstellungsinhalte und Ausstellungsarchitektur.

Der Entwurf befasst sich mit dem komplexen Thema des menschlichen Verstandes, und zwar in einer Struktur aus drei überlappenden Bereichen, die sich auffalten und eine durchgängige Fläche entstehen lassen, welche ebenso Boden wie Wand oder Gewölbe sein könnte und ein fließendes Reisen durch den Raum ermöglicht. Ausstellungsinhalte und der gebaute Ausstellungsraum werden als Einheit präsentiert und erlebt; der Ausstellungsraum aus sich wölbenden, fortlaufenden Flächen wird als Träger gesehen, als physisches Substrat, auf und in dem die Inhalte sich lokalisieren lassen. Als Vermittlungsstrategie fügen sich die drei Elemente zu den primären Verstandesfunktionen „Input", „Verarbeitung" und „Output", die auf verschiedenste Weise durch perspektivische und optische Verzerrung, durch erklärende Ausstellungsstücke, Skulpturen, Computer, audiovisuelle Installationen und interaktive Elemente dargestellt werden. Die Gestaltungsstrategie vermeidet jede offenkundige Belehrung; sie ist interaktiv und gibt Denkanstöße. Der grundlegende Ansatz macht die Künstler zu den eigentlichen Ausstellern. Strukturell integriert der Ausstellungsraum die Inhalte durch Verwendung von evolutionären Materialien. Seine eigene Materialität ist auf die synthetischen, vom menschlichen Verstand entwickelten Materialien der Gegenwart konzentriert. Die Idee, Boden/Wand/Gewölbe durchgängig zu gestalten, führte zu einer einzigartigen Lösung mithilfe leichter, transparenter Fiberglasplatten in einer Wabenstruktur aus Aluminium. In ähnlicher Weise ist auch das Stahlfundament mit durchscheinenden Materialien ausgefacht, die eine Qualität des Ephemeren herzustellen suchen, wie sie zu einer Ausstellung mit einjähriger Laufzeit passt.

The "Mind Zone" was one of fourteen individual exhibition spaces within the Millennium Dome. Comprising a unique undertaking, ZHA have designed both the curatorial aspects and the architectural scheme.

The design engages the complex subject matter of the Mind, in a structure of three overlapping sections, unfolding to create a continuous surface that can be floor, wall or soffit and that allows for a fluid journey through the space. The content of the exhibit and the exhibit structure, are presented and experienced as a single entity; the exhibit structure of folding continuous surfaces is seen as a host, the physical presence on which and within which the content can be located. As a narrative strategy, the three elements complement the primary mental functions, "input", "process", and "output" represented variously through perspectival and visual distortion, explanatory exhibits, sculpture, computers, audiovisual installations and interactive elements. The design strategy avoids being overtly pedagogical and is interactive and thought provoking. This underlying premise establishes the artists as main exhibitors. Structurally the exhibit integrates the content with the usage of evolutionary materials. Its materiality is focused on the synthetic, mind made materials of the present. The brief to create a continuous floor/wall/ soffit has produced a unique lightweight transparent panel made of glass fiber skins with an aluminum honeycomb structure. Similarly the base steel structure is layered with translucent materials, which seek to create an ephemeral temporal quality befitting an exhibition whose design life was one year.

103

Ansicht vom Wasser, Modelle / View from water, models / 2002

// SALERNO MARITIME TERMINAL (FÄHRTERMINAL)
SALERNO, ITALIEN
// SALERNO MARITIME TERMINAL (FERRY TERMINAL)
SALERNO, ITALY
// 1999

WETTBEWERB, 1. PREIS / COMPETITION, 1ST PRIZE
IN BAU AB / UNDER CONSTRUCTION 2003

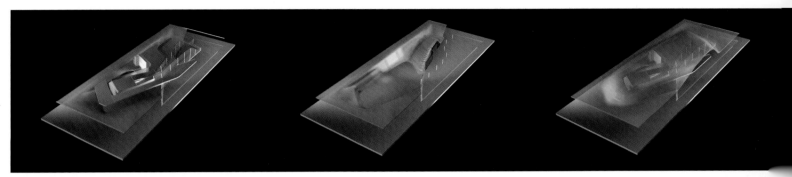

Isometrische Ebenen / Isometric layers / Renderings, 2000

Das neue Fährterminal von Salerno wird Stadt und Hafen in eine innovative, enge Beziehung zueinander setzen. Wie eine Auster hat das Gebäude eine harte Schale, die weiche, fließende Elemente in sich einschließt. Ein „sensorisches" Dach bietet erweiterten Schutz gegen die intensive Mittelmeersonne.

Die Ankunft von Passagieren im Terminal leitet strömende Bewegungen durch die Halle ein, die sich rund um dynamische Punkte wie Restaurant und Wartehalle organisieren. Die Topographie der Lage am Wasser bietet differenzierte Orte und Erlebnisse, bietet zugleich aber auch eine klare Orientierung.

Der Boden ist als sanfter Hügel geformt, auf dem der abfallende Weg beginnt. Die gesamte Anlage ist mit einem Lichtleitsystem ausgestattet, das die Passagiere durch die volle Länge des Gebäudes führt. Diese Beleuchtungsidee kommt auf einer zusätzlichen Ebene zum Tragen: Von außen wirkt der Widerschein des Terminals wie ein Leuchtturm für einen Hafen – eine symbolhafte Markierung auf einem Terrain vielschichtiger Spuren der von Normannen und Sarazenen geprägten Vergangenheit.

Funktionell besteht das Terminal aus drei miteinander verschränkten Elementen: den Büros der Verwaltung, dem Fährterminal und der Anlegestelle für Kreuzfahrtschiffe. Die Passagiere der täglich verkehrenden Fähre bewegen sich rasch und zielgerichtet; der Grundriss unterstützt hierbei Tempo wie Effizienz. Sie kommen im Erdgeschoss an, kaufen sich Fahrkarte, Kaffee und Zeitung, bevor sie über Rampen auf die obere Ebene und schließlich zur Einsteigestelle der Schiffe gelangen.

Als Ganzes wirkt das Terminal als akzentuierter, sanfter Übergang vom Land zum Meer, als künstliche Landform, die, als wäre sie im Schmelzen begriffen, stetig vom Festen zum Flüssigen überleitet.

The new Salerno ferry terminal will forge an innovative, intimate relationship between the city and the waterfront. Like an oyster, the building has a hard shell that encloses soft, fluid elements within. A "nerved" roof acts as an extended protection against the intense Mediterranean sun.

When passengers arrive at the terminal, their drifting begins in dynamic spaces organized around focal points such as the restaurant and the waiting room. The aquatic topography offers insistently differentiated spaces, and experience, whilst providing clear orientation.

The ground is sculpted as a smooth hill upon which the sloped path begins. This whole area is indicatively lit to guide passengers through the length of the building. The idea of the lighting operates at another level too: from the outside, the glow of the terminal will act like a lighthouse to the port, a symbolic mark on the complex set of traces belonging to its former Norman and Saracen past.

Functionally speaking, the terminal is composed by three main interlocking elements: the offices for the administrative section; the terminal for the ferries and the terminal for the cruise ships. The daily ferry passengers' movements are fast and intense, and the organization of the plan enhances the speed and efficiency of the visit. Passengers arrive on the ground level, buy their ticket, coffee and newspaper. They then ascend via ramps, to the upper level and reach the vessel entrance.

As a whole, the new terminal operates, both visually and functionally, as an intensified, smooth transition between the land and the sea; an artificial landform that is constantly mediating, as if melting, from the solid into the liquid.

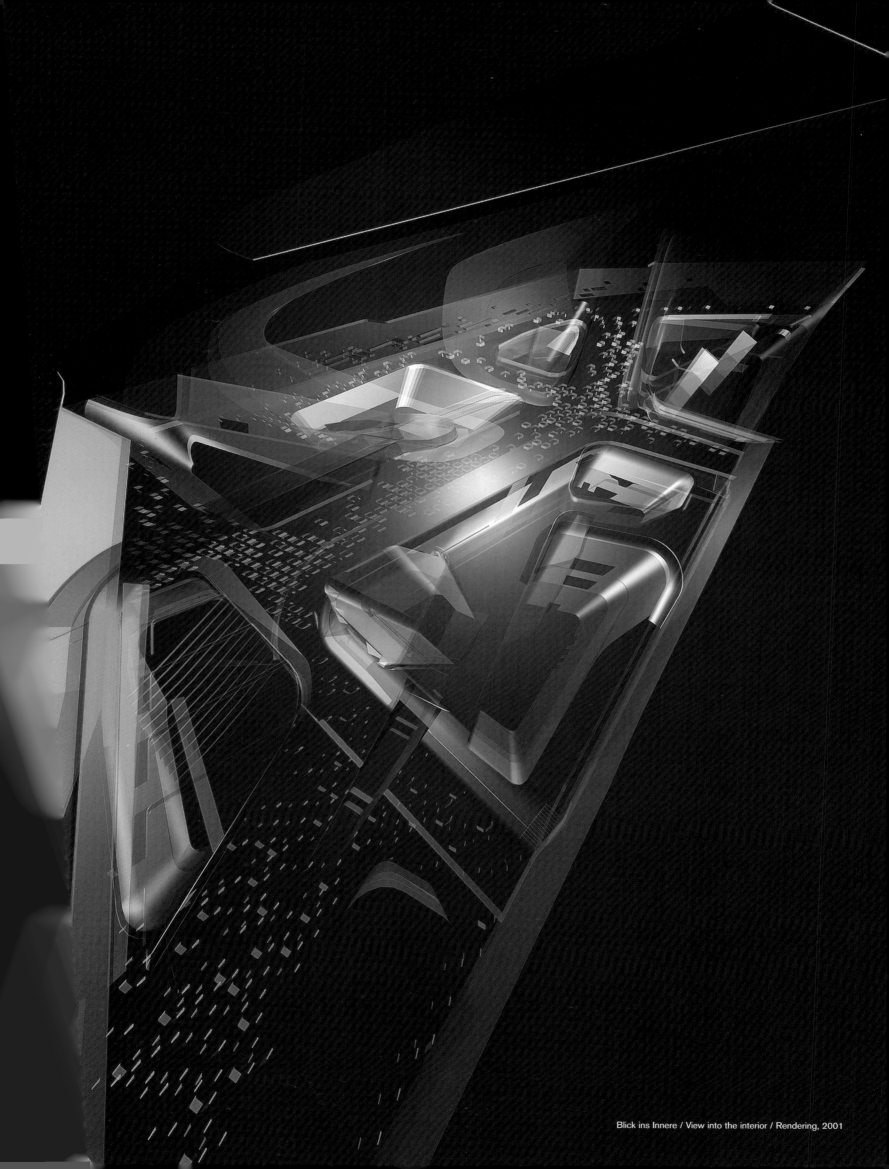

Blick ins Innere / View into the interior / Rendering, 2001

// SCIENCE CENTER WOLFSBURG
WOLFSBURG, DEUTSCHLAND
// SCIENCE CENTER WOLFSBURG
WOLFSBURG, GERMANY
// 1999

WETTBEWERB, 1. PREIS / COMPETITION, 1ST PRIZE
IN BAU SEIT / UNDER CONSTRUCTION SINCE 2001

Bauphase eines Kegels / Cone under construction / 2003

Das Science Center, das erste seiner Art in Deutschland, ist als rätselhaftes Objekt konzipiert, das Neugier und Entdeckerfreude weckt. Der Besucher sieht sich mit einem hohen Grad an Komplexität und Fremdheit konfrontiert, die freilich einem ausgefeilten System unterliegen.

Angesiedelt an einem besonderen Standort innerhalb der Stadt, in einer Reihe mit Kulturbauten von Aalto, Scharoun und Schweger, ist das Gebäude das Bindeglied zur neuen „Autostadt" des Volkswagenkonzerns, während es als städtebauliche Einheit den nördlichen Rand der Innenstadt an der Bahnhofsstraße abschließt.

Der große Maßstab der Umgebungsbauten wird übernommen, doch werden ebenerdig Massivität und Geschlossenheit des Blocks aufgelöst und mittels Blickachsen durchlässig gemacht. Der Platz vor dem Bahnhof reicht damit tiefer in das Gebäude hinein. An diesem komplexen Kreuzungspunkt ist das Gebäude durch vielerlei hindurchlaufende Bewegungsrichtungen mit der Innenstadt verbunden.
Die Achse der wichtigen Kulturbauten wird in das Science Center verlängert, dort wie in einem Kaleidoskop aufgesplittert und schließlich in mehreren Richtungen gegen die Autostadt hin aufgefächert.

Das Projekt basiert auf einem ungewöhnlichen volumetrischen Aufbau. Weder sind die Geschossebenen übereinander gestapelt, noch lassen sie sich als eine durchgehende, von einem weiten Dach überspannte Halle verstehen.

The Science Center, the first of its kind in Germany, is conceived as a mysterious object giving rise to curiosity and discovery. The visitor is faced with a degree of the complexity and strangeness, which is ruled by a very specific system.

Located at a special site in the town – along the chain of culturally important buildings from Aalto, Scharoun and Schweger, the building is a connecting link to the new "Autostadt", while as an effective urban mass, it closes the northern edge of the inner city along the Bahnhofsstrasse.

The big scale of the surrounding is continued while on the ground level the massiveness and enclosure of the block is dissolved and – on the base of visual axis – made porous. The area in front of the station grows wider inside the building. At this complex point of intersection the building is connected with the inner city multiple directions of movement which continue through.
The axis of important cultural buildings is drawn inside the Science Center split like a view through a kaleidoscope and finally spread in many directions towards the "Autostadt".

The project is based on an unusual volumetric structural logic. The floors are neither piled above each other nor could they be seen as a hall with a large roof spanning from one side to the other.

A big volume is supported and also structured by funnel-shaped cones turned inside and out of the box above it. Through some of these funnels the

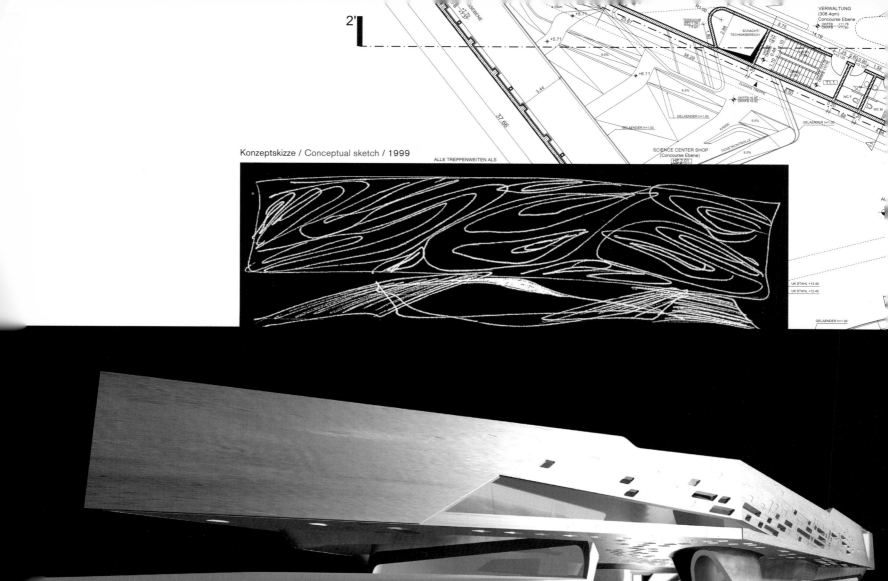

Konzeptskizze / Conceptual sketch / 1999

Ansicht vom Bahnhofsplatz / View from "Bahnhofsplatz" / Rendering, 2001

Froschperspektive / Worm's-eye view / Rendering, 2001

Ausstellungshalle, Arbeitsmodell / Exhibition hall, study model / 2002

Eingang, Arbeitsmodell / Entrance, study model / 2001

Innenansicht, Arbeitsmodell / Interior view, study model / 2001

Bauphase der Kegel / Cones under construction / 2003

Plan der Geschossebene + 10,25 und + 11,95
Plan of floor level + 10.25 and + 11.95 / 2002

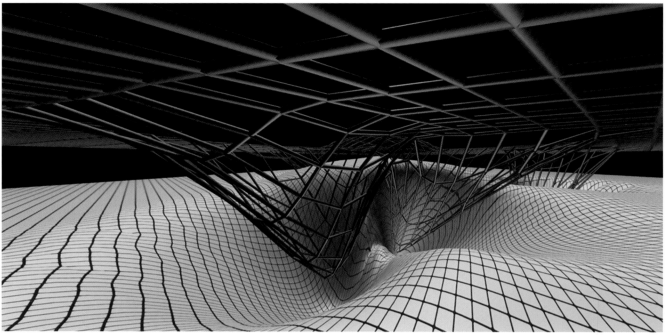

Einzelbild aus der Konzeptanimation / Still of conceptual animation / 2000

Ein großer Baukörper wird von trichterförmigen Kegeln, die in den Quader darüber hinein- und darunter hervorragen, getragen und zugleich strukturiert. Einige dieser Trichter geben Zugang ins Innere des Quaders, andere werden für die Belichtung des Innenraums genutzt, wieder andere enthalten notwendige Servicefunktionen.

Die Gestalt der Kegel wurde von den primären städtebaulichen Achsen der Umgebung hergeleitet. Diese Richtungslinien entwickeln sich und geben dem Gebäude organisch Gestalt, entsprechend den Funktionen im Inneren. Folglich wird einer der Kegel zum Haupteingang, einer zum Vortragssaal, drei verschmelzen zu einem großen Ausstellungsraum unterhalb der Ebene der Haupthalle. Dadurch entsteht eine fremdartige, aber gleichzeitig kohärente Kraterlandschaft.

Die Brücke als öffentlicher Zugang führt ins Innere des Gebäudes wie durch ein Wurmloch; wie zu ebener Erde schieben sich Innen und Außen ineinander und verschmelzen.

Die Strategie der Fremdheit und Verschmelzung setzt sich in der Auswahl der Materialien fort. Der ästhetische Effekt im Umgang mit diesen weichen, durchlässigen, akustisch gedämpften Materialien sollte die Schaffung eines stimulierenden Neulands sein, einer Welt, die es erst zu entdecken gilt.

Die Beleuchtung des Science Center wird als architektonisches Mittel eingesetzt, um flexible Möglichkeiten für wechselnde Ausstellungen und zudem ein visuelles Leitsystem im Gebäude zu schaffen.

Um einen hohen Grad an Flexibilität zu erreichen, werden die Serviceebenen im Gebäude so angeordnet, dass sie auf der Hauptebene einen Raster

interior of the box is accessible – others are used to lighten the space inside, some of them house necessary functions.

Their figure was derived from the surrounding primary urban axes. These directions then develop and organically shape the building in relation to the functions inside. Consequently, one funnel becomes the main entrance, one the lecture hall, three of them fuse to become a big exhibition space underneath the main concourse level. An alien but simultaneously coherent crater landscape comes into existence.

The public way of the bridge leads like a wormhole through the interior of the building and – like on the ground – inside and outside melt together getting through each other.

The strategy of strangeness and fusion is continued within the choice of materials. The esthetical effect of dealing with smooth, porous, acoustical damped materials and different surfaces should be the creation of a stimulating virgin territory, of a world which still has to be discovered.

The lighting for the Wolfsburg Science Center is used as an architectural tool to allow flexibility for changing exhibitions as well as establishing a visual guiding system through the building.

To achieve a high level of flexibility the building service layers will be combined creating a grid on the main level, which becomes the service module. This service module is the location that incorporates power outlets for lighting, HVAC, etc. As a hidden pattern it is integrated into the architectural floor plan and gains increasingly more importance as the building ages.

bilden, der damit zu einem Servicemodul wird. Dieses Servicemodul ist der Sitz der Stromversorgung für Beleuchtung, Heizung, Belüftung, Klimaanlage etc. Es ist als verstecktes Muster in den architektonischen Grundriss integriert und erhält immer größere Bedeutung, je älter das Gebäude wird.

Künftige Ausstellungsplaner können, wenn Ausstellungen Umbauten erfordern, das „versteckte Muster" leicht erkennen. Die Decke ist vereinfacht und die organisiert eingebauten Servicefunktionen ermöglichen gleichzeitig einen großen offenen Raum und, wenn erforderlich, den Einsatz von Stellwänden. Auch in die Decke werden Stromleitungen verlegt, um – wie verlangt – einen zweiten Serviceraster zu bilden.

Der Schlüssel zum einzigartigen Erlebnis des Science Center ist der gezielte Einsatz von Dunkelheit. Licht und Schatten bieten die Möglichkeit, durch die Schaffung von Lichtpfaden und Brennpunkten ein visuelles Leitsystem durch das Gebäude zu legen. Die Helligkeit im Inneren sollte generell minimiert werden, um einen dynamischeren Kontrast zu den hell ausgeleuchteten Schaustücken herzustellen und damit Momente des Staunens und Entdeckens möglich zu machen. Der Besucher wird intuitiv dem durch die erleuchteten Brennpunkte vorgegebenen Pfad folgen.

Die Fassaden lassen sich als Projektionsflächen oder dazu nutzen, von außen die Menschen im Gebäude zu beobachten wie durch eine Art Sieb. Zusätzlich wird unter das Gebäude ein weicher Lichtteppich gelegt; das reflektierte Licht beleuchtet zugleich die Unterseite und verleiht den Kegelstümpfen skulpturale Körperhaftigkeit. Vermehrte Beleuchtung wird eingesetzt, um die Besucher zu den Eingangsbereichen zu lenken.

Zu den technischen Erfordernissen des Beleuchtungssystems am Science Center gehört auch die Schaffung unterschiedlicher Zonen, je nach Geschwindigkeit und Art der Annäherung an das Gebäude (zu Fuß/per Auto/Bahn).

Für den Bau wurde Stahlbeton vorgesehen, weil dieser sich leicht zu den frei fließenden Strukturen des Gebäudes formen lässt. Böden und Decken sind zweiachsig gespannte Kassettenkonstruktionen, getragen von Stahlbeton-Wandscheiben rund um die Werkstätten, den Hörsaal, den Haupteingang und die Verwaltungsbereiche. Um eine möglichst klare Wiederholung in Schalung und Armierung zu erreichen, sollen die Boden- und Deckenplatten in einem regelmäßigen Raster angeordnet werden. Die Platten haben Parallelogrammform, sodass die dazwischen liegenden Betonrippen sich spitzwinkelig schneiden, um der Blickachse des Gebäudes zu folgen. Aufgrund der großen Stützweiten im Dach und auf der Hauptausstellungsebene soll der Bau auf einem Pfeilerfundament ruhen.

Future exhibition designers can easily identify the "hidden pattern" of the service grid when exhibitions need to change. The ceiling is simplified and the organized services allow simultaneously a vast open space as well as the location of temporary walls where needed. Power will be channeled up to the ceiling to form a secondary service grid, as required.

The use of darkness will be a key to the unique experience of the Science Center. Light and shadow offer the opportunity to provide a visual guiding system through the building by creating paths of light and focal points. The overall brightness of the interior should be minimized in order to achieve a more dynamic contrast to the highlighted exhibits, thus creating the moments of astonishment and discovery. The visitor will intuitively follow the path of illuminated focal points.

The façades can be used for projection and for watching the activity of the people within the building from outside through a kind of screen. In addition, a smooth carpet of light will be provided underneath the building while reflected light catches the underside and sculptures the truncated volumes. Increased illumination will be used to draw visitors to the entrance areas.

Other technical lighting requirements for the Science Center include the creation of different zones based on the speed and scale of the approach to the building (via pedestrians/cars/train).

Reinforced concrete has been chosen for the structure because it can be easily adapted to the building's free-flowing forms. The floor and roof structures are two-way spanning, waffles slabs, supported on the reinforced concrete shear walls around the workshops, auditorium, main entrance and administrative areas. In order to maximize the repetition of formwork and reinforcement, it is envisaged that the waffles will be on a regular grid. The waffles will be parallelograms, so that the concrete ribs in between will intersect at an acute angle, to follow the visual axis of the building. Due to the long spans at roof and main exhibition level, it is anticipated that the structure will be supported on piled foundations.

Vogelperspektive und Ebenen, Gemälde / Aerial perspective and layering, painting / 1999

// ERWEITERUNGSBAU FÜR DAS REINA-SOFIA-MUSEUM MADRID, SPANIEN
// EXTENSION OF THE REINA SOFIA MUSEUM MADRID, SPAIN
// 1999

WETTBEWERB / COMPETITION
MIT / WITH PATRIK SCHUMACHER

Arbeitsmodell, Detail / Study model, detail / 1999

Die primäre Intention dieses neuen Zubaus besteht darin, ein Gebäude zu schaffen, das sich lebhaft von dem heiteren und ruhigen Bau von Francisco Sabatini unterscheidet und einen Kontrapunkt zu diesem setzt. Es soll dem Museo Nacional Centro de Arte Reina Sofia eine sichtbare neue Identität geben, die es sofort erkennbar macht – wie die Objekte, die es beherbergt: zeitgenössisch und markant, lebhaft in seiner Individualität. Damit wird ein Gebäude als Gegensatz zur Verfügung gestellt und eine neue Bühne für dessen zukünftigen Ausstellungen geschaffen, die nicht mehr von historischen Parametern gleichmäßiger Höhen und Grundrisse bestimmt ist, sondern stattdessen eine Palette von Größen und Typologien bietet.

Eines der Hauptziele bei der Innengestaltung der Wechselausstellungsräume war räumliche Flexibilität, die es den Künstlern ermöglicht, auf ihre Umgebung zu reagieren, und sie eher vor eine Wahl stellt als vor einen vorgegebenen Schauraum. Die Räume lassen sich daher als Ganzes oder einzeln nutzen, je nach Ausstellung und den Bedürfnissen der Künstler. Die Galerieräume sind durch eine sofort auszumachende Durchgangsroute verbunden, die sie nicht nur einzeln, sondern auch insgesamt verbindet. In jedem Raum wurde Platz für Nebenräume für museumspädagogische Zwecke geschaffen.

Durch die Überdachung mit ineinander verwobenen Schichten – mit Ausschrägungen und Spalten dazwischen, die den Gesamtplan akzentuieren – wurde die maximal mögliche Beleuchtung der Schauräume mit Tageslicht erreicht. Der Publikumseingang befindet sich in der Ostfassade, wodurch das Gebäude klar in öffentliche und nicht öffentliche Bereiche unterteilt wird und die Westfassade aus-

As a new building, the primary intention is to create one that is vividly different, a dynamic counterpoint to the serene Sabatini Building. It becomes visually a new identity for the Museo Nacional Centro de Arte Reina Sofia, instantly recognizable like the objects it will contain, contemporary and distinctive, vivid in its individuality. It will therefore make available a building of contrast and creating a new stage for its future exhibitions, one that is no longer dictated by historic parameters of uniform heights and plan, but instead offering a palette of choice both in size and typology.

Within the temporary gallery flexibility of space has been one of the main objectives, enabling the artists to interact with their surrounds and to have choice rather than a given exhibiting space. Spaces can therefore be used as whole or individually depending on the exhibition's and the artist's demands. The galleries are linked by an immediately identifiable route, which not only connects them as a whole but also individually, creating a unique journey maximizing the potential of each gallery for the purpose of public enjoyment. Within each space an allowance has been created to accommodate for ancillary space, for educational and interpretation purposes.

Lighting the galleries by natural overhead light has been maximized by the application of interwoven layers, which become splayed and split, affirming the nature of the scheme. The building's public access is via the east façade, dividing the building clearly into public and private zones allowing the west façade to be used only for the access of art delivery.

Once the fact that the exhibition of works of art addresses an audience is understood as the function

Galerieräume, Modell / Gallery rooms, model / 1999

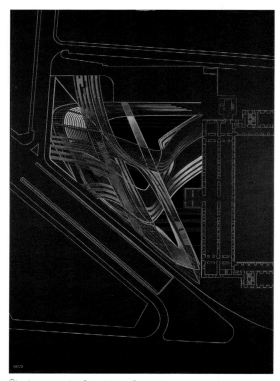

Überlagerung der Grundrisse, Gemälde
Superimposition of plans, painting / 1999

schließlich als Zugangsweg für die Anlieferung von Kunstwerken genutzt werden kann.

Wenn die Tatsache, dass Kunstausstellungen sich an ein Publikum richten, einmal als Funktionszweck einer Galerie verstanden worden ist, lässt sich eine Reihe weiterer Fragen leicht klären. Es gilt immer noch die Annahme, dass eine bestimmte Art und Weise, ein Werk zu zeigen, die beste ist: nämlich die neutralste. In den siebziger Jahren wurde durch die Kritik am „weißen Würfel" mit diesem Argument insofern aufgeräumt, als der Modernismus weiße Flächen und Räume als inhärent neutral aufgefasst hatte und die ästhetische Erfahrung als unparteiisch, sodass der Betrachter das Werk wahrnehmen soll und sonst so wenig wie möglich. Dasselbe Argument beherrschte die Diskussion um die Lichtbedingungen: Sie sollten einem natürlichen/neutralen Licht möglichst nahe kommen (ob mit natürlichen oder künstlichen Lichtquellen).

Das Objekt und seine Integrität verlangten nach einem gestalteten Vakuum rundherum. Die Kritik am weißen Würfel implizierte, dass dies nicht möglich ist. So etwas wie einen neutralen Raum gibt es nicht, genauso wenig wie eine architektonische Gestaltung, die „keine Gestaltung" ist. Der weiße Würfel repräsentierte, unter dem hinterlistigen Vorwand der Neutralität, eine sehr prononcierte Ideologie.

An diesem Punkt sollte man den Schritt vom unrealisierbaren Absolutismus zu einem konstruktiven Pluralismus tun. Es gibt nicht die eine Art und Weise, ein Objekt auszustellen; es gibt viele Arten. Durch Raumgestaltung, Abstände, Beleuchtung etc. kann ein und dasselbe Objekt auf vielerlei Weisen gezeigt werden, ohne dass eine davon die „richtige" wäre. Die Architekten sollten daher eingestehen, dass die Ausstellungsweise, „wie dieses bestimmte Objekt hier und jetzt gezeigt wird", Sache des Künstlers oder Kurators ist – es sei denn, der Architekt wurde ausdrücklich gebeten, bei der Ausstellungsgestaltung mitzuwirken (was zusehends geschieht).

of the gallery, a number of other issues can be cleared up. It is still assumed that there is one best, most neutral way to exhibit the work. This argument was exploded in the 70's with the critique of the white cube insofar as modernism had conceived of white surfaces and spaces as inherently neutral, and at the same time conceived of aesthetic experience as disinterested, so that the observer perceives the work and as little as possible of anything else. The same argument dominated discussion of light conditions: they were to approximate to a natural/neutral point (whether achieved by natural or artificial means) so that nothing from the setting interfered with the object.

The object and its integrity called forth a designed vacuum. What the critique of the white cube entailed was that this was not possible. There was not such a thing as spatial neutrality, no such architectural thing such as "no setting". The white cube represented the positive ideology of the gallery in the disingenuous form of pretending to be neutral.

At which point, perhaps one should move from an unrealizable absolutism to a constructive pluralism. There is no one-way to exhibit an object, there are

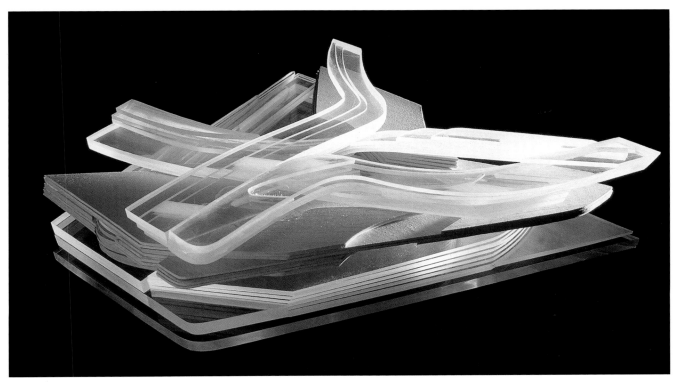

Wettbewerbsmodell / Competition model / 1999

Diese Verwirrung der jeweiligen Rollen von Architekten und Kuratoren liegt einem der häufigsten Konflikte zwischen Künstlern/Kuratoren und Architekten zu Grunde. Kuratoren und Künstler beklagen sich oft über Museumsarchitektur, weil Architekten, wie sie meinen, sich damit ihre Rolle anmaßen und ihnen ihre Sicht dessen, wie ein Kunstwerk ausgestellt werden sollte, aufzwingen – während Architekten die kuratorischen Eingriffe in die Architektur (oder was sie dafür halten) mehr oder weniger ignorieren.

Was die Sache für den Kurator noch schlimmer macht, ist, dass die Architektur feststeht; und wenn die Sicht des Kurators nicht dauerhaft in Einklang mit der des Architekten steht, wird ein Gutteil der Vorbereitungszeit für eine Ausstellung dafür verwendet, sich Tricks auszudenken, dieses architektonische Oktroi zu kaschieren, um dem Kurator zu gestatten, seine eigene Sicht zur Präsentation von Kunst zum Ausdruck zu bringen.

Die Verantwortung des Architekten bei der Museumsgestaltung liegt darin, seine Funktion zu verstehen und Räume bereitzustellen, die den funktionalen Erfordernissen am besten entsprechen – nämlich möglichst viele Arten der Kunstpräsentation zu unterstützen und Räume anzubieten, die eine große Schar von Besuchern aufnehmen.

many ways; by spacing, lighting, etc. the same object can be shown in many ways without any of them being "the" right way. Therefore, architects should admit that the way to do it, "how to show this object now" is the decision of the artist/curator, unless the architect has been asked to jointly curate the exhibition (which happens more and more often).

The confusion between the respective role of the architects and curators lies at the heart of one of the most common conflict arising between artist/curators and architects. Curators and artists often complain against the architecture of museums in the sense that according to them, architects often usurp their role, imposing their view on how the work of arts should be exhibited, whereas architects more or less ignore what they consider as the curatorial interference with the architecture.

What makes it worst for the curator, is that as the architecture is fixed, unless the curator's view is permanently in agreement with the architect's, a great deal of an exhibition's preparation is wasted on finding tricks that can ultimately mask the architect's imposition in order to allow the curator to express his own view on how to exhibit the works or art.

The architect's responsibility in designing the museum is to understand its function and provide spaces that best meet the functional requirement. Namely, to be support for as many various possible ways of showing of art and to offer spaces to receive a wide audience of visitors.

115

// KUNSTHAUS GRAZ
GRAZ, ÖSTERREICH
// KUNSTHAUS GRAZ
GRAZ, AUSTRIA
// 1999

WETTBEWERB / COMPETITION
MIT / WITH PATRIK SCHUMACHER

Aufsicht, Modell / Top view, model / 1999

In diesem Entwurf war der entscheidende Faktor der Wunsch, das Gebäude auf und über den Lendkai zum Ufer hin zu projizieren und vorzukragen. Die Auskragungen sind hoch angesetzt, damit zum Lendkai Sonneneinstrahlung durchdringen kann. Diese Überlegungen führten zur Konzeption eines großflächigen Baldachins, zwölf Meter über der Geländeebene, der einen hohen, flexiblen Raum überdacht und, durchscheinend und einladend, als großzügig angelegter öffentlicher Raum fungiert.

Wie in einem Wald von Pilzen variiert die Tiefe – oder Höhe – des Baldachins zwischen drei und sechs Metern. Seine Morphologie leitet sich einerseits vom städtebaulichen Kontext ab – als Vorwärtsprojektion des Profils des bestehenden Gefüges an der Rückseite des Areals – und entwickelt sich andererseits aus der strukturellen Logik der sich verjüngenden Pilzstängel. Das Kunstzentrum fügt sich unterhalb der stärksten Auskragung ein. Die Hauptverkehrsflächen im Gebäude führen durch den hohlen Stamm des riesigen Pilzes.

Der vom Baldachin überdachte Raum präsentiert sich als klarlinige, offene räumliche Ausdehnung, die im Erdgeschoss eine Eingangshalle sowie Geschäfts- und Ausstellungsflächen beinhaltet; auf einer flachen oberen Ebene befindet sich ein flexibler Ausstellungsbereich. Hingegen ist der Raum innerhalb des Baldachins umschlossen, ja verdichtet, und stark gegliedert. Hier werden Funktionen untergebracht, die eine vertrauliche Atmosphäre, akustische Abgrenzung und Verdunkelung erfordern, etwa das Medienzentrum und das Fotografieforum.

Das Eiserne Haus beherbergt im Erdgeschoss ein Restaurant, im ersten Obergeschoss Ausstellungsflächen und im zweiten Obergeschoss den Verwaltungsbereich. Der Baldachin springt über das Eiserne Haus vor, sodass das Dach des Hauses als Dachterrasse mit Blick auf den Südtiroler Platz gestaltet werden kann. Hier kann ein Café oder eine Bar mit Ausblick auf die Mur angesiedelt werden.

Das Strukturkonzept umfasst umgekehrte „Trompetenformen" und Kerne, die als „bewohnte" verti-

The determining factor for the proposal was the desire to project and cantilever the building over and across Lendkai (quay Lend) towards the riverbank. The cantilever had to be high in order to let sunlight through to Lendkai. These considerations led to the concept of a large canopy (raised 12 meter over the ground) that covers a tall volume of flexible space and acts as a large public room, transparent and inviting.

Like a forest of mushrooms, the canopy has a depth (height) varying from 3 to 6 meter. Its morphology is on the one hand derived from the urban context – as it projects forward the profile of existing fabric on the back of the site – and on the other hand, it developed from the structural logic of the tapering mushroom columns. The art centre is entered below the strongest cantilever. The main vertical circulation through the building moves through the hollow stem of the large mushroom.

The volume below the canopy is a clear, open spatial expanse, which offers the lobby, commercial spaces and an exhibition area on the ground floor as well as the flexible exhibition area on a flat level above ground. In contrast, the space within the canopy is enclosed, even compressed and highly articulated. It provides for those spaces which require intimacy, acoustic enclosure and darkness, such as lectures and performances, the media center and the photography forum.

The Eiserne Haus contains the restaurant on the ground floor, an exhibition area on the first floor and the administration on the second. The canopy projects over the Eiserne Haus, allowing its roof to become a roof terrace facing the Suedtiroler Platz. This is the location for a café or bar with a view over the Mur river.

The structure comprises inverted "trumpet forms" and cores organized to act as primary "inhabited" vertical supports. These forms are of reinforced concrete construction with doubly curved surfaces to prevent deformation.

Vorderansicht, Modell / Front elevation, model / 1999

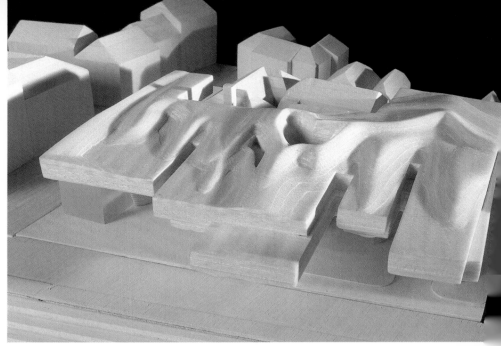

Vogelperspektive, Modell / Aerial perspective, model / 1999

kale Stützen angeordnet sind. Diese Formelemente sind in Stahlbeton ausgeführt, mit doppelt bewehrten Oberflächen, um Verformungen zu vermeiden.

Durch die obere Ausschrägung der Fächer wird der beträchtliche Ringzug in den oberen Teilen der Struktur nach unten abgeleitet. Durch die Ausschrägungen kann auch die Spannweite der horizontalen Platten verringert werden.

Die Obergeschosse sind durch Wände miteinander verbunden und bilden so eine dreidimensionale Rahmenträgerstruktur, bei der die horizontalen Platten als Gurtung dienen. Auskragungen über das bestehende Gebäude und die Straße werden so ermöglicht. Die strenge horizontale Form verschmilzt mit den vertikalen Fächern in einem nahtlosen Anschluss, durch den vertikale Lasten nach unten abgeleitet werden.

Für die primäre Struktur wird als Material Stahlbeton vorgesehen. Abgehängte Ebenen und Halbgeschosse werden durch die Rahmenträgerkonstruktion gestützt und in leichter Bauweise ausgeführt. Durch diese Anordnung entsteht eine Struktur voneinander abhängiger Elemente, wodurch Stabilität gegen Seitenlasten erreicht wird.

Der Planung eines Untergeschosses müssen noch weitere Bauplatzuntersuchungen vorangehen; es ist jedoch zu erwarten, dass einer „gebohrten" Pfahlkonstruktion mit linearer Abtragung der Vorzug gegeben wird, um Schwingungsschäden am bestehenden (zu erhaltenden) Gebäude zu vermeiden.

The effect of splaying the fans out at the top allows large hoop tensions at the upper levels of the form giving way to hoop compression at the bottom. The splays also assist in reducing the spans of the horizontal plates.

The upper floors are interconnected with walls to allow the formation of a three-dimensional Vierendeel girder structure, with the horizontal plates acting as flanges. Cantilevers over the existing building and road are then made possible. The rigid horizontal form merges into the vertical fans with a seamless junction, transferring vertical loads down to the ground.

Reinforced concrete is proposed for the primary structure. Other suspended and mezzanine floors are supported by the Vierendeel girder and are of light-weight construction. This arrangement of structure then results in a structure where elements interdepend and stability against lateral loads is easily achieved.

Construction of the basement will need further site investigation but it is anticipated that "bored" pile construction using a top-down excavation will be preferred to avoid the effect of vibration on the existing buildings, which are to be retained.

// BERGISEL SPRUNGSCHANZE
INNSBRUCK, ÖSTERREICH
// BERGISEL SKI JUMP
INNSBRUCK, AUSTRIA
// 1999–2002

WETTBEWERB, 1. PREIS / COMPETITION, 1ST PRIZE

Silhouette / Silhouette / 2003

Rampe, Detail / Ramp, detail / 2003

Im Dezember 1999 gewannen Zaha Hadid Architects einen internationalen Wettbewerb für die neue Skisprungschanze auf dem Bergisel bei Innsbruck. Die Anlage wurde 2002 eröffnet.

Die Sprungschanze auf dem Bergisel mit Blick auf das Stadtzentrum von Innsbruck ist ein wichtiges Wahrzeichen. Sie ist Teil einer größeren Umgestaltung des Olympiastadions und ersetzt die alte Schanze, die nicht mehr internationalen Standards entsprach.

Das Bauwerk ist ein Mischung aus einer hochspezialisierten Sportanlage und öffentlichen Bereichen wie einem Café und einer Aussichtsterrasse. Diese unterschiedlichen Nutzungskomplexe verbinden sich zu einer einzigen neuen Form, welche die Topographie des Berghangs in den Himmel verlängert.

Mit etwa 90 Metern Länge und einer Höhe von fast 50 Metern ist das Bauwerk eine Kombination aus Turm und Brücke. Strukturell gliedert es sich in den vertikalen Betonturm und den grün verglasten Turmaufbau, der die Rampe und das Café verbindet.

Zwei Aufzüge bringen die Besucher in das 40 Meter über dem Gipfel des Bergisel gelegene Café. Von dort aus können sie das alpine Panorama der Umgebung genießen und die Athleten bei ihren Flügen über der Silhouette von Innsbruck beobachten.

In December 1999 Zaha Hadid Architects won an international competition for a new ski jump on the Bergisel Mountain in Innsbruck. The new structure opened in 2002.

Situated on the Bergisel Mountain overlooking downtown Innsbruck, the ski jump is a major landmark. It is part of a larger refurbishment project for the Olympic Arena and replaces the old ski jump, which no longer meets international standards.

The building is a hybrid of highly specialized sports facilities and public spaces like a café and a viewing terrace. These different programs are combined into a single new shape which extends the topography of the slope into the sky.

At a length of about 90 meter and a height of almost 50 meter the building is a combination of a tower and a bridge. Structurally it is divided into the vertical concrete tower and a spatial green structure, which integrates the ramp and the café.

Two elevators bring visitors to the café 40 meter over the peak of the Bergisel Mountain. From here they can enjoy the surrounding alpine landscape as well as watch the athletes below fly above the Innsbruck skyline.

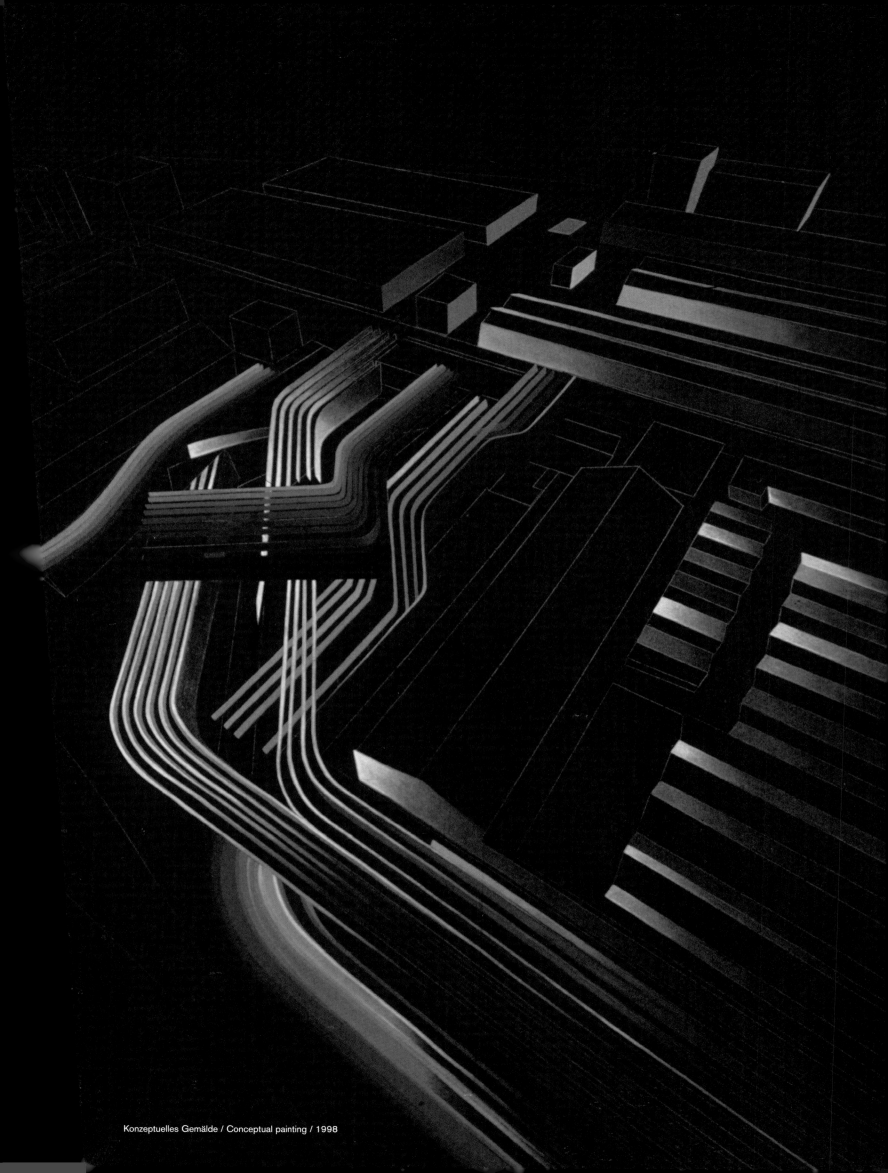

Konzeptuelles Gemälde / Conceptual painting / 1998

// NATIONALES ZENTRUM FÜR ZEITGENÖSSISCHE KUNST
ROM, ITALIEN
// NATIONAL CENTER OF CONTEMPORARY ARTS
ROME, ITALY
// 1998

WETTBEWERB, 1. PREIS / COMPETITION, 1ST PRIZE
IN BAU SEIT / UNDER CONSTRUCTION SINCE 2003
MIT / WITH PATRIK SCHUMACHER

Das Zentrum für zeitgenössische Kunst in Rom stellt sich der Frage nach seinem städtischen Kontext durch den Verweis auf die vormals hier gelegene Armeekaserne. Dies ist freilich keineswegs der Versuch eines topologischen Pasticcios; vielmehr bedeutet es die Beibehaltung der flachen, von den höheren angrenzenden Häuserblöcken abgesetzten Bebauung. Dadurch wird das Zentrum zu einer Art „urbanem Eigentransplantat", einer zweiten Haut für das Gelände. Stellenweise nähert es sich dem Boden an und wird selbst zu neuem Boden; gleichwohl fügt es sich, wo nötig, zu einem aufragenden Baukörper. Das gesamte Gebäude hat urbanen Charakter: In Vorwegnahme eines Verbindungsweges zwischen dem Tiber und der Via Guido Reni umfasst das Zentrum innen wie außen bestehende und erwünschte Bewegungsmuster. Dieser Richtungsvektor definiert auch den primären Zugang in das Gebäude. Durch Verflechtung der Erschließungswege mit dem urbanen Kontext teilt sich das Gebäude eine öffentliche Dimension mit der Stadt, wie ein überhängendes Blattwerk aus Wegen und offenen Plätzen. Zusätzlich zu dieser Überschneidung von Wegelementen sind die architektonischen Elemente geometrisch auch am städtebaulichen Raster ausgerichtet, der an den Bauplatz grenzt. Indem es solcherart seine Orientierung und Physiognomie von seinem Umfeld bezieht, assimiliert das Gebäude sich noch stärker an die spezifischen Standortbedingungen.

Die vorgeschlagene Bebauung erschließt ein quasi-urbanes Feld, mehr eine „Welt", in die man eintauchen kann, denn ein Bauwerk als markantes Einzelobjekt. Das Gelände organisiert und orientiert sich eher anhand von Richtungstendenzen und der Verteilung von Verdichtungszonen als an Schlüsselpunkten. Dies ist bezeichnend für den Charakter der Anlage als Ganzes: durchlässig, immersiv, ein Feld-Raum. Eingebrachte Masse wird durch Bewegungsvektoren gestreut. Externe wie interne Bewegungsabläufe folgen der Strömungsrichtung der Geometrie. Vertikale und schräge Wegelemente befinden sich an Stellen des Zusammenflusses, des Ineinandergreifens und der Unruhe.

The Center of Contemporary Arts addresses the question of its urban context by maintaining an indexicality to the former army barracks. This is in no way an attempt at topological pastiche, but instead continues the low-level urban texture set against the higher level blocks on the surrounding sides of the site. In this way, the Center is more like an "urban graft", a second skin to the site. At times, it affiliates with the ground to become new ground, yet also ascends and coalesces to become a mass where needed. The entire building has an urban character: prefiguring upon a directional route connecting the Tiber to Via Guido Reni, the Center encompasses both movement patterns extant and desired, contained within and outside. This vector defines the primary entry route into the building. By intertwining the circulation with the urban context, the building shares a public dimension with the city, overlapping tendril like paths and open space. In addition to the circulatory relationship, the architectural elements are also geometrically aligned with the urban grids that join at the site. In thus partly deriving its orientation and physiognomy from the context, the building further assimilates itself to the specific conditions of the site.

The proposal offers a quasi-urban field, a "world" to dive into rather than a building as signature object. The Campus is organized and navigated on the basis of directional drifts and the distribution of densities rather than key points. This is indicative of the character of the Center as a whole: porous, immersive, a field space. An inferred mass is subverted by vectors of circulation. The external as well as internal circulation follows the overall drift of the geometry. Vertical and oblique circulation elements are located at areas of confluence, interference and turbulence.

The move from object to field is critical in understanding the relationship the architecture will have to the artwork it will house. It is important here to state that the premise of the architectural design promotes a disinheriting of the "object" orientated gallery space. Instead, the notion of a "drift" takes on an embodied form. The drifting emerges, therefore, as both architectural motif, and also as a way to na-

Detail der Dachkonstruktion
Detail of roof beams / Rendering, 1999

Vogelperspektive / Aerial view / Rendering, 1999

Modell / Model / 1999

Der Schritt weg vom Objekt und hin zum Feld ist wesentlich für das Verständnis der Beziehung zwischen der Architektur und der Kunst, die sie beherbergen soll. Hier ist es wichtig festzuhalten, dass die Prämisse des Architekturentwurfs auf eine Abkehr vom „objektorientierten" Ausstellungsraum abzielt. Stattdessen nimmt der Begriff der „Strömung" baukörperliche Gestalt an. Die strömende Bewegung zeigt sich daher nicht nur als architektonisches Motiv, sondern auch als eine Möglichkeit, das Museum zu erleben und sich dort zurechtzufinden. Es ist dies ein Standpunkt, der in der Kunst sehr wohl verstanden wird, dem Bereich der Architektur aber bisher fremd geblieben ist. Der Entwurf ergreift also die Gelegenheit, die durch die Kunstpraxis seit den sechziger Jahren hervorgerufene Dissonanz von Konzept und Material zu thematisieren. Der Weg führt weg vom „Objekt" und seiner Heiligung und hin zu Feldern vielfältiger Querverbindungen, welche die Notwendigkeit eines Wandels vorwegnehmen.

Es ist daher von Bedeutung, dass bei der Gestaltung der möglichen Identität dieser neu geschaffenen Institution (die Kunst und Architektur beherbergen wird) mit ihren Bestrebungen in Richtung der polyvalenten Verdichtung des 21. Jahrhunderts Konzeptionen von Raum und sogar von Zeitlichkeit von Grund auf überarbeitet wurden. Die weiße „Neutralität" der meisten Museen des 20. Jahrhunderts speiste sich aus dem Raumbegriff eines modernistischen Utopismus. Nunmehr muss dieser Ansatz in Frage gestellt werden – nicht einfach aus Lust an der Negation, sondern weil es für Architektur notwendig ist, die kritische Beziehung zu gesellschaftlichen und ästhetischen Kategorien weiterzuführen. Da im heutigen Denken über die Frage der Prä-

vigate experientially through the museum. It is an argument that is well understood in art practice, but has remained alien in architectural hegemony. This design opportunity is therefore taken to confront the material and conceptual dissonance evoked by art practice since the late 1960's. The path lead away from the "object" and its correlative sanctifying, towards fields of multiple associations that are anticipative of the necessity to change.

As such, it is deemed significant that in configuring the possible identity of this newly established institution (housing both art and architecture), with its aspiration towards the polyvalent density of the 21st century, conceptions of space and indeed temporality are reworked. Modernist Utopian space fuelled the white "neutrality" of most 20th century museums. Now, this disposition must be challenged, not simply out of willful negation, but by the necessity for architecture to continue its critical relationship with contemporary social and aesthetic categories. Since absolutism has been indefinitely suspended from current thought on the issue of art presentation, it is towards the idea of the "maximizing exhibition" that we gravitate. In this scenario, the Center makes primary the manifold possibilities for the divergence in showing art and architecture as well as catalyzing the discourse on its future. Again, the "signature" aspect of an institution of this caliber is sublimated into a more pliable and porous organism that promotes several forms of identification at once.

In architectural terms, this is most virulently executed by the figure of the "wall". Against the traditional coding of the "wall" in the museum as the privileged

sentation von Kunst der Absolutismus auf unbestimmte Zeit aufgehoben ist, bewegen wir uns auf eine Auffassung der „maximierenden Ausstellung" zu. Vor diesem Hintergrund will das Zentrum primär die mannigfachen Möglichkeiten zur Divergenz im Zeigen von Kunst und Architektur aufweisen und als Katalysator im Diskurs über deren Zukunft wirken. Wiederum wird die „Markanz" einer Institution dieses Kalibers in einem geschmeidigeren und durchlässigen Organismus aufgelöst, der mehreren Deutungen gleichzeitig Raum gibt.

Architektonisch wird dies am deutlichsten in der Form der „Wand" durchgeführt. Gegen die traditionelle Kodierung der Museumswand als privilegierte und unveränderliche vertikale Armierung für die Zurschaustellung von Gemälden oder zur Abgrenzung getrennter Räume, um „Ordnung" und eine lineare „Erzählweise" zu schaffen, wird eine Kritik der Wand durch deren Emanzipation vorgeschlagen. Die „Wand" wird zu einer vielseitigen Maschine zur Inszenierung von Ausstellungseffekten. In ihren verschiedenen Gestalten – als feste Wand, als Projektionsfläche, als Leinwand, als Fenster auf die Stadt – wird die Ausstellungswand zum primären Mittel der Raumerzeugung. Ihre weitläufig durch das Gelände gezogenen Linien kreuzen, gestisch und in fortlaufenden Schlingungen, Innen und Außen. Der Stadtraum fällt mit dem Ausstellungsraum zusammen, Pavillons und dazwischen liegende Höfe wechseln einander durch ein und dasselbe Gestaltungsverfahren ständig ab. Weitere Abweichungen von der klassischen Auffassung der Mauer zeigen sich, wo Wände zu Boden oder, sich aufwärts krümmend, zur Decke oder, von Leerräumen durchbrochen, zu Aussichtsfenstern werden. Durch ständige Veränderung in Geometrie und Dimension passen sie sich an jede kuratorische Anforderung an. Durch eine Reihe beliebig einsetzbarer Trennwände, die von den Deckenrippen herabhängen, wird ein flexibles, vielseitiges Ausstellungssystem geschaffen. Damit werden gleichzeitig räumliche und organisatorische Einfälle möglich gemacht; der Rhythmus der Wände wiederholt sich in den Rippen der Decke, die das Licht in unterschiedlicher Intensität durchlässt.

Auf diese Weise schafft die Architektur die Voraussetzung für die „Inszenierung" von Kunst durch bewegliche Elemente, die einen Wandelprospekt für das Schauspiel schaffen. „Szenenbilder" lassen sich aus den Gestaltungselementen der Schauräume zusammensetzen, die den Besonderheiten der jeweiligen Ausstellung angepasst sind und dementsprechend sichtbar werden.

Die Bewegungsrichtung durch das gesamte Zentrum ist eine Kurvenbahn, die durch verschiedene Ambiente, Filtergläser und differenzierte Belichtungszonen führt. Für die Kuratoren bedeutet dies neue gestalterische Freiheiten; zugleich wird das Erlebnis der Kunstbetrachtung als befreiter Dialog zwischen dem Kunstwerk und seiner Umgebung neu strukturiert.

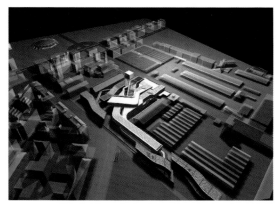

Vogelperspektive des Geländes / Site aerial view / Rendering, 2001

and immutable vertical armature for the display of paintings, or delineating discrete spaces to construct "order" and linear "narrative", we propose a critique of it through its emancipation The "wall" becomes the versatile engine for the staging of exhibition effects. In its various guises – solid wall, projection screen, canvas, window to the city – the exhibition wall is the primary space-making device. By running extensively across the site, cursively and gesturally, the lines traverse inside and out. Urban space is coincidental with gallery space, exchanging pavilion and court in a continuous oscillation under the same operation. And further deviations from the classical composition of the wall emerge as incidents where the walls become floor, or twist to become ceiling, or are voided to become a large window looking out. By constantly changing dimension and geometry, they adapt themselves to whatever curatorial role is needed. By setting within the gallery spaces a series of potential partitions that hang from the ceiling ribs, a versatile exhibition system is created. Organizational and spatial invention are thus dealt with simultaneously amidst a rhythm found in the echo of the walls to the structural ribs in the ceiling that filters the light in varying intensities.

It is in this way that the architecture performs the "staging" of art, with moveable elements that allow for the drama to change. "Sets" can be constructed from the notional elements of the gallery spaces. These are attuned to the particularities of the exhibition in question, materializing or dematerializing accordingly.

The drift through the Center is a trajectory through varied ambiences, filtered spectacles and differentiated luminosity. Whilst offering a new freedom in the curators' palette, this in turn digests and recomposes the experience of art spectatorship as liberated dialogue with artefact and environment.

Raumperspektive, Gemälde / Volumetric perspective, painting / 1999

// ROSENTHAL CENTER FOR CONTEMPORARY ART CINCINNATI, OHIO, USA

// ROSENTHAL CENTER FOR CONTEMPORARY ART CINCINNATI, OHIO, USA

// 1998–2003

WETTBEWERB, 1. PREIS
COMPETITION, 1ST PRIZE

Eckansicht, Fotomontage / Corner view, photomontage / 2003

Projektbeschreibung

Das neue RCCA ist das erste frei stehende Gebäude des Center for Contemporary Art. Dieses wurde 1939 in Cincinnati gegründet, als eine der ersten Institutionen für zeitgenössische Kunst in den USA. Das Spannende am RCCA ist, dass es keine permanente Sammlung gibt; stattdessen werden unterschiedlichste zeitgenössische Ausstellungen, ortspezifische Installationen und Performances gezeigt. Format wie Medium der ausgestellten Kunstwerke sind dabei kaum vorhersehbar – ein Umstand, dem in den räumlichen Möglichkeiten und Konfigurationen der Schauräume Rechnung getragen wird. Die vielfältigen Verpflichtungen und Funktionen, die öffentliche Kunsteinrichtungen zu erfüllen haben, finden in einer Reihe von Nutzungselementen architektonischen Ausdruck, darunter Informationseinrichtungen (das UnMuseum), Büros, Aufbauzonen, ein Museumsshop, eine Bühne für Performances und öffentliche Bereiche.

Standort/Lage

Das RCCA liegt in einem lebendigen Viertel an der Ecke Walnut Street und Sixth Street in der Innenstadt von Cincinnati. Der Entwurf reagiert auf die Passantenströme innerhalb der Stadt und vermittelt ein Gefühl der Verdichtung städtischen und kulturellen Lebens. Vom nahe gelegenen Fountain Square führt reger Fußgängerverkehr am Gebäude vorbei; gegenüber befindet sich ein kürzlich fertig gestelltes Zentrum für darstellende Kunst, das Aronoff Center for the Arts.

Urban Carpet

Im Hinblick auf die Dynamik und Dichte, die die Ecklage mit sich bringt, ist der Eingangsbereich des neuen RCCA als übergangslose Fortsetzung der öffentlichen Wege und Plätze der Stadt auf dem Niveau des Fußgängerverkehrs positioniert. Das Foyer, vollständig verglast und zur Stadt hin geöffnet, versteht sich als eine Art „öffentlicher Platz", der durch die Schaffung einer gleichzeitig horizontalen und vertikalen Raumanordnung Passantenströme gleichsam einfängt. Konzeptuell gesehen, biegt sich die bestehende städtische Straßenebene auf und vereint die Erdgeschossebene mit der Rückwand

Project description

The new RCCA is the first free-standing building for the Center for Contemporary Art, founded in Cincinnati in 1939 as one of the premier institutions in the United States dedicated to the contemporary visual arts. What is exciting about the RCCA's mandate is the absence of a permanent collection in favor of various types of temporary exhibitions, site-specific installations and performances. The degree of unpredictability in the scale and medium of the exhibited artworks is manifest in the design of the spatial possibilities and configurations of the galleries. The fact that public art institutions have wide obligations and functions to fulfil is architecturally embodied in a number of programmatic elements including an education facility (the UnMuseum), offices, art preparation areas, a museum store, a performance theater and public spaces.

Location/site

The RCCA is situated on a dynamic urban site at the corner of Walnut Street and East Sixth Street in downtown Cincinnati. The design relates to the movement of people within the city, creating a sense of the density of urban and cultural life. An axis of pedestrian traffic from nearby Fountain Square passes the site, which is situated across the street from the recently completed performing arts facility, the Aronoff Center for the Arts.

Urban Carpet

Given the potential dynamism and density of the corner site, the lobby of the new RCCA positions itself

125

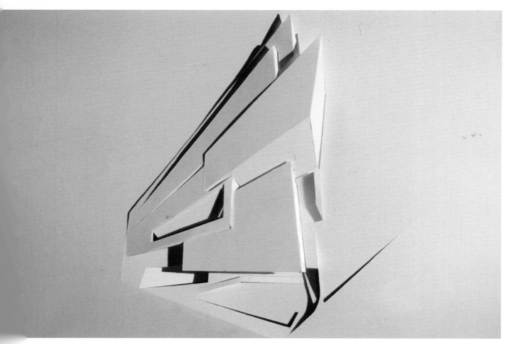

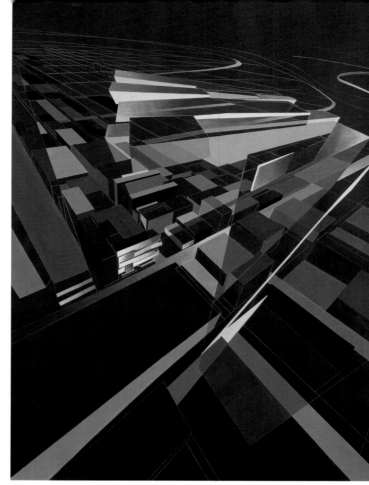

Perspektivische Außenansicht, Reliefmodell / Exterior perspective, relief model / 1999

Rotation der Vogelperspektive / Rotation of aerial view / 1999

des Gebäudes. Dieser „Urban Carpet" vermittelt zwischen der Stadt, dem Foyer als fortgesetztem städtischem Raum und den darüber schwebenden Ausstellungsräumen. Der Urban Carpet ist ein Terrain, das vielerlei Bewegungsströme zulässt. Bodenabstufungen bilden eine Treppe zur unteren Ebene und zur Performancebühne, sodass ein Foyer auf mehreren Ebenen entsteht. Eine markante Stufenrampe steigt mit dem Urban Carpet in die Höhe und lässt die vertikale Erschließung bis zur vollen Höhe des Gebäudes in eine Horizontalbewegung übergehen, die vielfache Einblicke in die Ausstellungsräume gestattet.

Puzzle/Schauräume

Der Urban Carpet bildet das Rückgrat der gedrängten und verschachtelten Anordnung von Ausstellungsräumen in der Schwebe. Diese Schauräume variieren in Geometrie und Größe, um verschiedenartigste zeitgenössische Kunst unterbringen zu können. Es entsteht der Eindruck einer dreidimensionalen Matrix von festen Bauteilen und Leerräumen; dies ermöglicht eine variable Raumgestaltung, in der sich die Vermittlungsformen von Kunst entfalten können.

on the pedestrian level of the city as a fluid continuum of existing public paths and places. The lobby space, fully glazed and opened to the city, is seen as a kind of "public square" drawing in pedestrian movement through the creation of a simultaneously horizontal and vertical composition. Conceptually, the existing plan of the city curves upward making the ground plane and the back wall a continuous surface. This "Urban Carpet" mediates between the city, the lobby as an urban room and the gallery spaces floating above. The Urban Carpet is a terrain that allows for a multiplicity of circulation types. Cuts in the floorscape define a stair to the lower level and performance space creating a multi-level public lobby. A dramatic step-ramp ascends along the Urban Carpet wall transforming the vertical circulation through the full height of the building into a horizontal journey that allows multiple views into the galleries.

Jigsaw puzzle/galleries

The Urban Carpet acts as a backbone to the aggregate and interlocking structure of suspended gallery spaces. The exhibition spaces vary in geometry and scale to accommodate a diversity of contemporary art. The effect is to produce a three-dimensional matrix of solids and voids allowing for flexible spatial

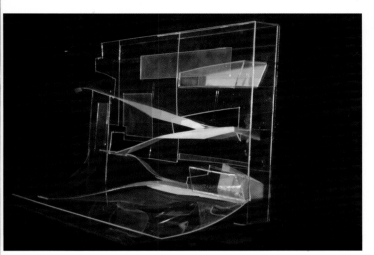

Urban Carpet, Konzeptmodell / Urban Carpet, conceptual model / 1998

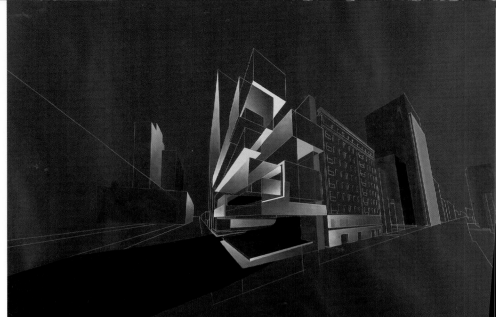

Perspektivische Darstellung, Gemälde / Perspective view, painting / 1999

Eckansicht / Corner view / 2003

Skulptur/Material

Die Ecklage des RCCA führte zur Entwicklung zweier unterschiedlicher, aber komplementärer Fassaden. Die Südfassade an der Sixth Street ist in die Stadt integriert, indem sie Programmelemente als klar abgegrenzte, lineare Körper aus Beton, Glas oder Metallplatten zum Ausdruck bringt. Einzeln spiegeln diese die städtische Raumparzellierung maßstäblich wider, zusammen bilden sie ein komprimiertes vertikales Agglomerat – städtische Verdichtung. Die Fassadenkörper wirken schwer und ungefüge, wie einzeln herausgehauen, und schweben, der Schwerkraft trotzend, prekär über dem Eingangsfoyer. Die Stadt kann durch Glasflächen, Leerräume und die volumetrische Aufteilung der Ausstellungsräume Blicke in das Leben im Kunstzentrum werfen. Die ostseitige Fassade ist ein skulpturales Relief, das durch den Urban Carpet umrahmt wird und dessen einzelne Elemente das Ende der Linearität und Bewegung der Südfassade markieren; sie bilden die innere Anordnung dicht aneinander gedrängter Schauräume auf der Außenseite ab. Das RCCA verbindet die Welt der zeitgenössischen Kunst mit jener des öffentlichen Raums. Es bietet im Inneren eine Reihe von Vorgängen dar, die von der urbanen Dynamik draußen bestimmt sind.

arrangements within which the narrative of the art can unfold.

Sculpture/materiality

The RCCA's corner situation led to the development of two different, but complementary façades. The south façade, along Sixth Street is integrated with the city by expressing program elements as distinct linear volumes of concrete, glass and metal panel. These individually reflect the scale of the city plan and collectively form a compressed vertical aggregate – a dense urban bundle. The volumes appear heavy and raw, as though individually cast, and float tentatively over the lobby space defying gravity. The city catches glimpses into the life of the Center through glass volumes, voids and in the volumetric articulation of gallery spaces. The East façade, along Walnut Street, is a sculptural relief framed by the urban carpet with individual volumes expressing the termination of the linearity and movement of the South façade, revealing the interior composition of densely juxtaposed gallery volumes on the exterior. The RCCA mediates the world of contemporary art to the public world of the city offering a multiple series of interior events, dictated by the dynamism of the urban fabric.

127

Ausstellungsraum / Exhibition space / 1999

// LF ONE
LANDESGARTENSCHAU 1999
WEIL AM RHEIN, DEUTSCHLAND
// LF ONE
LANDESGARTENSCHAU 1999
WEIL AM RHEIN, GERMANY
// 1997–1999

MIT / WITH PATRIK SCHUMACHER,
MAYER BÄHRLE

Bündelung der Wege
Bundle of paths / 1999

Das Raumgebinde für die Landesgartenschau 1999 in Weil am Rhein ist Teil einer Folge von Projekten, die versuchen, dem Studium natürlicher Landschaftsformen wie Flussdeltas, Bergketten, Wäldern, Wüsten, Canyons, Treibeisfeldern, Ozeanen usw. neue Raumqualitäten abzugewinnen.

Die wichtigsten Charakteristiken, die sich von Landschaftsräumen, im Unterschied zu herkömmlichen städtischen und architektonischen Räumen, abschauen lassen, sind Vielzahl und Subtilität territorialer Begrenzungen sowie die Sanftheit der Übergänge zwischen den Räumen. Diese beiden Merkmale, in denen man von einem traditionellen architektonischen Standpunkt aus einen Mangel an Ordnung und Klarheit sehen könnte, ermöglichen komplexe, vielseitige Räume.

Bereiche durchdringen einander, Unterscheidungen sind eher vage und latent als definitiv und starr. Latente Unterscheidung und räumliche Begrenzungen werden durch die temporären Aktivitäten kenntlich gemacht und verstärkt, die sich an Merkmale knüpfen, die ansonsten stumm und unaufdringlich bleiben. Landschaftsräume bleiben flexibel und offen, und zwar nicht infolge einer modernistischen neutralen Leere, sondern vielmehr dank der Fülle und des Nebeneinanders sanfter Ausformungen. Während Architektur im Allgemeinen kanalisiert, segmentiert und abschließt, steht die Landschaft offen, bietet an und suggeriert.

The Space-bundle for the international gardening show (Landesgartenschau 1999, Weil am Rhein) is part of a sequence of projects that try to elicit new fluid spatialities from the study of natural landscape formations such as river deltas, mountain ranges, forests, deserts, canyons, ice-flows, oceans etc.

The most important general characteristics which is looked for in landscape spaces, in distinction to traditional urban and architectural spaces, are the multitude and subtleties of territorial definitions as well as the smoothness of transitions between spaces. Both characteristics, which from a traditional architectural vantage point might be regarded as lacking order and a clarity, allow for more complex and nuanced order of spaces to emerge.

Realms interpenetrate, distinctions are vague and latent rather than definitive and frozen. Latent distinctions and spatial definitions are revealed and amplified by the temporary activities that hook on to features that might otherwise remain mute and unobtrusive. Landscape spaces remain flexible and open, not due to a modernist blank neutrality, but by virtue of an overabundance and simultaneity of soft articulations. Whereas Architecture generally channels, segments and closes, landscape opens, offers and suggests.

Ausstellungshalle (links und Mitte) / Exhibition hall (left and center) / 1999   Seitenansicht / Side view / 1999

Das soll nicht bedeuten, dass wir die Architektur aufgeben und uns der Natur ergeben. Worum es hier geht, ist, potenziell produktive Analogien ausfindig zu machen, um die Erfindung neuer künstlicher Landschaften und Formen anzuregen, die unseren zeitgenössischen, komplexen, vieldeutigen und flüchtigen Lebensprozessen angemessen sind.

Das Raumgebinde realisiert einige der Aspekte natürlicher Landschaft, die als die befreiendsten erkannt wurden: Die Gestalt des Hauses ist nicht scharf umrissen. Es blutet buchstäblich aus und löst sich in der umgebenden Landschaft auf. Es erhebt sich langsam aus dem Gewirr von Wegen und überlässt es dem Besucher, Anfang und Ende zu definieren und zu erkennen. Außerdem werden Größe und Begrenzungen des Gebäudes aufgeweicht, wenn seine Ordnung und Geometrie sich wie in Wellenschlägen in der Gartenlandschaft verläuft, über die abgesenkte Terrasse und den anschließenden südseitigen Weg, der als eine zusätzliche Kontur in der Abfolge von aufeinander bezogenen, von der höchsten Dachkante an kaskadenartig abfallenden Linien gestaltet ist.

Die rigide Unterscheidung von Erschließungsräumen und Nutzräumen wird durch eine Fülle von potenziellen Bewegungsräumen und die fließende Gesamtgeometrie verwischt. Die ebenerdige Ebene als stabiler Bezugspunkt wird durch Vervielfachung aus den Angeln gehoben. Der öffentliche Weg, der sich weitläufig über das Gebäude hinzieht, und die in den Boden gegrabene Terrasse machen jede Definition von „ebenerdig" mehrdeutig. Die Ebenen in und um das Gebäude sind subtil gestaffelt, sodass sie sich zu einem einzigen Ort des Geschehens sammeln könnten und zugleich zeitweilige oder (gleichzeitige) Intimität gestatten. Im Inneren findet sich eine Fülle mehrfacher, konkurrierender fließender Begrenzungslinien, die die Zweiteilung von Innen und Außen verwischen: Säulenreihen haben keine geraden Fluchten infolge von Niveauverschiebungen im Boden, denen Verschiebungen in der Decke gegenüberstehen; fortlaufende Geometrien durchschneiden die Fassade und den abgegrenzten Wärmebereich im Inneren. Das Ergebnis ist ein komprimierter Raum voller Überschneidungen und visueller Changierungen, in dem Ausrichtungen, Rhythmen und Texturen gegeneinander ausgespielt werden.

This does not mean that we abandon architecture and surrender to nature. The point here is to seek out potentially productive analogies to inspire the invention of new artificial scapes, landforms, pertinent to our contemporary complex, multiple and transient life-processes.

The Space-bundle realizes some of the aspects of landscape that are identified as most liberating: The figure of the building is not contained. It literally "bleeds out" and dissolves into the surrounding landscape. It emerges gradually from the tangle of paths, leaving it to the visitor to define and realize its beginning and its end. Additionally, the size and boundary of the building is rendered soft as its order and geometry ripples out into the garden scape, via the sunken terrace and the adjacent southern path which is articulated as one more contour in the sequence of related lines, cascading down from the highest roof edge.

The rigid distinction between circulation space and occupied space its blurred via an overabundance of potential movement spaces and the overall fluid geometry. The ground plane as stable reference is subverted through its multiplication. The public path that sweeps over the building and the terrace carving into the ground makes any definition of "ground" ambiguous. The levels within and around the building are subtly staggered, so that they may potentially congregate into a single event, while allowing for temporary (or simultaneous) intimacy. Multiple competing fluid boundaries abound in the interior and blur the interior-exterior dichotomy: Column rows are mis-aligned through level shifts in the floor which are countered by shifts in the ceiling, continuos geometries cut against the façade and thermal definition of the interior. The result is a compressed space full of overlap and visual oscillation as alignments, rhythms and textures are played off against each other.

// LUXEMBURGER PHILHARMONIE LUXEMBURG
// LUXEMBOURG PHILHARMONIC HALL LUXEMBOURG
// 1997

WETTBEWERB / COMPETITION
MIT / WITH PATRIK SCHUMACHER

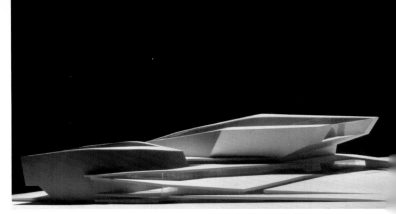

Wettbewerbsmodell / Competition model / 1997

Arbeitsmodelle / Study models / 1997

Die „Landschaft" diente als Leitmotiv dieser Konzeption. Der steile Hang gegenüber der Luxemburger Altstadt bildete den Anstoß für die Verwendung von Höhenlinien. Das Konzept eines Raums mit künstlichen Höhenlinien wurde als Zusammenspiel von geschichteten, gestuften und rampenartigen Böden, Dächern und Ebenen umgesetzt. Aus dieser Landschaft erheben sich ein großer Konzertsaal und ein Kammerkonzertsaal.

Besucher betreten das Gebäude über eine sanft ansteigende Rampe, die zu den Foyers im vorderen Teil des Gebäudes und zu den Rängen und kleinen Foyers der Konzertsäle führt, mit Ausblick auf die Stadt. Diese Steigungen und Rampen erscheinen als fortlaufende, wogende Landschaft, in die an strategischen Stellen Innenhöfe eingelassen sind, um den Einfall von Tageslicht in die Erdgeschossebene zu ermöglichen.

Im Inneren der Konzertsäle setzt sich das Landschaftskonzept fort, durch Umrisslinien in den Verkehrszonen ebenso wie in der Gestaltung der Sitzreihen. Jeder Konzertsaal besitzt ein gesondertes Foyer; diese sind in entgegengesetzter Richtung angelegt und laufen in einem gemeinsamen Foyer zusammen.

Der entscheidende Unterschied zwischen den beiden Sälen liegt in ihrer räumlichen Komposition. Beide bersten aus ihren geschichteten Landschaften, drehen sich und greifen schlüsselgleich in ihren Platz auf dem Gelände. Das verglaste Foyer und die Ränge des Kammerkonzertsaals blicken auf einen dreieckigen Balkon und dienen als eine Art Aussichtsturm gegenüber dem größeren Raum des Konzertsaals. In beiden Sälen setzen sich die Höhenlinien in der inneren Linienführung fort, schrauben sich in die Säle und prägen Parkettreihen und Ränge ebenso wie Oberflächen und Züge der Wände und Decken.

The concept that drives the scheme is "landscape". The steep hill facing Luxembourg's old city provided clues for exploiting the contours. The idea is of an artificially contoured site developed through a series of tiered, stepped and ramped floors, roofs and levels. Out of this landscape emerge a grand auditorium and a chamber hall.

Visitors enter the building via a gently rising ramp that leads to the lobbies at the front of the house and to the auditoria's balconies and foyers, facing the view to the town. These slopes and ramps are like a continuous undulating landscape, with courtyards inserted at strategic positions to admit light to the activities at ground level.

The interiors of the auditoria extend the landscape idea, with contours that define circulation and in the rows of seating. Each auditorium has its own foyer; these face in opposite directions, with a common foyer between them.

The central difference between the two auditoria is their volumetric compositions. Both erupt from their tiered landscape as they twist and lock into place on the site. The chamber hall's glazed lobby and public gallery face a triangular balcony and act as a kind of belvedere against the grand auditorium's larger volume. In both spaces, internal lines continue the contours and spiral into the halls to define stalls and balconies, as well as finishes and features of the walls and ceilings.

131

// BEWOHNBARE BRÜCKE, THEMSE
LONDON, GROSSBRITANNIEN
// HABITABLE BRIDGE, RIVER THAMES
LONDON, GREAT BRITAIN
// 1996

WETTBEWERB, 1. PREIS / COMPETITION, 1ST PRIZE

Modell / Model / 1996

Die Themse rückte 1996 erneut in den Mittelpunkt von Stadtsanierungsinitiativen in London. Der Entwurf von Zaha Hadid Architects erkannte dies als Chance, eine neue städtebauliche Matrix auf dem Fluss zu schaffen.

Die bewohnbare Brücke soll eine Konzentration bewirken, indem sie die Essenz der städtebaulichen Bedingungen an den Flussufern, und des städtischen Lebens im Allgemeinen, destilliert und verdichtet. Die Merkmale des öffentlichen Raums und der geschäftigen Straßen werden gebündelt und auf das Gebiet zwischen Strand und Coin Street umgelegt. In Form eines fortlaufenden, liegenden Hochhauses verbindet die Brücke die beiden Ufer und vereint eine Vielfalt an Raumtypen, wie unterschiedliche Formen des Wohnbaus kombiniert mit Freizeit- und Kulturangeboten. Soziale und karitative Einrichtungen sind mit Geschäftsbereichen vermischt. Die Planung deckt ein Gebiet ab, das einem Stadtviertel entspricht. Als Anhaltspunkt dienen Weltstädte und die Erforschung der Entwicklung kreativer Raumnutzung zur bestmöglichen Ausschöpfung des kulturellen und kommerziellen Potenzials.

Die städtebauliche Eigenheit der beiden Flussufer dient als Leitmotiv für die Positionierung der Brücke. Die formgebenden Elemente der bewohnbaren Brücke werden als Stadtabschnitte betrachtet; an der Nordseite sind sie stark gebündelt und reagieren so auf das strenge Umfeld der Häuserblocks, die eine starre Front zum Fluss hin bilden. Im Übergang zum Südufer zersplittert das „Bündel" und bildet eine Vielzahl an Gebäudevolumina und Verbindungswegen, die breit gefächert in die South Bank und zur Coin Street reichen.

Die Aufsplitterung der Spannung im Mittelteil wird durch das Aufbrechen der bewohnten Volumina reflektiert. Diese Öffnung gewährt einen Ausblick auf die Themse entlang der Ost-West-Achse und definiert einen neuen, erhöhten öffentlichen Raum in der über dem Fluss schwebenden Verbindung.

In 1996, the Thames became the focus of London's regeneration initiatives once again. Zaha Hadid Architects' design recognised this as a chance to create a new urban matrix on the river.

Habitable Bridge is meant to draw London together by the extraction and then compression of the riverside urban conditions and of city life in general. The qualities of civic space and street activities that exist within the city are gathered in order to extend from the Strand to Coin Street. The bridge takes the form of a continuous horizontal skyscraper connecting the two banks, in which habitations of various forms co-exist, such as living accommodation of different types combining recreational and cultural spaces. Social and charitable space mixes with the commercial. The scheme covers an area similar to a city region. Reference points are taken from global cities, examining the ways in which street activity and creative usage of space could be developed to maximize cultural and commercial potential.

The urban character of the two sides of the river is the guiding principle in the siting of the bridge. The formative elements of the bridge habitation are seen as city segments bundled together tightly on the North side, responding to the rigid existing condition of the urban blocks forming strong frontage towards the river. As the bridge crosses to the South side, the "bundle" splinters and forms a series of volumes and routes connecting widely into South Bank and Coin Street.

The process of splintering the tension in the central section is reflected in the break of the inhabited volumes. The break maintains the East-West view along the Thames and defines a new elevated public space of the suspended routes across.

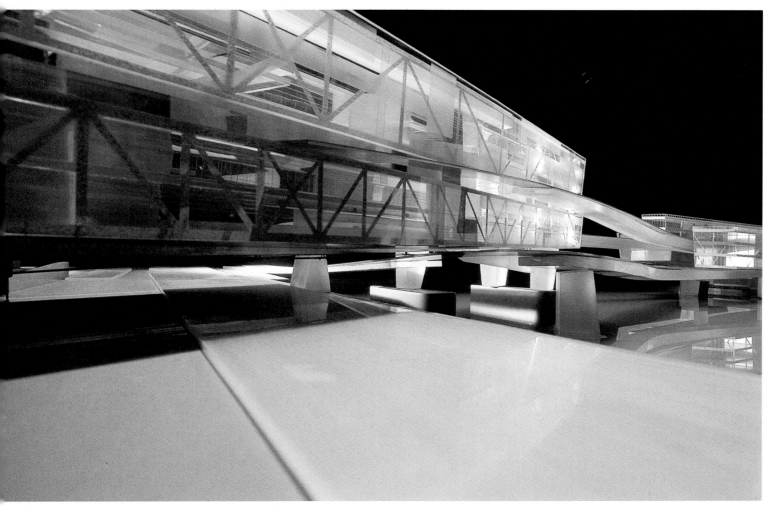

Modell / Model / 1996

Die Raumprogramme sind vertikal angeordnet, mit frei zugänglichen öffentlichen Durchgangsbereichen auf den unteren Ebenen der Brückenstruktur und privaten Raumprogrammen in den fünf gesondert darüber liegenden Gebäudeteilen. Hier können Lofts als Wohnraum, Büro, Atelier oder Werkstatt genutzt werden. Das vielgestaltige Programm ist als städtische Schnittstelle gedacht, welche die Öffentlichkeit rund um die Uhr mit einem gemischten Angebot aus Geschäften, Kultur, Unterhaltung und Erholung versorgt. Die Brücke speist sich aus der kulturellen Vielfalt Londons, wo sich die Stränge zeitgenössischer Kultur simultan durch den öffentlichen Raum ziehen. Schnittstellen werden zur Erleichterung der Interaktion und des städtebaulichen Funktionierens modelliert.

The programs are organized vertically, with free-flow public access activities on the lower levels of the bridge structure and private access programs contained within the five separate building volumes above. The lofts can be used for habitation, work/office spaces, as artists' studios and workshops etc. The highly varied program is imagined as a city terminal serving the public 24 hours with a mixture of commercial, cultural, entertainment and recreational functions. The bridge draws on the diverse cultural context of London, where threads of contemporary culture run concurrently on the public levels. Intersections are modeled to facilitate interaction and urban performance.

// ERWEITERUNG DES KESSELHAUSES
VICTORIA AND ALBERT MUSEUM
LONDON, GROSSBRITANNIEN
// BOILERHOUSE EXTENSION
VICTORIA AND ALBERT MUSEUM
LONDON, GREAT BRITAIN
// 1996

WETTBEWERB / COMPETITION
MIT / WITH PATRIK SCHUMACHER

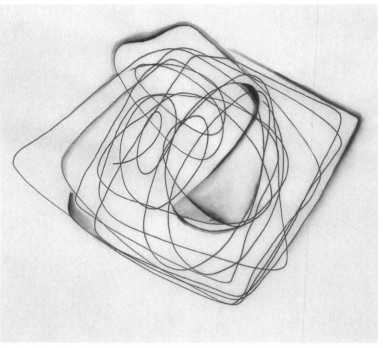

Konzeptskizze / Conceptual sketch / 1996

Das Victoria and Albert Museum dehnt sich über einen Häuserblock aus und ist in den letzten hundertfünfzig Jahren zu einem vielfältigen Gefüge von Gebäuden verschiedener Stilrichtungen angewachsen. Nach diesem expansiven Wachstum konzentriert sich die Museumsleitung nun auf das Innere des Areals und sucht Möglichkeiten, vorhandene Resträume zu nutzen. Der Entwurf für das ehemalige Kesselhaus nutzt diese Freiräume zur Schaffung von Publikumsbereichen, während er gleichzeitig die Rolle des Museums als Impulsgeber für den Wandel in der Architektur reflektiert.

Die Zukunft verspricht fließende Räume, eine anpassbare, flexible Architektur, die durch leichte Modulbauteile ermöglicht wird. Der Entwurf verwendet den Pixel als Medium der Konfiguration, ob nun auf Ebene einer Ausstellungstafel, eines Schaukastens oder eines ganzen Raumes.

Als erste bauliche Maßnahme wird das Hauptgebäude erhöht, um eine direkte Verbindung zwischen der Exhibition Road und den Pirelli Gardens zu ermöglichen. Dadurch kann der Erdgeschossflügel geöffnet und mit einem Restaurant zum Garten hin versehen werden. Dieser weitläufige öffentliche Raum reicht tief in den bestehenden Museumskomplex hin-

The V&A is an urban block that has grown over the last 150 years, a rich patchwork of period buildings. After a process of outward expansion, the museum is looking inward, to make use of its remaining empty spaces. The design, for the former boilerhouse, uses these voids to create accessible spaces while reflecting the V&A's role as an agent of change in architecture.

The future promises fluidity of space, an adaptive, flexible architecture made possible by lightweight modular components. The design uses the pixel as the medium for configuration, whether on the scale of a display panel, an exhibition cabinet or a space.

The first architectural move is to raise the main building so that the Exhibition Road can be directly connected to the Pirelli Gardens, allowing for the ground floor wing to be opened up to incorporate a restaurant facing the garden. This large public area penetrates deeply into the existing museum and creates shops, gardens and a series of entrances into the gallery wings.

The top three floors are interlocking volumes that house the educational and events center, admission and plant rooms and connect the museum's existing

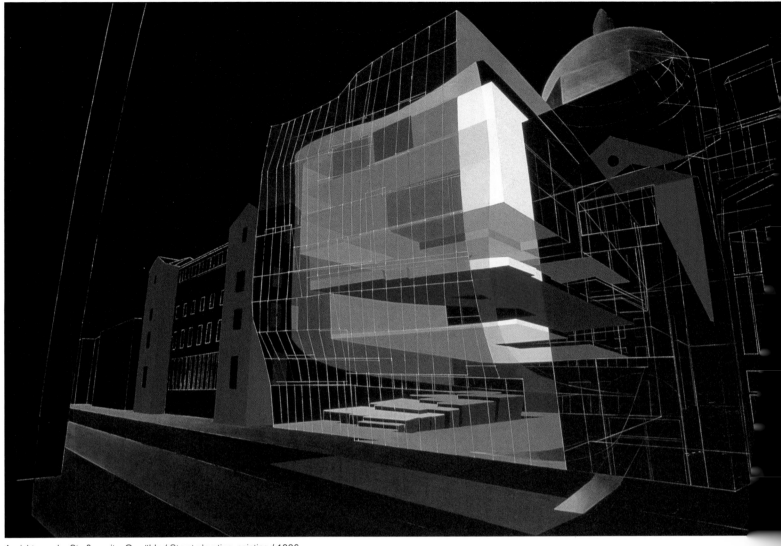

Ansicht von der Straßenseite, Gemälde / Street elevation, painting / 1996

ein und bietet Platz für Läden, Gärten und Eingänge zu den Galerieflügeln.

Die oberen drei Geschosse bestehen aus miteinander verschränkten Raumvolumina; sie beherbergen das Bildungs- und Veranstaltungszentrum sowie Aufnahme- und Grünräume und dienen als Verbindung zwischen den bestehenden Flügeln des Museums. Zwischen diesen geschlossenen Baukörpern lassen Ausschnitte im Dach und in den Fassaden Tageslicht in das Museum fließen. Diese Ausschnitte sind zwischen den bestehenden Fassaden und dem Neubau eingefügt, um den Blick auf die historischen Fassaden von Aston Webb zu gewährleisten.

Die Fassade besteht aus zwei Hüllen mit eigenen Funktionen, obwohl diese miteinander verwoben sind und manchmal ineinander fließen, um Böden, Wände und Fenster zu bilden. Die äußere Hülle ist ein Wetterschutz aus standardisierten, flachen Glas- und Metallpaneelen, deren Überlappung im Anschlussdetail eine wellenförmige Oberfläche schafft. In die innere Hülle integriert sind Abschattungselemente, die als Sonnenschutz und zur Verdunkelung dienen.

wings. Between these solids, voids are cut into the roof and elevations to bring in daylight. They are inserted into areas between the existing façades and the new building so that Aston Webb's elevations can still be seen.

The façade is made of two skins that serve specific functions but they weave and sometimes merge with each other to form floors, walls and windows. The outer skin is a rain-screen made of standard size flat panels in glass and metal and makes use of an overlap detail to create an undulating surface. The inner skin incorporates blinds for solar protection and for exhibition blackouts.

Schnittperspektive, Gemälde / Sectional perspective, painting / 1994

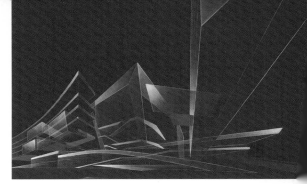

Blick vom Platz, Gemälde
View from the Piazza, painting / 1994

// OPERNHAUS IN DER BUCHT VON CARDIFF
CARDIFF, WALES, GROSSBRITANNIEN
// CARDIFF BAY OPERA HOUSE
CARDIFF, WALES, GREAT BRITAIN
// 1994–1996

WETTBEWERB, 1. PREIS / COMPETITION, 1ST PRIZE

Der Entwurf erzielt die gleichzeitige Verwirklichung von zwei Paradigmen des Städtebaus, die sich typischerweise gegenseitig ausschließen: Monument und Raum. Wie im Generalplan vorgesehen, gliedert sich das Projekt in das fortlaufende Baugefüge ein, das dem ovalen Platz an der Bucht seine Form gibt.

Gleichzeitig prägt der Baukörper die Uferlandschaft als deutliches Wahrzeichen. Die Dichotomie einer typischen Umfassungsbebauung, die nach außen hin einen größeren städtischen Raum formt, während sie einen geschützten inneren Raum umschließt, wird in einem Kontinuum dieser beiden Arten von Raum aufgelöst. Dies wird durch drei komplementäre Strategien erreicht: a) die Erhöhung der Umfassung; b) die Öffnung der Umfassung an der zur Mole zeigenden Kante, wodurch das Volumen des Auditoriums als maßgeblicher Baukörper innerhalb des umgrenzten Areals sichtbar wird; und schließlich c) die Hineinziehung des öffentlichen Raums in das Areal durch Erweiterung in einen sanft geneigten Innenhof, wodurch eine neue Geländeebene über der Haupteingangshalle entsteht. So bietet der Entwurf einen erhöhten Innenhof, der sich für Freilichtaufführungen eignet und einen erweiterten Ausblick auf den inneren Hafenbereich und die Bucht gewährt.

Das Gebäudekonzept gründet sich auf den architektonischen Ausdruck der Hierarchie zwischen bedienten und dienenden Räumen: Das Auditorium und die weiteren öffentlichen und halb öffentlichen Aufführungs- und Proberäume treten wie Edelsteine aus einer Kette von rationell angeordneten unterstützenden Bereichen hervor. Diese Kette schlingt sich um die Grenzen des Areals wie ein umgekehrtes Collier, auf dem alle Edelsteine einander zugewandt sind und dazwischen einen verdichteten öffentlichen Raum schaffen, der von der Mitte her zugänglich ist, während er von der Rückseite unterstützt wird. Dieser zentrale Raum wird im nach oben offenen Innenhof ebenso erfahrbar wie aus den Eingangsbereichen unter dem erhöhten Erdgeschoss. Einschnitte in diese Ebene markieren die beiden Achsen, die den Raum von den Haupteingängen aus durchkreuzen – vom Haupteingang für Fußgänger über den Platz an der Bucht und vom Gruppeneingang ab der Pierhead Street.

The proposed design aims to achieve simultaneity of typically exclusive paradigms of urban design: monument and space. The project takes part in the continuous building mass giving shape to the Oval Basin Piazza as envisioned by the master plan.

At the same time, the building projects a strong landmark figure against the waterfront. The dichotomy of the typical perimeter block externally shaping a larger public urban space while enclosing a secluded internal space is dissolved into a continuum between those two types of spaces. This is achieved by three complementary moves: a) raising of the perimeter; b) opening up of the perimeter at the corner pointing at the pier head and revealing the expressed volume of the auditorium as the main solid figure within the delineated site; and finally, c) continuation of the public space by means of extending the plaza with a gentle slope into the site establishing a new ground plane over the main foyer areas. Thus the project provides a raised piazza suitable for outdoor performances and allowing an enhanced vista back into the Inner Harbor and the Bay.

The building concept is based on the architectural expression of the hierarchy between serviced and servicing spaces: the auditorium and the other public and semi-public performance and rehearsal spaces spring like jewels from a band of rationally lined up support accommodations. This band is then wrapped around the perimeter of the site like an inverted necklace where all the jewels turn towards each other creating a concentrated public space between each other, accessible to the public from the center while serviced from the back around the perimeter. This central space is experienced from the courtyard, which is open to the sky as well as from the foyer areas under the raised ground floor. The auditorium and the main rehearsal studios penetrate this raised ground floor. Cuts in this plane mark the two axes crossing the space from the two main entrances: the main pedestrian entrance from the Oval Basin Piazza and the concourse entrance with drop-off from Pierhead Street.

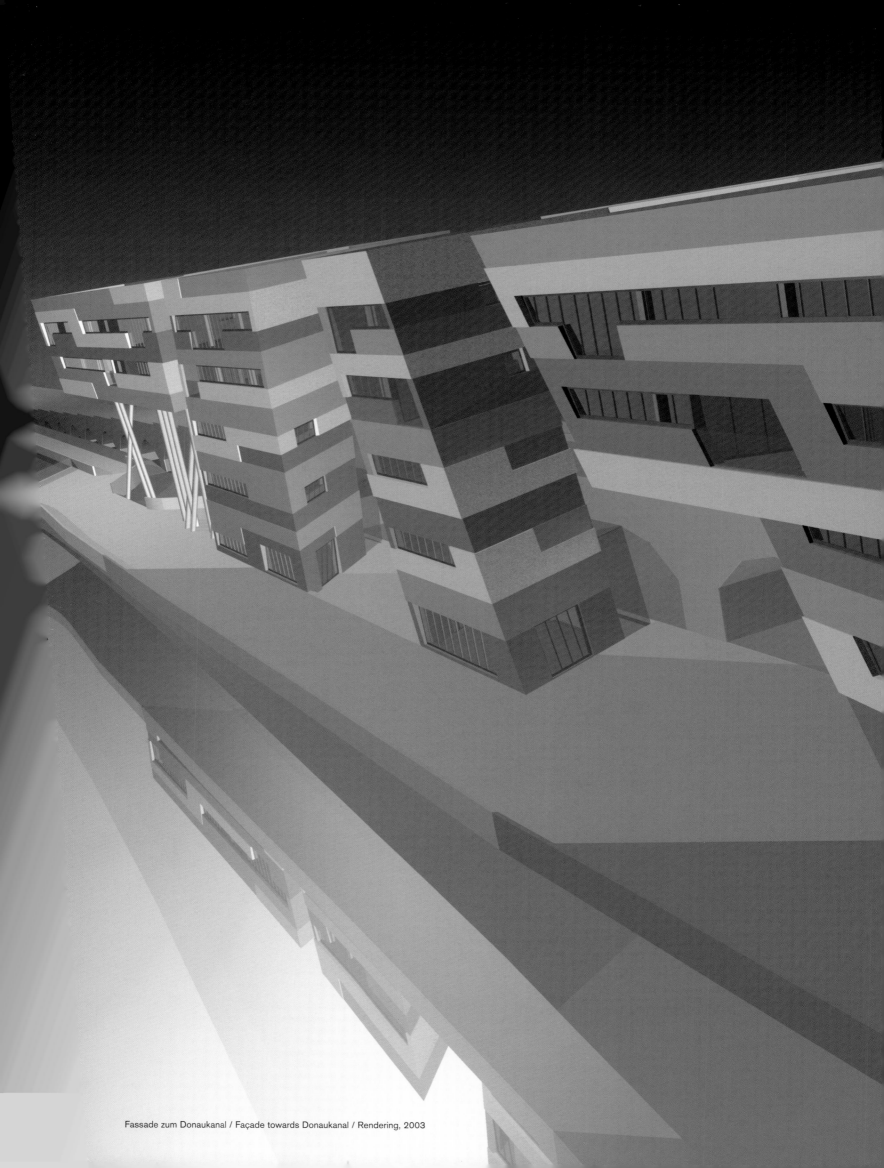

Fassade zum Donaukanal / Façade towards Donaukanal / Rendering, 2003

// SPITTELAU VIADUKT
WIEN, ÖSTERREICH
// SPITTELAU VIADUCTS
VIENNA, AUSTRIA
// 1994

IN PLANUNG / IN PLANNING

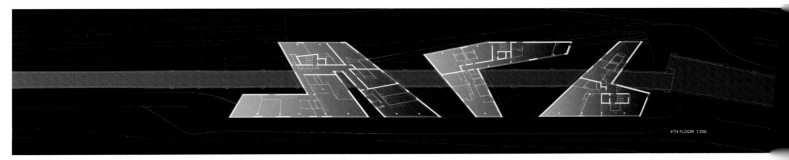

Grundriss, Zeichnung / Floor plan, drawing / 2002

Straßenseitige Ansicht, Modell / Street elevation, model / 1995

Vogelperspektive, Modell / Aerial view, model / 1995

Vogelperspektive / Aerial view / Rendering, 2003

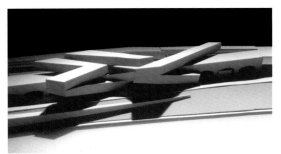

Konzeptmodell / Conceptual model / 1994

Bei diesem Projekt ging es um die Revitalisierung eines Bereichs des Wiener Donaukanals durch engere Anbindung der Uferzone – über ein bestehendes ehemaliges Bahnviadukt – an die Stadt. Eine Reihe von Künstlerateliers, Büros und Geschäftsräumen windet sich wie ein Band entlang dem Kanal – durch, um, und über die von Otto Wagner entworfenen Stadtbahnbögen. Die ebenerdigen Läden, Cafés und Restaurants in jedem der drei separaten Bauwerke sind auf die Passanten auf dem Fußweg am Kanal ausgerichtet, der auch zu einer Diskothek im an die Bögen angrenzenden alten Stadtbahntunnel führt. Das gesamte Projekt ist durch eine Fußgänger- und Radfahrerbrücke mit dem Gelände um die Wirtschaftsuniversität verbunden.

The project revitalizes a waterfront area in Vienna by linking the water's edge to the city's fabric through an existing former railway viaduct. Located along the Donaukanal in Vienna, a series of artist's studios, offices and commercial spaces weave like a ribbon through, around and over the arched bays of the viaduct, designed by Otto Wagner. Shops, cafés and restaurants on the ground floor of these three separate buildings cater to the riverfront pedestrian path, which also leads to a nightclub in the old subway tunnel adjacent to the viaduct. The entire project is linked to the university by a pedestrian/cycle bridge.

// SANIERUNGSGEBIET RHEINAUHAFEN KÖLN, DEUTSCHLAND
// RHEINAUHAFEN REDEVELOPMENT COLOGNE, GERMANY
// 1992

WETTBEWERB / COMPETITION

Durch die Sanierung des Rheinauhafens soll dieses ehemalige Industriegebiet an die Stadt Köln angebunden werden. Erzielt wird dies durch drei großflächige, teilweise modellierte Gebiete. Es handelt sich um drei gesonderte formale Elemente, deren Zusammenspiel eine kohärente Zone mit einer hohen Dichte an Kultur- und Erholungseinrichtungen, Wohn- und Geschäftsbauten schafft und das Gebiet wie folgt strukturiert und akzentuiert: 1) Das Trapez bezeichnet ein Areal, das sich vom südlich gelegenen Malakoffturm zur Mechtildisstraße und weiter zum rekonstruierten Bayenturm erstreckt. Es umschließt das gesamte Hafenbecken. 2) Der Keil umreißt das Gebiet vom Rheinufer bis zum Ubierring und verbindet so das Hafenviertel mit dem Wohngebiet Severinsviertel. 3) Die Spirale befindet sich im südlichen Teil des Sanierungsgebiets, wo sie in schwungvoller Kurve den Römerpark mit dem Hafendamm verbindet und sich dabei über einen Teil der Rheinuferstraße erstreckt.

Am nördlichen Scheitel des Rheinhafens fügt sich das erste Element als scharfe Kante ein, die den Hafeneingang von der Rheinuferstraße abschirmt. Die Kante sinkt dann allmählich auf Geländeebene ab, genau wie die Rheinuferstraße in das Gelände versenkt ist. Dieses Gebäude markiert den Anfang des Sanierungsgebiets im Hafenareal. Das Trapez verschmilzt beide Seiten des Hafens zu einer Einheit. Den Hafen entlang erstrecken sich auf beiden Kais lang gezogene Gebäuderiegel. Anfangs acht Meter hoch, verlaufen sie unter der Severinsbrücke und schließen auf Geländeebene ab. Dadurch können Besucher ihre Dächer wie Rampen betreten. Diese Bauten enthalten Einrichtungen für den Jachthafen und die Wartehallen für Passagiere der Pendelschiffe.

Die nördliche Bebauung soll abgetragen werden, um Raum für ein Konferenzzentrum und Parkplätze zu schaffen. Eine direkte Verbindung zur Hafenhalbinsel wird durch eine Fußgängerbrücke geboten, die diagonal von der Mechtildisstraße geführt wird. Auf der Halbinsel selbst sollen die drei bestehenden Lagerhallen in Kultureinrichtungen umgewandelt werden. Die drei Gebäude werden als Einheit be-

The redevelopment of Rheinauhafen aims at connecting this former industrial zone to the city of Cologne. This is intended through three large-scale territories, partly sculpted. They are three distinct formal devices, which in conjunction form a coherent area with a high density of cultural, leisure, housing and commercial facilities, which define and set off the area as follows: 1) The trapezoid, which is an area ranging from the southern Malakoff tower to Mechtildis street and further to the rebuilt Bayen tower. It encloses the entire harbor basin. 2) The wedge-shaped section, which cuts from the banks of the river Rhine into the Ubierring and thereby links the riverfront with the Severins district. 3) The spiral, which is at the southern part of the designated area, where a sweeping curve connects the Romer park with the quayside, spanning part of the road that runs along the riverside, the Rheinufer road.

At the northern end of the Rhein harbor the first area is introduced as a sharp edge that screens the harbor entrance from the Rheinufer road. This edge then gradually fades to the ground level in its southern elevation, just as the Rheinufer road is sunken into the ground. This building marks the beginning of the redevelopment of the harbor zone. The trapezoid combines both sides of the harbour into one entity. Along the harbor, on both quaysides, two long buildings are situated. Starting at a height of 8 meters they run underneath the Severins bridge and end up at the ground level. This enables the visitor to enter the roofs like ramps. The buildings contain yachting facilities and the check-in halls for the riverboat shuttle service.

The northern area is to be cleared in order to provide a space for a conference center and parking. The direct link to the harbour peninsula is made possible via a footbridge running diagonally from Mechtildis street. On the peninsula itself the three listed warehouses are to be converted into facilities for culture. The three of them are seen and interpreted as one unit, which is emphasized by placing them on a 1.50 meter high platform. This new change of levels acts as a flood barrier. Only occasionally is it intersected by cuts at the original height of the quay.

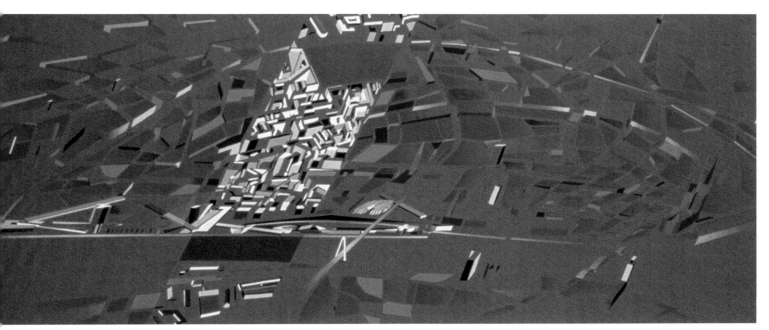

Isometrische Gesamtansicht, Gemälde / Isometric overall view, painting / 1993

trachtet und angelegt, betont durch ihre Situierung auf einer anderthalb Meter hohen Plattform. Diese Veränderung der Ebenen dient dem Hochwasserschutz. Nur gelegentlich wird die Plattform durch Einschnitte auf der ursprünglichen Höhe des Kais durchbrochen. So werden die alten Straßenflächen und neu eingerichtete Grünzonen von der neuen Ebene aus sichtbar.

Die Wohnbebauung ist in langen, horizontalen Gebäuderiegeln strukturiert, die auf Pfählen zehn Meter über der Geländeebene stehen. Der Gesamteindruck erinnert an die früheren Lagerhäuser, als ob diese angehoben worden wären, um einen ungestörten Blick auf den Fluss zu gewähren. Einer dieser erhöhten Gebäuderiegel überbrückt die Straße und dient als Verbindung zu den Wohnvierteln jenseits der Rheinuferstraße.

Thus the old road surface and newly arranged green zones become visible from the new level.

The housing is organized in long horizontal blocks, which are raised on stilts 10 meter high above the ground. Their mass resembles the former warehouses, as if those had been lifted to allow an unobstructed view of the river. One of these raised blocks bridges the street and connects to the residential quarters behind the Rheinufer road.

Konzeptuelles Gemälde / Conceptual painting / 1992

Historisch gesehen kann das städtebauliche Wachstum Madrids als sukzessives Sprengen von Hüllen charakterisiert werden: zuerst das Durchbrechen der kreisförmigen mittelalterlichen Stadt, dann der rasterförmig angelegten Stadt im 19. Jahrhundert und im 20. Jahrhundert ein lineares Wachstum, begrenzt von der elliptischen Autobahn. Im Westen vom Rio Manzanares eingefasst, wächst die Stadt nun hauptsächlich nach Osten. Ganze Vororte aus Wohnsiedlungen schießen jenseits der Autobahn M 30 aus dem Boden und drohen die angrenzenden Dörfer zu verschlingen.

Unser Ziel war es, die Stadt vor dem Absturz in die Formlosigkeit zu bewahren, diese anarchische Ausdehnung der Bebauung zu kanalisieren und zu strukturieren. Wir definierten vier wesentliche Bereiche für die Stadtsanierung und Stadterneuerung. Im Süden könnten die alten Industriegelände nahe den Bahnlinien in lebendige Parks und Erholungslandschaften verwandelt werden; der Korridor zum Flughafen könnte zum Mittelpunkt einer neuen Geschäftszone werden; die Nord-Süd-Achse des Paseo de la Castellana könnte durch das Schließen von Baulücken und das Schaffen von öffentlichem Raum auf Freiflächen verdichtet werden. Schließlich sollten die verbleibenden Freiflächen in den Vororten erhalten bleiben.

Historically, the growth of Madrid could be described as the successive bursting of shells: the circular medieval city, the nineteenth century grid, and in the twentieth century, the linear development now defined by a highway in the form of an ellipse. Framed in the west by the river Manzanares, the city is now growing mainly eastwards. Suburbs of housing blocks have mushroomed beyond the M 30 highway and are about to engulf the nearby villages.

Our objective was to prevent the city from collapsing into formlessness, to channel and organise this anarchic spread of development. We proposed four specific areas of redevelopment and regeneration. To the south, the former industrial fabric around the city's railways could be transformed into lively parks and leisure landscapes; new commercial development could be concentrated along the strip corridor leading to the airport; the north-south axis, Paseo de la Castellana, could be intensified by inserting buildings into existing slivers and public spaces into open pockets. Finally, the remaining gaps in the suburbs should be preserved.

// „THE GREAT UTOPIA"
AUSSTELLUNGSARCHITEKTUR
SOLOMON R. GUGGENHEIM MUSEUM
NEW YORK, USA
// "THE GREAT UTOPIA"
EXHIBITION DESIGN
SOLOMON R. GUGGENHEIM MUSEUM
NEW YORK, USA
// 1992

Tatlin-Turm und Tektonik „Worldwind",
Gemälde
Tatlin Tower and Tectonic Worldwind,
painting / 1992

Black Room „5 x 5=25"
Black Room "5 x 5=25" / 1992

Tektonik, Gemälde / Tectonic, painting / 1992

Der Entwurf für eine Ausstellung über den russischen Suprematismus und Konstruktivismus bot Zaha Hadid Gelegenheit zu einer Wiederaufnahme ihrer während der Studienzeit begonnenen Beschäftigung mit den dreidimensionalen Eigenschaften von Malewitschs Tektonik. Hadids Entwurf für die Ausstellung im Guggenheim Museum zeichnete sich durch zwei großformatige Installationen des Tatlin-Turms und der Tektonik Malewitschs aus, die jede auf ihre Weise mit der spiralförmigen Architektur Frank Lloyd Wrights kommunizierten und ihrerseits durch den Raum verformt wurden. Erstmals wurde Malewitschs Tektonik begehbar gemacht: Die Besucher konnten nur durch sie hindurch zu den oberen Ausstellungsräumen gelangen.

Der Entwurf für die Galerieräume ist charakterisiert durch Interventionen, die aktiv einen Bezug zu den ausgestellten Objekten herstellen. So begründen zum Beispiel der Turm und die Tektonik die Gegenüberstellung von Malewitschs Rotem Quadrat und Tatlins Eckrelief. In dem Raum, der Arbeiten der ursprünglichen Ausstellung 0.10 gewidmet ist, wurde eine von Malewitschs suprematistischen Kompositionen gleichsam aus dem Boden gepresst. Im Black Room, wo Objekte der Ausstellung „5 x 5 = 25" von 1921 gezeigt werden, scheinen die Gemälde auf Plexiglas-Ständern körperlos über dem Boden zu schweben. Diesen Eindruck der Schwerelosigkeit trifft man wieder im Globe Room, wo von der Decke hängende Konstruktionen zu einer Kugel streben, die aus dem Boden auftaucht.

The design for an exhibition on Russian Suprematism and Constructivism offered the opportunity to revisit Zaha Hadid's student explorations of the three-dimensional qualities of Malevich's Tectonic. Hadid's proposal for the Guggenheim show featured two large-scale installations of the Tatlin Tower and Malevitch's Tectonic, which both engaged in their own ways with Frank Lloyd Wright's spiralling form and were in turn distorted by the space. For the first time, Malevitch's Tectonic was habitable: visitors had to pass through it to reach the upper galleries.

The proposed design for the galleries features interventions that actively engage with the objects on display. For example, the Tower and the Tectonic set up the opposition between Malevitch's Red Square and Tatlin's Corner Relief. For the space containing work from the original 0.10 exhibition, one of Malevitch's Suprematist compositions was extruded from the floor. In the Black Room, which shows objects from the 1921 5 x 5 = 25 exhibition, paintings displayed on perspex stands appear to dematerialize and float above the floor. This sense of weightlessness is encountered again in the Globe Room, in which constructions hanging from the ceiling gravitate towards a white globe that emerges from the floor.

// VITRA-FEUERWEHRHAUS
   WEIL AM RHEIN, DEUTSCHLAND
// VITRA FIRE STATION
   WEIL AM RHEIN, GERMANY
// 1989–1993

Vogelperspektive mit Umgebung, Gemälde
Aerial view with landscape, painting / 1994

Umkleideraum / Locker room / 1993

Das Projekt begann als Auftrag für den Bau einer Feuerwache auf dem nordöstlichen Teil des weitläufigen Werkgeländes des Möbelherstellers Vitra in Weil am Rhein. Binnen kurzem wurde der ursprüngliche Auftrag erweitert, nämlich um den Entwurf für die Umfassungsmauern, einen Fahrradschuppen und ein Übungsgebäude für die Betriebsfeuerwehr.

Am Anfang der Planung stand eine Studie der gesamten Fabrikanlage. Es galt, die einzelnen Bauelemente so zu platzieren, dass sie nicht zwischen den riesigen Fertigungshallen untergingen. Diese Elemente dienten der Strukturierung des gesamten Geländes und sollten der durch den Komplex verlaufenden Hauptstraße Rhythmus und Identität verleihen. Die Straße – die sich vom Stühlemuseum bis auf die entgegengesetzte Seite des Fabrikgeländes zieht, wo jetzt die Feuerwache steht – wurde als lineare, landschaftlich gestaltete Zone begriffen, fast wie eine künstliche Verlängerung der linearen Muster der angrenzenden Felder und Weingärten.

Das hatte spezifische Folgewirkungen für die Feuerwache. Das Gebäude wurde nicht als isoliertes Einzelobjekt entworfen, sondern als äußerer Rand der landschaftlich gestalteten Zone: Es definiert den Raum mehr, als ihn einzunehmen. Dies wurde erreicht, indem das Projekt als lang gezogenes, schmales Gebäude entlang der Straße angelegt wurde.

Das Gebäude steht an einer Stelle, an der die Straße früher einen abrupten Schwenk machte und parallel versetzt weiterlief. Diese Verschiebung spiegelt sich

The project began as a commission to build a fire station in the north-east section of the vast Vitra factory complex in Weil am Rhein. The brief was soon extended to cover the design of the boundary walls, a bicycle shed, and an exercise structure for the fire brigade.

The design was initiated by a study of the overall factory site. The intention was to place the elements of the new commission in such a way that they would not be lost between the enormous factory sheds. These elements were used to structure the whole site, giving identity and rhythm to the main street running through the complex. This street – which stretches from the chair museum to the other end of the factory site, where the fire station is now located – was envisaged as a linear landscaped zone, almost as if it were the artificial extension of the linear patterns of the adjacent agricultural fields and vineyards.

This had specific implications for the fire station. Rather than designing the building as an isolated object, it was developed as the outer edge of the landscaped zone: defining space rather than occupying space. This was achieved by stretching the program into a long, narrow building alongside the street.

The building is located where the street previously made an abrupt parallel shift. This shift of direction is reflected by the fire station, which cuts at an angle into the main direction of the street and is bent

Blick in die Garage / View into the garage / 1993

in der Feuerwache wider, die sich schräg in den Geradeausverlauf der Straße schiebt und, in sich gebogen, die Straße umleitet. (Die Geometrie des Gebäudes leitet sich von der Überschneidung der beiden vorherrschenden geometrischen Ordnungsprinzipien der Umgebung ab und greift diese auf. Die Ausrichtung der angrenzenden Felder und des Fabrikkomplexes wird von einer zweiten Bewegungsrichtung durchschnitten, die eine Ecke des ansonsten rechteckigen Geländes abschneidet und selbst eine Folgewirkung des weitläufigen Gleiskörpers der Bahn ist, der den Rhein entlang an Weil vorbeiführt. Diese Kollision von Richtungslinien – die sich vormals durch rechtwinkelige Verschiebungen und Stufen innerhalb der geradlinigen Anlage des Geländes niederschlug – wird in der Feuerwache aufgegriffen.)

Das Feuerwehrhaus markiert nicht nur den Rand der Fabrikanlage, sondern dient auch als Abschirmung gegen die angrenzenden Gebäude, welche die Identität des Vitra-Komplexes stören.

Die Funktion des Gebäudes als Markierungspunkt und Abschirmung war der Ausgangspunkt für das architektonische Konzept: eine lineare, schichtweise angeordnete Folge von Wänden. Die Räume zwischen den Wänden sind je nach funktionaler Erfordernis punktuell geöffnet, geneigt oder durchbrochen.

Von vorn erscheint das Gebäude hermetisch verschlossen. Einblicke ins Innere sind nur von einem Standpunkt im rechten Winkel zur Front möglich.

within itself, leading the street around. (The geometry of the building derives from and expresses the crossing of the two main organising geometries of this area. The direction of the surrounding agricultural fields and factory complex is cut by a second directional movement that slices off the corner of the otherwise rectilinear site; in itself the repercussion of the large field of railways passing by Weil am Rhein, following the direction of the Rhein. This collision of directions – formerly absorbed within the rectilinear system of the site by means of orthogonal shifts and steps – is now reflected in the fire station.)

While marking the edge of the factory site, the fire station also functions as a screening device against the bordering buildings, which confuse the identity of the Vitra complex.

The space-defining and screening functions of the building were the point of departure for the development of the architectural concept: a linear, layered series of walls. The program of the fire station inhabits the spaces between these walls, which puncture, tilt and break according to the functional requirements.

The building is hermetic from a frontal reading, revealing the interiors only from a perpendicular viewpoint.

As one passes across the spaces of the fire station, one catches glimpses of the large red fire engines. Their lines of movement are inscribed into the asphalt.

145

Ansicht der Vorderseite / Front view / 1993

Beim Gang durch die Räume der Feuerwache fällt der Blick immer wieder auf die großen roten Feuerwehrwagen. Ihre Bewegungsrichtungen sind auf dem Asphalt markiert. In ähnlicher Weise werden auch ritualisierte Übungsmanöver der Feuerwehrleute auf dem Boden festgeschrieben, als Abfolge choreographischer Markierungen. Das gesamte Gebäude ist erstarrte Bewegung. Es drückt die Spannung ständiger Bereitschaft aus, ebenso wie das Potenzial, jederzeit schlagartig in Aktion zu treten. Die Wände scheinen aneinander vorbeizugleiten, während die großen Schiebetore buchstäblich eine bewegliche Wand bilden.

Das ganze Gebäude ist aus vor Ort gegossenem Stahl-Sichtbeton gefertigt. Besonderes Augenmerk galt der Schärfe sämtlicher Kanten; auf alle Hinzufügungen wie Dachkanten oder Fassadenverkleidungen wurde verzichtet, weil sie nur von der Schlichtheit der Prismenform und der abstrakten Qualität des architektonischen Konzepts ablenken würden. Dieses Fehlen jeglicher Details bestimmt auch die Gestaltung der rahmenlosen Verglasung, der großen Schiebewände, die die Garage umschließen, und die Behandlung der Innenräume einschließlich des Belichtungsplans. Die Lichtachsen lenken die notwendigerweise präzisen und raschen Bewegungen im Gebäude.

Die knapp 750 m² große bisherige Feuerwehrgarage samt Aufenthaltsräumen für die Feuerwehrleute und Fitnessraum wird nun als Schauraum (Stühlemusuem) der Vitra-Fabrik genutzt.

Similarly, the ritualized exercises of the firemen will be inscribed into the ground; a series of choreographic notations. The whole building is movement, frozen. It expresses the tension of being on the alert; and the potential to explode into action at any moment. The walls appear to slide past each other, while the large sliding doors literally form a moving wall.

The whole building is constructed of exposed, reinforced in-situ concrete. Special attention was given to the sharpness of all edges; any attachments like roof edgings or claddings were avoided as they distracted from the simplicity of the prismatic form and the abstract quality of the architectural concept. This same absence of detail informed the frameless glazing, the large sliding planes enclosing the garage, and the treatment of the interior spaces including the lighting scheme. The lines of light direct the necessarily precise and fast movement through the building.

Fire Engine Garage/Fireman's Club and Fitness Facility covering 750 m² is now acting as a Chair Museum for the Vitra Factory.

// LEICESTER SQUARE
   LONDON, GROSSBRITANNIEN
// LEICESTER SQUARE
   LONDON, GREAT BRITAIN
// 1990

„Blue and Green Scrapers", Gemälde / "Blue and Green Scrapers", painting / 1990

Springbrunnen zum Schmuck von öffentlichen Plätzen zu entwerfen ist Unfug. Der Platz ist tot, und es ist sinnlos zu hoffen, bestehende Plätze auf diese Weise sanieren zu können.

Zaha Hadid Architects zogen es vor, Leicester Square als öffentlichen Raum zu betrachten, bewohnbar und unter der Oberfläche versenkt, ein Herz, das mit der Stadt schlägt. Im Entwurf geht es nicht darum, den Platz mit Bauten und Wasserfontänen zu füllen, sondern diese Strukturen auf den Kopf zu stellen und sie in den Boden zu versenken. Feste und durchscheinende Wolkenkratzer, die stattdessen in die Erde schneiden, könnten auch Wohnraum beinhalten, und Wasser könnte in diese in sich gekehrten Schluchten fließen, gleichermaßen als Kühlmittel für ein überlastetes Herz der Großstadt. Brücken und Gänge dienen zur Durchquerung der Lufträume und Festkörper dieses neu geschaffenen unterirdischen Gefüges, während Lichtschlitze die Besucher an das vertraute Gefüge der über ihnen schwebenden Stadt erinnern.

The idea of designing new fountains to decorate public places is redundant. The square is dead and hopes of renovating the existing square should be abandoned.

Zaha Hadid Architects preferred to see Leicester Square as a public room, habitable and submerged beneath the surface, a heart that beats with the city. The proposal is not to fill the square with buildings and spouts of water, but to turn such structures upside down and sink them into the ground. Solid and transparent skyscrapers slicing into the earth could contain accommodation, and water could cascade down these inverted canyons as a cooling mechanism for an overworked heart of the city. Bridges and passages would traverse the voids and solids of the new subterranean fabric, while light slits would remind the visitor of the city's familiar fabric hovering above.

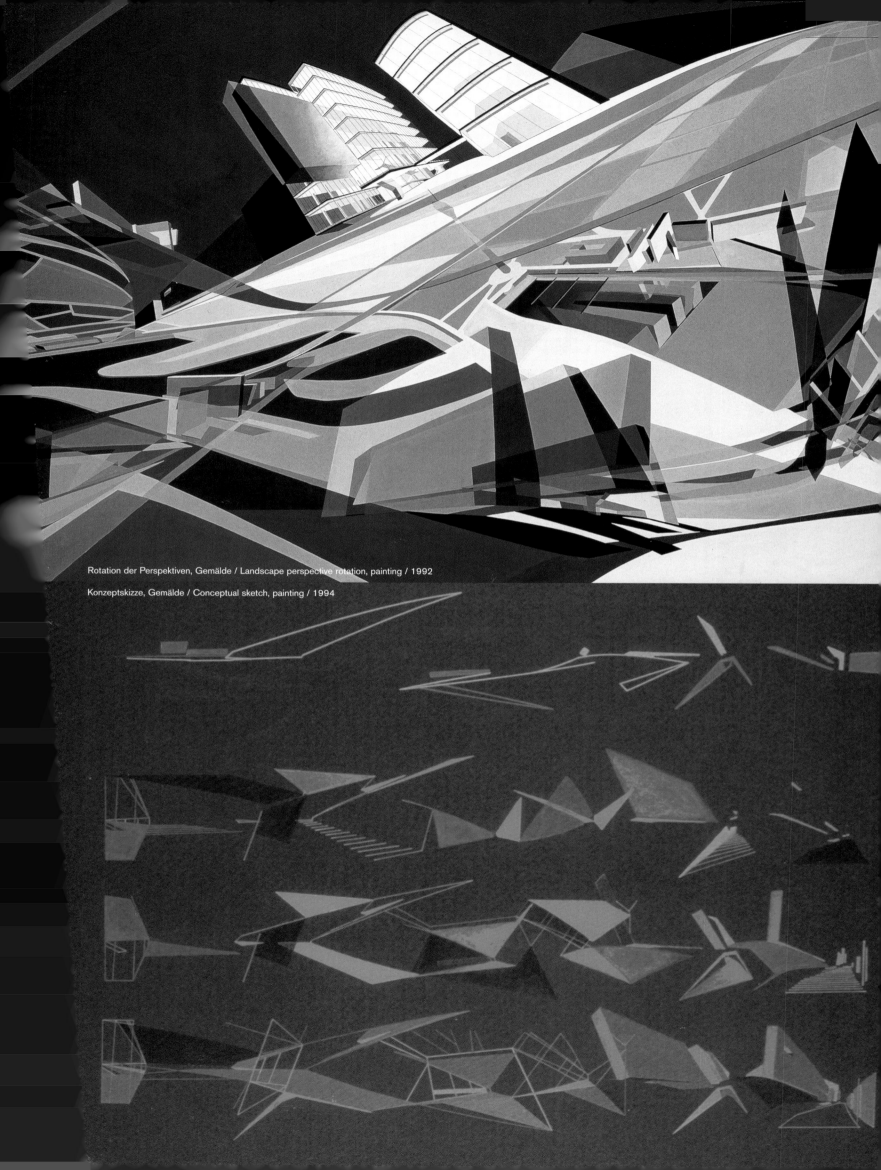

Rotation der Perspektiven, Gemälde / Landscape perspective rotation, painting / 1992

Konzeptskizze, Gemälde / Conceptual sketch, painting / 1994

// ZOLLHOF 3 MEDIENPARK DÜSSELDORF, DEUTSCHLAND
// ZOLLHOF 3 MEDIA PARK DUSSELDORF, GERMANY
// 1989–1993

WETTBEWERB, 1. PREIS / COMPETITION, 1ST PRIZE

Modell / model / 1992

Die Sanierung dieses auffallenden Areals diente als Impuls für die Umwandlung des alten Düsseldorfer Hafens in eine neue Geschäftszone. Das Programm für das Gesamtgebiet zielt darauf ab, Einrichtungen für den Kommunikationssektor und verwandte, kreative Branchen zur Verfügung zu stellen. Unter deren Büros und Ateliers mischen sich Geschäfte, Restaurants, kulturelle und Erholungseinrichtungen. Diese Strategie wird bei der gesamten Hafensanierung umgesetzt.

Der Mittelpunkt des Areals ist der Fluss, der durch Sport- und Erholungsmöglichkeiten belebt wird. Eine ausgedehnte, künstlich modellierte Landschaft, mit einer Fläche ähnlich einem Graskeil, blickt über den Fluss und wird zu einer Erweiterung dieses sehr öffentlichen und lebhaften Segments des Areals. Sie wird physisch abgeschirmt durch einen neunzig Meter langen Gebäuderiegel von Bürobauten. Vom Fluss her schneidet ein riesiges metallisches Dreieck in das Areal ein. Es durchstößt den Riegel, durchbricht ihn und bildet eine Zugangsrampe zur Straße und darunter zu einem geneigten Platz. Die angrenzenden Erdgeschossebenen sind aufgebrochen und eröffnen nach Norden Ateliers, nach Süden Geschäfte und Restaurants. Unter der Geländeebene sind in einem Gebäuderiegel technische Einrichtungen verdichtet, wodurch sich ein Teil des Riegels über den Boden erhebt und geschwungen ein Kino mit 320 Sitzplätzen bildet.

Straßenseitig weist der Gebäuderiegel kleine, lineare Einschnitte in seiner Ortbetonfassade auf, während flussseitig die einzelnen Geschosse durch je nach Funktion unterschiedliche Auskragungen gegliedert sind.

The development of this prominent site is the impetus for transforming the old Dusseldorf harbor into a new business zone. The program for the whole area concentrates on providing facilities for the communication business and allied, creative professions. Their offices and studios are interspersed with and supported by shops, restaurants, cultural and leisure facilities. This becomes a strategy for the entire harbor development.

The focus of the area is the river, which is animated by sport and leisure activities. A large, artificially modeled landscape, with one of its planes like a grass wedge, faces the river and becomes an extension of this very public and active part of the site. This is physically protected by a 90 meter long wall of offices. From the river, an enormous metallic triangle cuts into the site. It pierces the wall, breaking it, to form an entrance ramp to the street and a sloping plaza below. The adjoining ground planes crack open and reveal technical studios to the north, shops and restaurants to the south. Below ground, a wall of technical services is compressed, which results in part of the wall rising above ground and curving around to form a 320 seat cinema.

149

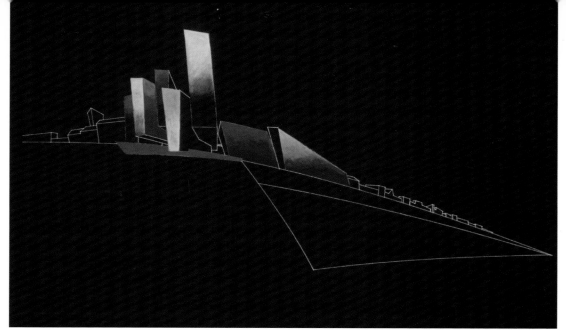

Massestudien, Gemälde / Volumetric studies, painting / 1992

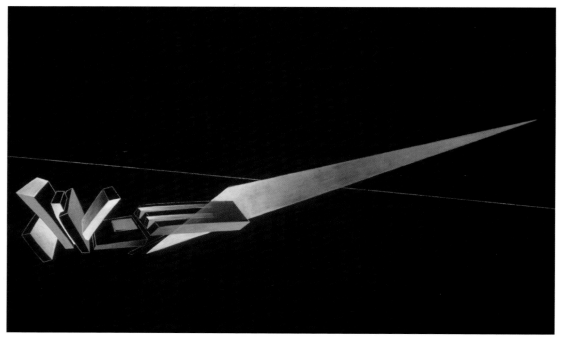

Froschperspektive, Gemälde / Worm's-eye view, painting / 1992

Die Werbeagentur besteht aus einer noch stärker zersplitterten Folge von Platten, die senkrecht zur Straße stehen. Es sind Glassplitter, die aus dem Riegel herausgebrochen wirken und über ihre gesamte Höhe mit dreifach verglasten Vorhangfassaden versehen sind. Wo die Bodenplatten zusammenlaufen, entsteht ein Hohlraum für Konferenz- und Ausstellungsräume. Die Gebäudekerne mit Aufzügen und Servicebereichen sind als gesonderte Elemente ausgegliedert, um einen dramatischen, durchgehenden Ausblick durch die Agentur zu gewährleisten. Die Eingangshalle befindet sich im Schnittpunkt zwischen dem Gebäuderiegel und der Agentur. Sie ist ein minimalistischer Glaskasten, umgeben von einer Gruppe modellierter Fundamente und schwerer, dreieckiger Tragestrukturen. Eine ausladende, geschwungene Treppe führt durch den Bauch einer schweren, abgehängten Platte zu den Konferenzräumen.

On the street side the wall has tiny, linear incisions in its in-situ concrete elevation, while on the river side, individual floors are articulated by varying depths of cantilever according to the function of each of the floors.

The advertising agency is an even more fragmented series of slabs, set perpendicular to the street. They are glass splinters broken from the wall and have floor-to-floor full-height triple-glazed curtain walls. Where the floor slabs converge, a void is carved out for conference rooms and exhibition areas. The cores of lifts and services are separated into detached elements to give dramatic, uninterrupted views across the agency. The entrance lobby is at the point of intersection of wall and agency. It is a minimalist glass box surrounded by a family of sculptured feet and heavy, triangular transfer structures. A grand curved stair leads the way up to the conference rooms through the underbelly of a heavy slab suspended above.

// SANIERUNG DER HAFENSTRASSE HAMBURG, DEUTSCHLAND
// HAFENSTRASSE DEVELOPMENT HAMBURG, GERMANY
// 1989

Perspektivische Studien für die Baulücke, Gemälde
Perspective studies for the in-between building, painting / 1989

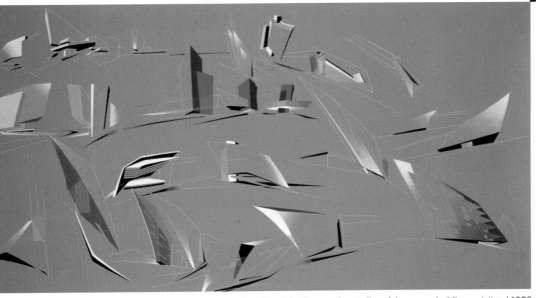

Perspektivische Studien des Eckgebäudes, Gemälde / Perspective studies of the corner building, painting / 1989

In dieser alten Straße des Hamburger Hafenviertels mit seinem traditionellen Bestand von vier- und fünfgeschossigen Häusern gab es zwei Grundstücke, für die eine Bebauung zu planen war. Die Straße ist Teil einer Stadtstruktur mit parallel verlaufenden Streifen, die leicht terrassiert zur Elbe hinabsteigen. Ein kleiner Park, die neue Hauptverkehrsstraße und die Uferstraße bilden die anderen städtebaulichen Elemente dieses Gebiets. Wir hatten die Idee, hier neue quer verlaufende Verbindungen zu schaffen. Außerdem wollten wir den Uferbereich zu einer Naherholungszone umgestalten.

Eines der Grundstücke liegt an einer spitzen Ecke. Das scheibenartige Gebäude lehnt sich ein Stück weit nach vorne und ist zugleich nach hinten verdreht, sodass es sich zum Flussufer hin öffnet. Die vertikale Organisation des Gebäudes sieht verschiedene Ebenen für gewerbliche Nutzungen und für Wohnungen vor. Einzelne geschosshohe Elemente der gläsernen Curtain-Wall-Konstruktion können beiseite geschoben werden; so können in jedem Stockwerk Teile der Grundrissfläche in eine Terrasse verwandelt werden. Das zweite Grundstück war eine Baulücke in einem Häuserblock aus dem 19. Jahrhundert. Wir sahen hier eine Reihe von kompakten scheibenartigen Gebäudeteilen vor, die, obgleich eine dichte Agglomeration, doch ein gewisses Maß an Transparenz erlauben. Wenn man an dem Gebäude vorbeigeht, öffnen und schließen sich Lücken in der Konstruktion. So entsteht nie der Eindruck einer glatten Fassade. Im Erdgeschoss befinden sich Geschäfte, in den Obergeschossen Wohnungen.

In the old harbor street containing traditional four- and five-story houses were two sites – or rather, gaps – slated for redevelopment. The street and its row houses are part of a series of parallel strips – a small park, the new street and the embankment being the other elements – that step down to the Elbe. Our objective was to create links running across the strips and to transform the embankment into a recreation area.

One site is located on an acute corner. A slab building leans forward and twists back, opening to the riverfront. The vertical organization is a sequence of commercial and residential layers, with a public space on the first two levels. Sliding sections of the glass curtain wall enable parts of each floor to become outdoor terraces. The elevation facing the river is a continuous curtain wall that wraps over to become the penthouse roof. The second site was a gap in the nineteenth-century block. We envisioned a series of compressed slabs that, despite being a dense agglomeration, allowed for a degree of transparency. As one passes the building, gaps open and close between the structure's interstices, defying the notion of a flat façade. The ground floor contains retail spaces; residential units are above, and some connect horizontally across the slabs.

// VICTORIA CITY AREAL BERLIN, DEUTSCHLAND
// VICTORIA CITY AREAL BERLIN, GERMANY
// 1989

WETTBEWERB / COMPETITION

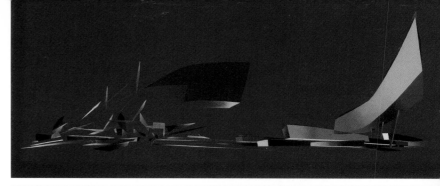

„Blue Beam", Gemälde
"Blue Beam", painting / 1989

Perspektivische Rotationen, Gemälde
Perspective rotations, painting / 1989

Dieses Wettbewerbsprojekt befasste sich mit dem Ausbau eines zentralen Areals innerhalb des Stadtkerns des ehemaligen Westberlin. Das Areal befindet sich auf einer Hauptachse der Stadt, dem Kurfürstendamm, gesäumt von zweistöckigen Gebäuden, wobei der innere Bereich und die Rückseite ungenutzt blieben. Die bestehenden Bauten, die u. a. das berühmte Café Kranzler beherbergen, sind typisch für die Architekturproduktion der fünfziger Jahre. Von Hans Dustmann 1956 gemäß dem damals vorherrschenden Prinzip der Rekonstruktion von Baustrukturen entworfen, sind die bestehenden Gebäude rein auf Unterbauebene konzipiert, mit darüber oder rückwärts aufsteigenden Platten. Die geplante Platte an der Rückseite wurde nie verwirklicht. Das Areal wird durch die dynamische Kraft der Hochbahn durchschnitten, die sich zum Bahnhof Zoo hinüberschwingt.

Vor dem Fall der Mauer war dieses Areal sinnbildlich für die Lage Berlins als städtebauliche Insel. Obwohl am Kurfürstendamm gelegen, ist es vollständig umschlossen und praktisch unzugänglich. Zur Planung von Gebäuden in einem so festungsähnlichen Umfeld regte Zaha Hadid an, dass die städtebauliche Dichte mit dem Konzept städtischer Lobbys horizontal intensiviert werden müsse. Das Areal wurde daher in Luftkorridore mit drei klar unterschiedenen Zonen aufgeteilt, in denen die drei Hauptfunktionen untergebracht sind – Geschäfte, Büros und ein Hotel.

Da das kreuzförmige Areal Schnittstelle mehrerer Hauptverkehrsadern – Straßen und Bahnlinien – werden sollte, wurde ein Einkaufszentrum in Terrassen geplant, die konzentrisch zu den Geschäften am Rande des Areals liegen. Dieser umschlossene Raum besitzt Glasböden und hängt über weiteren öffentlichen Räumen, zu denen zusätzliche Geschäfte, das Hotelfoyer, eine Mehrzweckhalle, ein Konferenzzentrum und ein Restaurant gehören. Über dem Einkaufszentrum gelagert ist ein erweiterbares System von Gebäuderiegeln mit Büros. Darüber schwebt die geschwungene Platte des Hotels.

This competition project investigated the development of a central site within the city core of former West Berlin. It faces a major axis, Kurfurstendamm, with two-story perimeter buildings and leaves its inner space and backside unused. The existing buildings, accommodating the famous Café Kranzler, are a typical architectural product of the fifties. Designed by Hans Dustmann in 1956 according to the then prevailing concepts of reconstructing the block structure, the existing buildings are on podium level only, with the slab rising high on top or in the back. The planned slab in the back was never built. The site is cut by the dynamic force of the elevated railway, which curves towards the Bahnhof Zoo railway station.

Before the wall came down, this site epitomized Berlin's condition as an urban island. Although on the Kurfurstendamm, it is completely enclosed and virtually inaccessible. To create a building in such a fortified context, Zaha Hadid suggested the need to intensify the urban density horizontally, exploring the idea of urban foyers. The site was thus divided into new air corridors with three distinct zones that contain the three major functions, shopping facilities, offices and a hotel.

Because the crucifix site would be the new focus of several major thoroughfares – streets and rail lines – a new shopping area is terraced in concentric relation to the shops on the fringe of the site. This enclosed space is glass-floored and is suspended over further public facilities, which include more shops, the hotel lobby, a multipurpose assembly hall, a conference center and a restaurant. Above, an extendible system of office "beams" is superimposed on the shopping facilities. On top of this floats a bent slab containing the hotel.

„Berlin 2000", Gemälde / "Berlin 2000", painting / 1988

Schon vor dem Fall der Mauer 1989 wurden Zaha Hadid Architects eingeladen, Überlegungen zur zukünftigen Stadtentwicklung anzustellen. Im Rahmen der Gesamtplanung für die Achsen Mehringplatz – Bahnhof Friedrichstraße und Brandenburger Tor – Alexanderplatz bot der Fall der Mauer neue Möglichkeiten zur Stadterneuerung. Zaha Hadid fasste sowohl die Stadterweiterung als auch die Stadtsanierung ins Auge, mit Entwürfen, die von Entwicklungskorridoren bis zu Bauprogrammen für die „Mauerzone" reichten.

Im Zentrum der Vision stand der Alexanderplatz. Da er einen der wenigen Versuche darstellt, über den typischen Städtebau des 19. Jahrhunderts hinauszugehen, blieb er frei von einförmigen Geschäftsflächen, um in scharfem Kontrast zu jener ungeschützten Linie zu stehen, die lange Zeit die Teilung Berlins markierte. Eine Reihe von Diagrammen zeigt die Entwicklungsmöglichkeiten für diese befreiten Gebiete auf. Korridorstädte ragen in die Landschaft und in den unteren Diagrammen beleben neue Geometrien die frühere Todeszone – manche geradlinig, dennoch nicht ganz synchron mit der bestehenden Ordnung.

Zaha Hadid erwog die Möglichkeit der Mauerzone als linear angelegten Park. Um ihn herum ein Mauerband aus Beton und ein abgeschlossener Bereich, versehen mit Grünstreifen und verziert mit Gebäuden.

Before the collapse of the Wall in 1989, Zaha Hadid Architects were invited to speculate about the city's future. As part of an overall scheme between the axes of Mehringplatz to Bahnhof Friedrichstrasse and Brandenburger Tor to Alexanderplatz, the falling of the Wall offered new possibilities for regeneration. Zaha Hadid considered both the expansion and the repair of the city, ranging from corridors of development to "Wall-zone" building programs.

The focus of the vision was Alexanderplatz. Because it represents one of the few attempts to go beyond typical nineteenth century urbanism, it was left free of homogeneous commercial development, in order to stand in poignant contrast to the vulnerable line that used to demarcate Berlin's division. A series of diagrams shows the possible development of these newly released territories. Corridor cities project into the landscape, and in the lower diagrams, new geometries inhabit the former dead zone, sometimes rectilinear yet slightly out of synchronization with an existing order.

Zaha Hadid saw the Wall zone as a possible linear park. A concrete ribbon wall and no-go area around it were to get strips of green, decorated by buildings.

// AZABU JYUBAN
TOKIO, JAPAN
// AZABU JYUBAN
TOKYO, JAPAN
// 1986–1988

Modell / model / 1988

Arbeitsmodell / Study model / 1987

Modell / model / 1988

Auf einem Bauplatz nahe dem geschäftigen Handelsviertel Roppongi steckt ein Gebäude wie ein Keil in einer Ansammlung wahllos errichteter Bauten und treibt so den Druck auf das Bauland auf die Spitze. So schneidet dieser unverfälschte Glasbau mit klarer, scharfer Klinge durch die wahllose Bebauung, die ihn umgibt. Die Form des Gebäudes bestimmt sich durch Verdichtung verschiedener Funktionen in eigenständigen Räumen und Einsatz des Charakters von verwandten Räumen zur wechselseitigen Definition. Die geschwungene Eingangsrampe bietet nach oben und unten Einblicke in die Tiefen des Gebäudes. Dieser neuartige Freiluft-Gehsteig führt ins Herz des Gebäudes, das sich nach und nach offenbart. Ein vertikales Treppenhaus durchläuft die volle Höhe des Gebäudeinneren, aufgelockert durch großzügige Balkone und Treppenabsätze zwischen den Geschossen. Dieses Treppenhaus gewährt flüchtige Einblicke in die Räume der verschiedenen Ebenen; durch blaues Glas filtert Licht in jeden Raum. Die unteren Ebenen bilden eine Landschaft aus sich rankenden Böden und Plattformen, die sich vom Fuße immer höher schwingen und durchwegs Ausblicke bieten. Die höheren Ebenen bieten Balkons und durchscheinende Wände, durch die Licht in das Gebäude dringt.

On a site located near Roppongi's intense commercial district is a building wedged between the series of randomly built buildings which exaggerates the pressures on the site. Thus this pristine glass building cuts a clean sharp edge through the randomly built environment of the surrounding area. Compressing various functions into independent spaces, and using the character of the related spaces to define each other, marks the way in which the building is formed. The curving entrance ramp offers views below and above into the depths of the building. This new pavement, open to the air, leads into the heart of the building, which gradually reveals itself. A vertical stairway runs up through this heart its entire height, which is broken by the generous balconies and mid-floor landings. This stairway allows glimpses into the spaces on different levels, with the blue glass infiltrating light into each space. The lower levels form a landscape of ramping floors and platforms starting at the base, moving up and giving views throughout. The upper levels are balconies and transparent walls allowing the light to penetrate into the building.

// TOMIGAYA
TOKIO, JAPAN
// TOMIGAYA
TOKYO, JAPAN
// 1986–1988

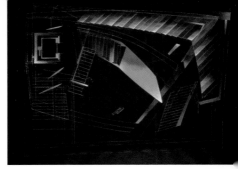

Überlagerung von Grundrissen
Superposition of plans / 1987

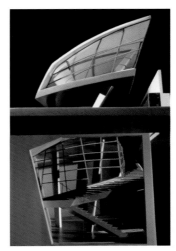

Modell / model / 1988

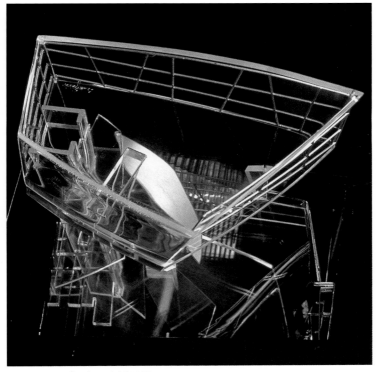

Arbeitsmodell / Study model / 1987

Dieses Projekt, ein kleines Gebäude mit gemischter Nutzung, steht in einem dicht bebauten Wohnviertel von Tokio. In vielen Punkten ist es mit dem Azabu-Jyuban-Projekt zu vergleichen. Der Bau ist aus abgehängten horizontalen und vertikalen Raumelementen komponiert, die durch die Spiralbewegung der Treppenstufen und Plattformen miteinander verbunden sind. Auch bei diesem Gebäude wird der Innenraum zum großzügigen Luftraum, doch ohne die so wirkungsvolle Schrägstellung der Außenfassade wie bei dem Azabu-Jyuban-Projekt. Das Herzstück des Entwurfs bildet ein feiner, etwas angehobener Glaspavillon, der auf drei Seiten offen ist und über der Erde schwebt. Der größte Teil des Gebäudes liegt unterhalb des geschwungenen Erdgeschosses, das in den Ecken zurückspringt und eine große Glaswand trägt, durch die Licht in den unteren Raum dringen kann, der durch seine großzügigen Proportionen eine flexible Nutzung zulässt – einerseits als Geschäftsfläche, andererseits als Büro.

This small mixed-use project in an cluttered residential area is related in several respects to Azabu-Jyuban, but the concept here is inverted. Composed as a series of suspended horizontal spaces and vertical elements that are interlocked by the spiralling motion of stairs and platforms, it is a building in which the volume becomes the void, rather than compressing the void out, as at Azabu-Jyuban. The centrepiece of the design is a delicate elevated glass pavilion, open on three sides, that hovers above open ground. Most of the building is below the curving ground floor, which is pulled back from the edges and holds a tall glass wall that allows light into the lower space, whose generous proportions make them flexible for retail and office activities. In such a dense city, light and air are valuable commodities. We must release these spaces from their constricted sites and breathe light and air into the urban condition.

155

// BÜROGEBÄUDE KURFÜRSTENDAMM 70
BERLIN, DEUTSCHLAND
// OFFICE BUILDING IN KURFURSTENDAMM 70
BERLIN, GERMANY
// 1986

WETTBEWERB, 1. PREIS / COMPETITION, 1ST PRIZE

Studie der Ansicht, Gemälde
Elevation study, painting / 1986

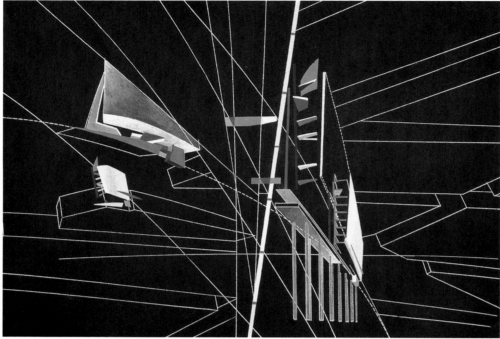

Perspektive mit Wanddetails, Gemälde / Perspective with wall details, painting / 1986

Kennzeichnend für das Projekt sind die Zwänge und Einschränkungen durch den sehr schmalen Bauplatz (2,7 m x 16 m), die zum Entwurf eines Gebäudes führten, das eine Abfolge von verdichteten „eingeschobenen" Ebenen enthält, ebenso wie Räume mit gemischter Nutzung. In der Horizontalen wird die Schichtung der Ebenen zur Grundlage für die Einteilung des Grundrisses, der eine Trennung der Verkehrsflächen von den Büroflächen vorsieht. In der Vertikalen begründet die Schichtung der Räume die Differenzierung zwischen der öffentlichen Eingangshalle im Erdgeschoss mit ihrem einzigartigen Grundriss und den darüber liegenden, vorkragenden Bürogeschossen, gekrönt von einer großen Bürofläche mit doppelter Raumhöhe. Das Dach des Gebäudes ist als Außenraum konzipiert. Das Foyer und der Eingang liegen über Bodenhöhe und werden über eine Rampe erschlossen – eine Loslösung des Grundrisses vom Untergrund ähnlich wie bei den Arbeiten der russischen Suprematisten. Die darüber liegenden Geschosse lösen sich von der Rückwand, und der Spalt über der Rampe weist deutlich auf den Haupteingang ins Gebäude. Die Lage der Eingangshalle wiederholt sich (jedoch in kleinerem Maßstab) in den oberen Geschossen; um sie herum sind Aufzug und Treppen situiert, wodurch die für reibungslose Abläufe erforderlichen Verkehrsflächen

The project is characterized by the constraints and limitations of the extremely narrow site (2.7 m x 16 m), which led to the development of a building that contains a series of compressed "sandwiched" planes and spaces assigned for diverse usage. Horizontally, the sandwich of planes becomes the basis for the organization of the floor plan, which establishes the separation of circulation and movement from the office spaces. Vertically, the sandwich of spaces establishes the distinction of the unique floor plan at ground level for the public entry from the cantilevered building overhead for the offices, with the large, double-height office at the top. The roof of the building is developed as an outdoor room. The lobby and the entrance are raised above the ground and reached by a ramp, thus liberating the plan from the ground, bearing semblance to the work of the Russian Suprematists. The building above is pulled away from the new back wall, and a gap above this ramp clearly reveals the major entry to the building. The position of the entry lobby is repeated (though smaller) on the upper floors around which the lift and the stairs are located, thus minimizing the circulation area for the building to function. The office spaces are located within the portion of the building which cantilevers out to the street and the corner, giving the best light and views.

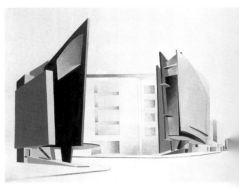

Rotation der Perspektive, Gemälde
Rotation of perspective, painting / 1986

Rotation der Ansichten, Gemälde / Rotation of elevations, painting / 1986

minimiert werden. Die Büroflächen befinden sich in dem über die Straße und die Straßenecke vorkragenden Gebäudeteil und genießen so den besten Lichteinfall und die schönste Aussicht.

Die Büros sind als offene, flexible Flächen konzipiert, nutzbar als einzelnes, großes Büro oder als Mehrzahl kleinerer Flächen. Die Positionierung der nötigen Servicebereiche (Küchen und WCs) trägt zur Flexibilität und Offenheit des Raumes bei, da sie sowohl vom Geschossfoyer als auch von den Büroflächen her zugänglich sind.

Der Grundriss des Gebäudes ist geschwungen, leicht gewölbt, bewegt sich zur Außenkante hin und wird mit jedem Geschoss etwas größer. Das Gebäude erreicht so seine maximale Ausdehnung im Schnitt am Scheitelpunkt und im Grundriss an der Außenkante. Diese Anordnung verleiht den Büroflächen Dynamik; sie sind folglich mit jedem Geschoss leicht unterschiedlich in Form und Größe, in Abweichung von der üblichen Wiederholung identischer Geschosse in Bürogebäuden. Die hohe Fassade des Gebäudes zur Straße hin präsentiert sich als durchscheinende Oberfläche einer erleuchteten Glaskassette, durch die das Innere des Gebäudes sichtbar wird. Die Vorhangfassade als glatte, leicht gewölbte Haut neigt sich ansteigend nach außen und schält sich, je mehr sie sich der Ecke zum Adenauer-Platz nähert, von der Kante der Betonbodenplatten der Bürogeschosse.

The offices are developed as open flexible spaces, allowing for either a single large office or multiple smaller spaces. The location of the necessary services (kitchen and toilets) allows for flexible office space, as they may be used from the floor lobby, or from the office space itself.

The plan of the building is bowed, gently curved, and moves out towards the corner becoming slightly larger on each floor. The edifice thus reaches its maximum space at the top in section and the corner in plan. This arrangement creates a dynamic quality in the office spaces, which consequently change slightly in size and shape on each floor, abandoning the usual office block repetition of identical floors. The long elevation of the building faces the street as a transparent surface of a lit glass box through which the interior of the building is seen. The curtain wall is smooth, gently curving skin, which tilts out as it rises and, as it approaches the corner of Adenauer Platz, peels away from the edge of the concrete floor slabs of the office.

// IBA-WOHNGEBÄUDE
   BERLIN, DEUTSCHLAND
// IBA HOUSING
   BERLIN, GERMANY
// 1985–1993

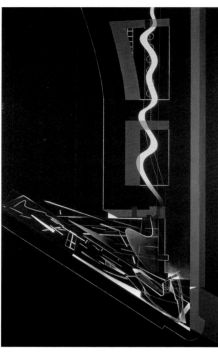

Plankomposition, Gemälde
Composite plan, painting / 1986

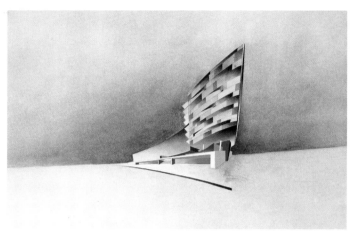

Perspektive, Gemälde / Perspective, painting / 1986

Von Anfang an berührte diese Aufgabe zwei grundlegende Fragen: einerseits die Strategie der IBA zur Auffüllung und Sanierung von Stadtstrukturen, andererseits die strengen Baubestimmungen für sozialen Wohnbau, die einer modernen, offenen Grundrissplanung entgegenstehen. Zu diesen Zwängen hinzu kam das bauliche Umfeld, ein breites Spektrum an verschiedenartigen Gebäuden aus mehreren Epochen, sodass trotz der Bestimmung, dass Neubauten in diesem Gebiet durchschnittlich fünf Geschosse aufweisen mussten, eine nahtlose Einfügung in diesen ungleichmäßigen Kontext als praktisch unmöglich erachtet wurde.

Die Baubeschränkung auf durchschnittlich fünf Stockwerke wurde daher mit der Schaffung eines dreigeschossigen Riegels, abgeschlossen durch einen achtstöckigen Turm an der Grundstücksecke, umgesetzt. Das Erdgeschoss des lang gestreckten Gebäudeteils beinhaltet Geschäftsflächen, während sich in den Obergeschossen Standardwohnungen befinden. Darüber liegt ein Dachgarten mit Kinderspielplatz. Im plastischen Metallturm, mit eloxiertem Blech verkleidet, finden sich je Geschoss drei keilförmige Lofts.

Right from the beginning the task involved two fundamental issues: the IBA strategy of filling-in and repair, and the tight building regulations for social housing contradicting modern open-plan layouts. In addition to these constraints were the surrounding buildings, which represented a wide range of different types and periods, so despite guidelines stipulating that new developments in the area must contain an average of five stories, a seamless insertion into this erratic context was considered virtually impossible.

Therefore, the five story planning restriction was interpreted as creating a long three-story block that terminated in an eight-story tower at the corner. The longer block's lower floors contain commercial premises with standardized dwellings above. On top is a roof garden with a children's playground. The sculpted metal tower, clad in anodized sheet metal, contains three wedge-shaped lofts on each floor.

// NEW YORK, MANHATTAN
   EINE NEUE PLANKALLIGRAPHIE
   NEW YORK, USA
// NEW YORK, MANHATTAN
   A NEW CALLIGRAPHY OF PLAN
   NEW YORK, USA
// 1986

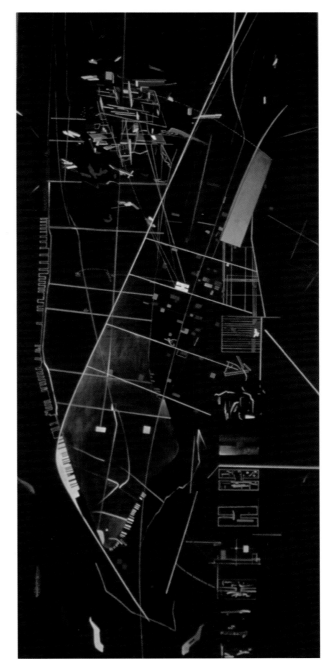

„New York, Manhattan, eine neue Plankalligraphie", Gemälde
"New York, Manhattan, a New Calligraphy of Plan", painting / 1986

Entstanden in Zusammenhang mit dem Entwurf für die Umgestaltung eines Hotels, skizziert diese Darstellung Möglichkeiten und Varianten für die Neudefinition der Konzepte „Hotel" und „Leben in der Großstadt" als spezifische Abfolge von begrenzten Explosionen. Den Ausgangspunkt bildete Le Corbusiers Konzeption der „Ville Radieuse" für Manhattan, welche Zaha Hadid zufolge die städtebaulichen Bedingungen New Yorks grundlegend verkannt hatte. Da die Vielschichtigkeit Manhattans durch die städtebauliche Dichte noch verstärkt wird, müssten bauliche Eingriffe als komprimierte Explosionen betrachtet werden. Während Le Corbusiers Vision darin bestand, die Stadtstrukturen aufzulösen, nur um sie durch einen „Teppich nichts sagender Moderne" zu ersetzen, ist Hadid überzeugt, dass die Intensität der Metropole ohne Zerstörung des ihr zugrunde liegenden Rasters aufrechterhalten werden kann.

Relating to the proposal for the reconstruction of a hotel, this image outlines possibilities and variations for redefining "hotel" and "metropolitan living" as a specific series of confined explosions. The point of departure was Le Corbusier's Ville Radieuse for Manhattan, which had, Zaha Hadid believes, fundamentally misjudged New York's urban conditions. Because Manhattan is a multilayered city, intensified by its urban density, built interventions should be considered to be like condensed explosions. Whereas Le Corbusier's vision was to dissolve the city, only to replace it with a "carpet of bland modernism", Hadid believes that it is possible to sustain the intensity of the metropolis without eroding the grid that holds it together.

// HALKIN PLACE
LONDON, GROSSBRITANNIEN
// HALKIN PLACE
LONDON, GREAT BRITAIN
// 1985

„Rooftop", Gemälde / "Rooftop", painting / 1985

Dieses Projekt beschäftigt sich auf verschiedenen Ebenen mit London, von kleineren Siedlungen bis hin zu groß angelegter städtebaulicher Planung. Zaha Hadid fasste eine Dachlandschaft ins Auge, die mit dem Himmel und seiner unmittelbaren städtischen Qualität in Bezug steht – manche Dächer sind bewohnbar, andere nicht. Diese Idee greift dem Konzept für das Projekt La Fenice vor. In einer Großstadt, wo Bauflächen Mangelware sind und planerische Beschränkungen rigoros, werden diese erhöhten Flächen als eigenständiges Bauland angesehen; der Raum wird vertikal in Innenraum und Außenflächen unterteilt. Im Konzept für den Halkin Place werden die Dachaufbauten zwischen die bestehenden und die neuen Dächer eingeschoben.

This project considered London at various levels, from small housing sites to larger urban schemes. Zaha Hadid envisaged a roofscape that relates to the sky and its immediate urban condition – some roofs are habitable, others are not. This idea anticipates the concept for the La Fenice project. In a metropolis where land is scarce and planning restrictions are severe, these elevated sites are considered sites in their own right, with spaces divided vertically into indoor and outdoor zones. In the scenario of Halkin Place, the penthouses are sandwiched between the existing and the new roofs.

WETTBEWERB / COMPETITION

Perspektivische Rotation, Gemälde / Landscape perspective rotation, painting / 1984

Bis zum heutigen Tag gibt es immer wieder Pläne, Londons berühmtesten Platz neu zu gestalten. In der Hoffnung, dass überholte Baubeschränkungen eines Tages fallen würden, wurde ein Entwurf vorgelegt, der die dynamischen Möglichkeiten des städtischen Umfelds zelebriert. Er zielt darauf ab, den öffentlichen Raum in Bürogebäude hineinzuziehen und damit die Grenzen für das Wirken moderner Architektur in der Qualität des städtischen Lebens zu verschieben. Eine öffentliche Plattform, Platten als Unterlage für Büros und Türme sind die prägenden Merkmale der Gebäude. Unter den von Penthouses gekrönten Türmen befinden sich unterirdische Eingangshallen. Eine Einkaufsmeile windet sich in sanfter Neigung um den Platz und umschließt einen neuen öffentlichen Raum durch ihren Anstieg bis zum Dach, von dem eine öffentlich zugängliche Terrasse den Blick hinab auf das Verkehrsgetümmel bietet. Mit Veränderung des Blickpunkts auf dem Platz scheinen die Türme sich von Splittern, die in dessen Oberfläche eindringen, in eine einheitliche, feste Masse zu verwandeln.

Schemes to recapture London's most famous square continue to this day. In the hope that outdated planning restraints might be abandoned, a proposal that celebrated the dynamic possibilities of the urban landscape was presented. It aimed at extending the public realm into professional offices, thereby pushing forward the frontier where modern architecture can contribute to the quality of city life. A public podium, slabs of offices and towers are central characteristics of the buildings. Beneath the towers topped by penthouses, are subterranean lobbies. A shopping concourse peels up, gently curving around the site's perimeter and enclosing a new public domain as it winds up to the roof, which features the public terrace that overlooks the mire of cars below. As one's vantage-point moves around the square, the towers appear to mutate from the shards that penetrate the square's surface into a single solid mass.

„Blue slab", Gemälde / "Blue slab", painting / 1983

// THE PEAK (FREIZEITKLUB)
   HONGKONG, CHINA
// THE PEAK (LEISURE CLUB)
   HONG KONG, CHINA
// 1982

WETTBEWERB, 1. PREIS / COMPETITION, 1ST PRIZE

Der Entwurf und Bau eines Gebäudes, das sich in einer Weltstadt wie Hongkong als architektonisches Wahrzeichen behaupten kann, muss nicht unbedingt eine komplizierte formale Übung sein. Dennoch wirft die Aufgabe sowohl in konzeptioneller als auch in programmatischer Hinsicht wichtige Fragen in Bezug auf die Werdegänge des architektonischen Gestaltens im 20. Jahrhundert auf. Die Lage verlangt programmatischen Einfallsreichtum und eine überwältigende Bedeutsamkeit als Reflexion und Gegengewicht des Ballungsraums. Die vorherrschenden Bedingungen sind unterschiedlich; entsprechend der Sichtweite entsteht der Plan eines genussfreudigen Erholungsorts, der die Atmosphäre von Intensität und Wohlstand in Hongkong und Kowloon aufnimmt und begünstigt. Im Wortsinn über der Stadt gelegen, hoch auf einem Hügel, ruht der Bauplatz frei vom komprimierten städtischen Umfeld, ist aber dennoch in das Land und Wasser an seinem Fuße eingebunden. Um die dramatischen Sichtbedingungen und natürliche arterielle Merkmale zu akzentuieren, durchstoßen Konstruktionselemente aus verschiedenen Materialien den Bauplatz und schaffen durch ihr vertikales und horizontales Auftreffen eine Art suprematistische Geologie. Die Architektur ist wie ein Messer, das durch den Bauplatz schneidet. Sie durchtrennt traditionelle Organisationsprinzipien und erschafft neue, sie trotzt der Natur und sträubt sich, diese zu zerstören.

Zuerst wird der Teil des Bauplatzes südlich der ehemaligen Kronkolonie abgetragen, sein höchster Punkt dem niedrigsten Punkt des Bauplatzes angeglichen. Das abgetragene Gestein wird geschliffen und in verschiedene Bereiche des Bauplatzes integriert, sodass ein künstlicher Berg aus geschliffenem Granit entsteht. Diese neuen Granitklippen werden so errichtet, dass sie mit der Spitze des Bauplatzes verschmelzen. Das abgetragene Segment, das sich in den Hügel erstreckt, wird durch die Einrichtungen für die Vergnügungsaktivitäten im Klub ersetzt. Das Gebäude besteht aus horizontalen Schichten, die architektonischen Balken sind übereinander gelagert und bilden eine programmatische Abfolge. Die erste Schicht, die zum Teil in das Gelände am Ostrand der Klippe versenkt ist, beherbergt

The design and creation of a building which could be an architectural landmark in a major city such as Hong Kong is not necessarily a difficult formal exercise. Yet it does raise important issues both conceptually and programmatically in relation to the histories of twentieth century architectural design. The site demands programmatic inventiveness and an overwhelming significance in relation to and as a relief from the congestion of the city itself. The prevailing conditions are varied; according to the breadth of vision the scheme becomes a hedonistic resort accommodating and abetting the spirit of intensity and prosperity in Hong Kong and Kowloon. Literally set over the city, high on a hill, the site rests free from the condensed urban environment, yet is still integrated with the land and water below. To accentuate the dramatic visual conditions and natural arterial features, constructive elements of various materials are thrust onto the site, impacting vertically and horizontally a kind of Suprematist geology. The architecture is like a knife cutting through the site. It cuts through traditional principles of organization and reconstitutes new ones, defies nature and resists destroying it.

First the area of the site to the south of the former Crown Land is excavated, its highest point leveled to the lowest point of the site. The excavated rock is then polished and incorporated into various parts of the site, forming a man-made polished granite mountain. These new granite cliffs are erected merging into the top of the site. The excavated segment, extending into the hill, is replaced with the facilities for the club's hedonistic activities. The building is layered horizontally, with architectural beams superimposed upon each other, constituting a series of programs. The first layer, which is partly immersed into the ground on the eastern cliff edge, houses fifteen double-height studio apartments with glazed fronts. They are connected by a corridor on the lower level and by balconies on the mezzanine level. The second layer rests on the first and contains twenty apartments. More closely linked to the club facilities, the apartments have different plans permutations both vertically and horizontally. The roof of this second layer forms the main podium of the club above.

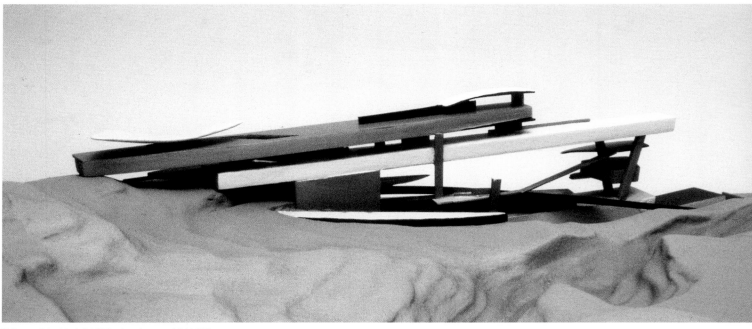

Seitenansicht, Modell / Side elevation, model / 1983

fünfzehn zweistöckige Atelierwohnungen mit Glasfassaden. Sie werden auf der unteren Ebene durch einen Gang und im Mezzanin durch Balkons erschlossen. Die zweite Schicht liegt über der ersten und enthält zwanzig Appartements. Näher den Klubeinrichtungen gelegen, weisen diese sowohl vertikal als auch horizontal unterschiedliche Grundrissausformungen auf. Die Dachebene dieser zweiten Schicht bildet die Hauptplattform für den darüber liegenden Klub.

Der Klub selbst liegt in einem dreizehn Meter hohen Luftraum, der sich zwischen dem Dach der zweiten Schicht und der Unterseite der Penthouse-Schicht erstreckt. Die Klubeinrichtungen reichen sowohl physisch als auch programmatisch in den künstlichen Berg hinein. Es handelt sich vorwiegend um Freilufteinrichtungen, von der unteren Ebene, wo ein Pool sich zum künstlichen Berg erstreckt, bis zu den verschiedenen schwebenden Plattformen und Rampen. Der Luftraum wird zu einer neuen architektonischen Landschaft, in der alle Elemente des Klubs auf verschiedenen Höhen aufgehängt sind. Trainingsplattformen, Eingangsebenen, Umlaufbereiche, die Snackbar und die Bibliothek schweben wie Raumschiffe über dem Hauptdeck. Das Gebäude wird mit der Hauptstraße durch eine Rampe für Fußgänger und Fahrzeuge verbunden. Diese schwingt sich auf Säulen in den Luftraum bis zur Eingangsebene und von dort in den Berg hinein zur Parkgarage oder wieder zur Hauptstraße zurück. Aufzüge auf der Eingangsebene verbinden die verschiedenen Ebenen des Klubs mit den Wohnbereichen. Eine geschlossene Fußgängerrampe führt von der Eingangsebene abwärts durch den künstlichen Berg zu Restaurants, einem Wellness-Bereich mit Saunas, Squashplätzen und allen innen liegenden Klubeinrichtungen.

Über dem Klub befindet sich eine vierte Schicht mit vier getrennten Penthousewohnungen, jede mit

The club itself is a void thirteen meters high suspended between the roof of the second layer and the underside of the penthouse layer. The club facilities extend both physically and programmatically into the proposed man-made mountain. They are predominately open-air, ranging from lower-deck level, where the swimming pool extends across to the man-made mountain, to the different floating platforms and ramps. This void becomes the new architectural landscape within which all of the club elements are suspended at varying heights. Exercise platforms, entrance decks, circulation areas, snack bar and library hover like spaceships above the main deck area. The building is linked to the main road by a ramp for both pedestrians and vehicles. It curves into the void on columns to the lobby deck and from there into the mountain to parking facilities or once again to the main road. Lifts at the entrance lobby deck connect the various levels of the club with the residential spaces. The enclosed pedestrian ramp from the lobby deck leads down via the man-made mountain into restaurants, a health club with saunas, squash courts, and all indoor club facilities.

Above the club void is the fourth layer comprising the four separate penthouse apartments, each with an individuality and integrity of its own. There is a 2.7 meter gap between this penthouse span. The resulting middle deck area accommodates a series of courtyards, stairs to the fourth layer penthouses, and a series of lobbies and stairs to the fifth-layer penthouses. The deck, which also serves as an open terrace area, is reached by a private lift from the ground floor and from the guarded entrance area at the grounded end of the deck. Resting on the highest point of the site, the top (fifth) layer of penthouses includes the promoter's apartment and private swimming pool at the northern end. The private dining room and grand living room are separate elements on the deck for use by the promoter's family

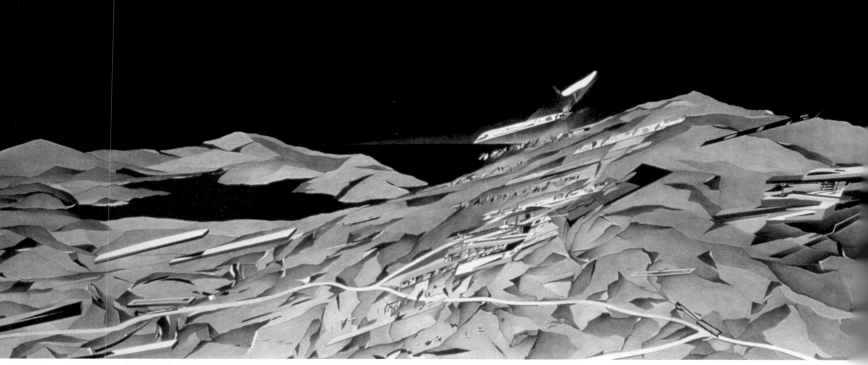

„Exploded isometric", Gemälde / "Exploded isometric", painting / 1983

eigenem Charakter und in sich geschlossen. Zwischen ihnen liegt eine Öffnung von 2,7 Metern. Die so entstehende mittlere Ebene beinhaltet eine Reihe von Höfen, Treppen zu den Penthouses der vierten Schicht, sowie eine Reihe von Eingangshallen und Treppen zu den Penthousewohnungen der fünften Schicht. Diese mittlere Ebene, die auch als offene Terrasse dient, erreicht man über einen Privataufzug vom Erdgeschoss und über den bewachten Eingangsbereich am verankerten Ende der Ebene. Auf dem höchsten Punkt des Bauplatzes liegt die oberste, fünfte Penthouse-Schicht, die am nördlichen Ende die Wohnung und das private Pool des Klubbetreibers beherbergt. Der private Speiseraum und der luxuriöse Wohnraum sind separate Elemente auf dieser Ebene, die für die Familie des Betreibers reserviert sind. Von Hongkong aus gesehen bildet die Felswand eine Kulisse für Erholung und intellektuelle Aktivitäten. Mit programmatischer Intensität verdichtet die Architektur das luxuriöse Leben der „High" Society. Das Endergebnis setzt sich zusammen aus all den programmatischen Balken, die über den Bergabhang spähen, und diese schwebenden Satelliten bilden eine moderne Geologie. Zugleich Angebot und Symbol für das ultimative Highlife, bilden die Balken und Lufträume des Peak eine sanfte seismische Verschiebung auf einer unbeweglichen Masse.

only. Seen from Hong Kong, the mountain cliff forms a backdrop to both leisure and intellectual activities, which are suspended in air. The architecture is a condenser of luxurious and "high" living, intense in its program. The final result is a composite of all the programmatic beams peering over the mountainside, and these suspended satellites constitute a modern geology. Offering and symbolizing the pinnacle of the high life, the Peak's beams and voids are a gentle seismic shift on an immovable mass.

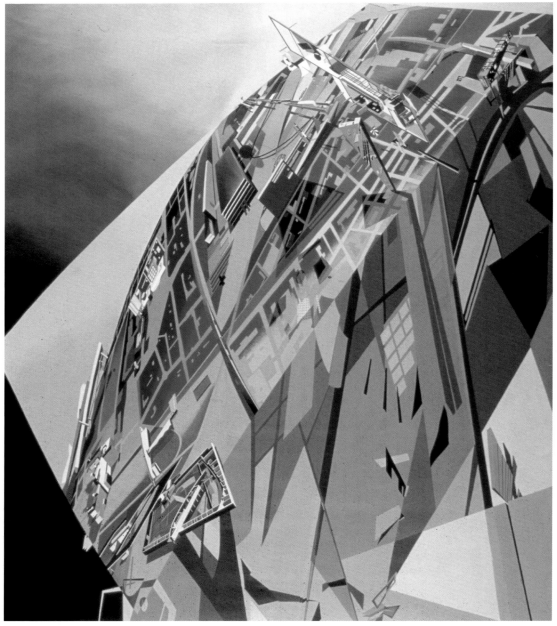

„The World (89 Degrees)", Gemälde / "The World (89 Degrees)", painting / 1983

Dieses Gemälde stellt den Gipfelpunkt einer sieben-jährigen Erkundung von unerforschten architektonischen Gefilden dar, die mit Zaha Hadids Arbeiten als Studentin an der Architectural Association in London begann. Die rasante technische Entwicklung und der Wandel unserer Lebensweisen hatten grundlegend neue und aufregende Grundvoraussetzungen für Architektur geschaffen. In diesem neuen Weltkontext verspürte Hadid das Bedürfnis, die abgebrochenen und nie erprobten Experimente der Moderne neu zu erforschen. Ihr Ziel war es nicht, sie wieder aufleben zu lassen, sondern neue Gebiete für das Bauen aufzudecken. Das Gemälde verdichtet und entfaltet Projekte, die in den vorangegangenen sieben Jahren ausgeführt worden waren.

This painting represents the culmination of a seven-year exploration into architecture's uncharted territories that began with Zaha Hadid's work as a student at London's Architectural Association. Technology's rapid development and the changing life styles created a fundamentally new and exhilarating backdrop for architecture. In the new world context Hadid felt a need to re-investigate the interrupted and untested experiments of modernism. Her aim was not to resurrect them but to unveil new fields for building. The painting compresses and expands projects, which were carried out over the previous seven years.

Isometrie der Elemente, Gemälde / Isometric view of elements, painting / 1982

Eine Explosion vor dem italienischen Konsulat im Haus Eaton Place 38 war die maßgebliche Inspiration für die Renovierung eines eleganten Jahrhundertwende-Bürgerhauses in einer einförmigen Straße im Londoner Stadtteil Belgravia, gesäumt von weiß getünchten Gebäuden. Die Wohnung erstreckt sich über drei Geschosse, die konzeptionell in drei vertikale Zonen umgekehrt wurden. Der gestalterische Eingriff sollte eine gewisse Neuartigkeit bewirken, erreicht durch die Einbringung von Materialien wie Seide und Stein im Erdgeschoss und in den Obergeschossen sowie durch Einfügung einer neuen Treppe in der Eingangshalle und im Speiseraum, um die öffentlichen Bereiche zu den höher gelegenen Räumen hin zu erschließen.

An explosion at the Italian Consulate at 38 Eaton Place provided the main inspiration for the renovation of an elegant turn-of-the-century town house on a sterile white-washed street in Belgravia. The apartment is contained on three floors, which were inverted conceptually as three vertical zones. The intervention was intended to provide a certain newness, which was achieved by introducing materials such as silk and stone on the ground and top floors, as well as by inserting a new staircase in the lobby and dining-room area to open the public domain towards the upper parts.

167

// RESIDENZ DES IRISCHEN PREMIERMINISTERS
DUBLIN (PHOENIX PARK), IRLAND
// IRISH PRIME MINISTER'S RESIDENCE
DUBLIN (PHOENIX PARK), IRELAND
// 1979–1980

WETTBEWERB / COMPETITION

Isometrie des Gesamtplans, Gemälde / Overall isometric plan, painting / 1980

Bei Hadids erstem größeren Projekt, einer neuen Residenz und Amtsräumen für den irischen Premierminister, bestand die Zielsetzung darin, eine Atmosphäre der Schwerelosigkeit und der Freiheit von den Belastungen des öffentlichen Lebens zu schaffen. Beide Gebäude sollten, obwohl durch eine Straße und einen Fußweg miteinander verbunden, ihre Abgeschiedenheit bewahren. Im bestehenden, durch eine Mauer umgebenen Garten angesiedelt, wird das neue Gästehaus durch die Hauptempfangssäle von der Residenz des Premierministers abgeschirmt. Die Räume des Gästehauses sind um den Rand der Residenz angeordnet, bis auf den Empfangstrakt und die Hauptsuite, welche „über" dem Garten schweben.

For Hadid's first major project, a new residence and state function room for the Irish Prime Minister, the objective was to create a weightlessness, and freedom from the stress of public life. Both buildings, though connected by a road and walkway, needed to retain their privacy. Placed within the existing walled garden, the new guest-house is screened from the prime minister's residence by the main reception rooms. The guest-house rooms are located around its perimeter, apart from the reception block and master suite, which float "over" the garden.

// DESIGN, BÜHNENBILDER, KOSTÜME
// DESIGN, STAGE SETS, COSTUME DESIGN

// Z-SCAPE FURNITURE:
GLACIER, MORAINE, STALACTITE UND STALAGMITE
// Z-SCAPE FURNITURE:
GLACIER, MORAINE, STALACTITE AND STALAGMITE
// 2000

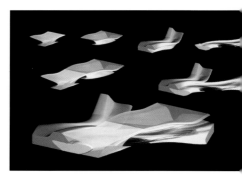

Stalactite und Stalagmite
Stalactite and Stalagmite / 2000
Sawaya & Moroni

Frühe Studien
Early studies / Rendering, 2000

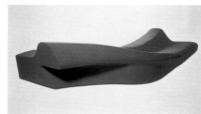

Moraine / Moraine / 2000
Sawaya & Moroni

Z-Scape ist eine kompakte Sitzgruppe für öffentliche Aufenthaltsräume und private Wohnzimmer. Das Formkonzept leitet sich von dynamischen Landschaftsformationen wie Gletschern oder Erosionen her. Die einzelnen Möbelstücke sind als Fragmente aufgefasst, die von der Gesamtmasse und der sie durchziehenden Äderung bestimmt sind. Entlang dieser Adern durchlaufen den Block Risse, die große Splitter für die weitere Erosionsformung erkennen lassen. Bisher haben vier Stücke Form angenommen: Stalaktit, Stalagmit, Gletscher und Moräne. Andere werden noch zutage treten.

Die so entstandenen Möbelstücke werden nach typologischen, funktionalen und ergonomischen Gesichtspunkten weiter gestaltet, wenn auch nur in großen Zügen. Doch diese zusätzlichen Ausformungen bleiben sekundär und von der das Ganze bestimmenden Formensprache abhängig. Optimierte und damit vorgegebene Nutzungsmuster werden bei diesem Projekt nicht geboten. Ein Rand von Fremdheit und Unbestimmtheit ist erwünscht. Zwischen Abstraktion und Metapher erwächst Anregung.

Auf einer Fläche von 5 mal 2,5 Metern sind elf Einzelstücke wie Puzzlesteine ineinandergefügt, die sich auseinander nehmen und zu neuen Konfigurationen kombinieren lassen. Der Quaderblock der Sitzgruppe ist ein herausgebrochener Moment aus dem Fluss von ineinander übergehendem weichem und hartem Raum. Der weiche Raum, der vom Boden emporsteigt, wird zu bequemen Sitzelementen umgeformt, während der harte Raum stets von vertikalen Ebenen durchzogen wird und auch oben mit einer planen Fläche abschließt, woraus Tische, Schreibtisch und Barplatten sowie ein Regal entstehen.

Bisher wurden vier Stücke zu Prototypen im Maßstab 1:1 entwickelt. Gletscher und Moräne bilden ein Paar von Sofas aus jeweils einem Schaumstoffblock. Sie werden mit zwei dazugehörigen Couchtischen präsentiert, Stalaktit und Stalagmit, die aus Holz gefertigt sind.

Z-Scape is a compact ensemble of lounging furniture for public and private living rooms. The formal concept is derived from dynamic landscape formations like glaciers and erosions. The different pieces are constituted as fragments determined by the overall mass and its diagonal veins. Along these veins the block splits offering large splinters for further erosive sculpting. Four pieces have emerged so far: stalactite, stalagmite, glacier, and moraine. Others are yet to be unearthed.

The pieces thus derived are shaped further – if rather loosely – by typological, functional and ergonomic considerations. But these further determinations remain secondary and precariously dependent on the overriding formal language. Optimized and thus predetermined use-patterns are not being offered in this project. A margin of strangeness and indeterminacy is desired. Stimulation emerges between abstraction and metaphor.

Within 5 m by 2.5 m, 11 different pieces are melted together into a jigsaw puzzle, which can be opened up and recombined into other configurations. The lounging box chops off a condensed moment in a flow of interwoven soft and hard space. The soft space, moving up from the floor, is re-shaped into comfortable seating elements, while the hard space always has vertical flat surfaces on the top, as well as within its structure, giving rise to tables, desk and bar elements and a range of shelving.

At this stage of the process, four pieces are developed into real scale prototypes. Glacier and Moraine are a pair of sofas in monolith upholstered foam. They are presented with two complementary tables, Stalactite and Stalagmite, which are made of wood.

// Z-PLAY
// Z-PLAY
// 2000

MIT / WITH PATRIK SCHUMACHER

Zaha Hadid Lounge, Kunstmuseum Wolfsburg,
Deutschland / Germany / 2001

Zusammenstellung / Composition / Rendering, 2000

Z-Play ist ein modulares System von Sitzelementen, mit dem spielerische Sitzlandschaften geschaffen werden können. Die Raison d'être des Ensembles ist eher Spiel als Komfort. Das System besteht aus zwei Modulen; sie ergeben sich durch einen schrägen, wellenförmigen Schnitt, der durch einen Quader gelegt wird und zwei „freie Formen" entstehen lässt.

Nun beginnt das kombinatorische Spiel, durch das sich eine überraschende Vielzahl von Formen erzeugen lässt: Positivformen, Hohlformen, symmetrische und asymmetrische Formen. Die Sitzelemente lassen sich zudem kippen und wie Armsessel benutzen, sie lassen sich stapeln, um weiche Wände oder Innen-„Skylines" zu erzeugen. Der Benutzer erlebt eine veritable Explosion an Vielgestaltigkeit. Formen lassen sich erzeugen und zerstören. Gegenstück-Formen heben sich auf, indem sie zu einem Quader verschmelzen.

Die Idee zu Z-Play impliziert, dass die Elemente in großen Mengen auftreten, als Partikelschwärme. Es geht um die Erzeugung von fließenden Feldern, Strömen, Stapeln und Agglomerationen aller Art. Freilich gestatten die Elemente auch, geometrische oder kaleidoskopische Muster aufzubauen. Es lassen sich, den Mustern arabischer Ornamente nicht unähnlich, erkennbare Formen und Konfigurationen erzeugen. Die Formen können positive Vollformen oder Hohlformen sein.

Z-Play is a modular system of stool-elements that allows for the playful creation of lounging landscapes. The raison d'etre is play rather than comfort. The system offers two modules that are produced by an oblique-curvelinear cut that splits a cube into two different "free-form" figures.

Now the combination game begins. It generates a surprising diversity of figures: positive figures and void figures, symmetrical figures and asymmetrical figures. The stools can also be tipped over to be used like armchairs, or they can be piled up to generate soft walls and interior "sky-lines". A veritable explosion of formal variety can be observed. Figures can be created as well as deleted. Matching modules cancel each other by fusing into a cube.

The idea of Z-Play entails that the elements occur in large quantities, as a whole swarm of particles. Z-Play is about the creation of fluid fields, streams, piles and all sorts of agglomerations. However, the element also allows for the build up of geometric and caleidoscopic patterns. It is able to produce recognizable figures and configurations not unlike arabic ornamental patterns. Figures might be positive solids or void figures.

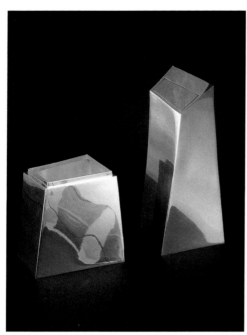
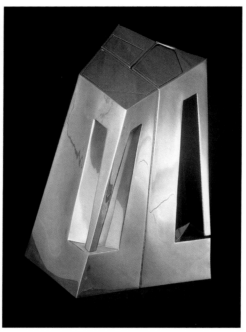

Zuckerdose und Milchkännchen, „Funktionsmodus" / Sugar
pot and milk jar, "functional mode" / 1997, Sawaya & Moroni

Tee- & Kaffee-Service, „Präsentationsmodus"
Tea & Coffee Set, "representative mode" / 1997, Sawaya & Moroni

Es handelt sich hier um eine Tischskulptur, die sich in vier Elemente gliedert: Kaffeekanne, Teekanne, Milchkännchen und Zuckerdose. Die Teile passen ineinander und bilden zusammen ein Ganzes wie in einem dreidimensionalen Puzzle. Sie sitzen in einem Tablett, das den Benutzer durch die verschiedenen Konfigurationen leitet. Die Form ändert sich – je nachdem ob das Service in Gebrauch ist oder nicht.

Der „Präsentationsmodus" ist eine kompakte Struktur, die sich leicht umhertragen lässt. Formal nutzt die Skulptur die Idee, extrem vertikale mit extrem horizontalen Objekten zu kombinieren und miteinander zu kontrastieren. Die Teekanne hat eine flache, breite, organische Form, während die Kaffeekanne aus dieser Landschaft aufragt wie ein Turm.

Im „Funktionsmodus" werden die Objekte herumgedreht und gekippt, was durch die Schablone des Tabletts erleichtert wird. Jede Form hat eine Schnittfläche, die es möglich macht, das Stück in eine andere Achsenlage zu kippen, was die Ausgießöffnungen offen legt und eine völlig neue Komposition entstehen lässt.

Die „Teatime" nimmt so eine ganz neue Bedeutung an: Sie wird zu einer skulpturalen Knobelaufgabe. Der Benutzer hantiert mit den gleitenden, kippenden und sich drehenden Teilen und findet die Lösungen im Tablett.

This is a table sculpture that splits into four elements: tea pot, coffee pot, milk jar and sugar pot. Like a three-dimensional puzzle, the pieces fit together to form a whole. They sit within a tray that guides the user through the multiple configurations, the form changing according to whether or not the set is in use.

The "representative mode", when the set is unused, is a compact structure that is easily carried around. Formally speaking, the sculpture exploits the idea of contrasting and combining extremely vertical with extremely horizontal objects. The teapot is a wide, flat organic shape, whilst the coffee pot rises from this landscape like a tower.

In the "functional mode" the objects are flipped and turned, facilitated by the template of the tray. Each shape has a cut/section that enables the piece to slide onto a different axis, exposing openings for pouring, and producing a completely different composition.

"Tea-time" takes on a whole new significance: it becomes a sculptural riddle. The user manipulates the sliding, flipping and revolving parts, and finds the answers contained in the tea tray.

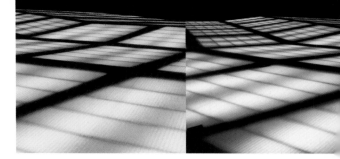

// „BEGEHREN": BÜHNENBILD
// "DESIRE": STAGE DESIGN
// 2002–2003

MIT / WITH PATRIK SCHUMACHER

Bühne (geschlossen) / Stage (closed) / 2003

Bühne (aufgebrochen) / Stage (broken up) / 2003

„Begehren" ist eine zeitgenössische Oper von Beat Furrer, die vom Grazer Festival Steirischer Herbst in Auftrag gegeben wurde. Die Oper behandelt den Orpheus-Mythos aus heutiger Sicht. Es geht um psychologische und emotionale Verwandlung durch die tragische Liebe von Orpheus und Eurydike.

Die Absicht bei der Bühnenbildgestaltung bestand darin, eine Landschaft zu schaffen, die sich selbsttätig verwandelt, entsprechend den Verschiebungen in Erzählung und Musik; es sollte ein den Zuschauer umfangendes, mehrere Sinne ansprechendes Metamorphoseerlebnis entstehen.

Die Landschaft ist ein verzerrter Raster, bestehend aus einer Reihe von beweglichen Teilen, die mit dem Fortgang der Handlung eine Abfolge von sich verändernden Räumen entstehen lassen. Starke Richtungslinien verlaufen im Zickzack über die Bühne. Sie stehen für die entgegengesetzten Bestrebungen der beiden Figuren. Wenn die Landschaft sich auftut und durch den Fluss Styx in zwei Teile zerschnitten wird, verwischen sich die Grenzen zwischen innen und außen, Ober- und Unterwelt, Musik und Bühne, und mit dieser Verwandlung der Bühne zeichnet sich ein emotionaler Umschwung ab.

Die Darsteller spielen sowohl oberhalb wie unterhalb der Landschaft, die entweder von den Tänzern verschoben oder durch ein Hydrauliksystem automatisch verändert wird. Das Publikum erlebt ein mehrdimensionales, mehrperspektivisches Panorama, das in Bezug zu den wechselnden Stadien der Handlung steht. Die Blickwinkel unterscheiden sich radikal: auf der einen Seite eine lang gezogene Perspektive, auf der anderen ein viel näherer, direkter Blickpunkt – wie Orpheus und Eurydike unterschiedliche Welten bewohnen.

Die Weltpremiere von „Begehren" fand im Januar 2003 in Graz statt, der europäischen Kulturhauptstadt 2003.

"Desire" is a contemporary opera by Beat Furrer, comissioned by the Steirischer Herbst in Graz, Austria. The opera is a present day treatment of the myth of Orpheus, addressing the themes of psychological and emotional metamorphosis, through the tragic love story of Orpheus and Eurydice.

The intention for the stage design was to create a landscape that transforms itself, concurrent to the shifting condition of the narrative and the music, creating an immersive, multi-sensual experience of metamorphosis.

The landscape is a distorted grid, comprising a series of moving parts that give rise to a sequence of changing spaces as the narrative journey unfolds. Strong directional lines zig-zag across the set, representing the conflicting aspirations of the two characters. As the landscape splits open and is sliced in two by the river Stix, the boundaries between inside and outside, upper and underworld, score and stage are blurred, and an emotional volt-face emerges as the stage undergoes this metamorphosis.

The protagonists perform both above and below the landscape, which is either moved into position by the dancers, or changes automatically with the use of a hydraulic system. The audience experiences a multiperspectival, multidimensional panorama, relating to the shifting states of the narrative. The view is radically different: one side offering an extended perspective, and the other a much shorter, direct viewpoint – just as Orpheus and Eurydice inhabit divergent conditions.

The world premiere of "Desire" was staged for the opening of Graz as Cultural Metropolis of Europe in January 2003.

Architektur und darstellende Kunst lassen sich nicht unbedingt leicht kombinieren, da sie sehr unterschiedlichen Regeln gehorchen. Im Fall des Projekts für die Pet Shop Boys erwies sich dieser Prozess als Herausforderung und Inspiration und führte zu einer Hybridisierung beider Disziplinen. Anstatt räumliche Abläufe zu komponieren, entfalten Zaha Hadid Architects eine weiße Leinwand, welche die Dynamik des Popkonzerts in sich trägt und leitet. Eine einzige fortlaufende Fläche tritt hervor, krümmt und spaltet sich, um Kulisse, Struktur und Boden zu bilden. Andere Teile dieser Oberfläche lösen sich als bewegliche Elemente ab und fungieren als Mittel der Choreographie in einer dreidimensionalen, leuchtenden Landschaft aus Projektion und Klang. Das Bühnenbild ist weder Hintergrund noch Vordergrund, sondern ein dynamischer und visuell vielseitiger Raum.

Architecture and the performing arts are not necessarily easily put together as they are each subject to very different sets of rules. In the case of the project for Pet Shop Boys this proved to be a challenging and inspiring process, which led to a hybridization of both disciplines. Rather than composing spatial sequences Zaha Hadid Architects unfold a white canvas that contains and directs the dynamics of the pop concert. A single continuous surface is thrown into a relief as it bends and splits to create background, structure and floor. Other parts of this surface become detachable mobile elements that act as choreographic tools on a three-dimensional luminous landscape of projection and sound. The set becomes neither background nor foreground but dynamic and visually versatile space.

// „METAPOLIS": BÜHNENBILD UND KOSTÜME
CHARLEROI DANSES
// "METAPOLIS": STAGE AND COSTUME DESIGN
CHARLEROI DANSES
// 1999

Das Bühnenbild zu „Metapolis" für die belgische Tanzcompagnie Charleroi Danses evoziert verschiedene Rhythmen der Stadt. Das Szenenbild ist eine in sich verwobene Topologie von unterschiedlichen Schichten in unterschiedlichen Materialien; daraus entsteht ein fließender hybrider Raum, der mit den Bewegungen der Tänzer korreliert. Die Tänzer sind von einer komplexen Raumstruktur umfangen, die sie zugleich festhält und befreit. Flamands Choreographie folgt den von ihr selbst provozierten morphologischen Verwandlungen des Raums, dem eine zweifache Bewegung von Fluss und Bruch eingeschrieben wird. Frequenzen und Rhythmen werden, wie rigide Verhaltenscodes, zu pathologischen Impressionen zerrissen. Der Bühnenaufbau ist wie ein „atmender Raum", der durch den Wechsel von Kompression und Loslassen ständig im Wandel begriffen ist. Drei durchscheinende Brücken mit je zehn Metern Spannweite verschieben sich mit den Tänzern darauf zu verschiedenen Konfigurationen. Die Kostüme erscheinen als vorläufige Schichten, als flexible Strukturen, die den Tanz zu Mustern der vierten Dimension erweitern.

"Metapolis" for Charleroi Danses evokes various rhythms of the city. The scenic structure is a woven topology of different layers in different materials, allowing for a fluid, hybrid space that coincides with the movement of the dancers. The dancers are wrapped into a spatial complexity that captures and liberates them at the same time. Flamand's choreography follows and provokes the morphological transformations of the space, inscribing a double movement of fluidity and rupture. Frequencies and rhythm, like strict codes of behavior are disrupted into pathological impressions. The structure is like a "breathing space", through compression and release constantly in transition. Three translucent bridges with a 10 meter span slide into different configurations as they are worn by the dancers. Costumes are seen as intermediate layers, as flexible structures that extend the dance into fourth-dimensional patterns.

ANHANG // APPENDIX

// BIOGRAFIE, CHRONOLOGIE (AUSWAHL)
// BIOGRAPHY, CHRONOLOGY (SELECTION)

BORN 1950 IN BAGDAD

// 1972–1977

Studies at the Architectural Association (AA), School of Architecture, London, Great Britain; AA Diploma Prize

// 1977

Member of the Office for Metropolitan Architecture (OMA)
Commences teaching at AA with Rem Koolhaas and Elia Zenghelis

// 1978

Wettbewerbe / Competitions:
Dutch House of Parliament Extension, The Hague, The Netherlands
OMA – Z. Hadid, R. Koolhaas, E. Zenghelis

Ausstellungen / Exhibitions:
OMA Exhibition in Frankfurt, Germany, and at The Guggenheim Museum, New York, USA

// 1979

Wettbewerbe / Competitions:
Irish Prime Minister's Residence, Dublin, Ireland

// 1980

Projekte / Projects:
59 Eaton Place, London, Great Britain

Lehre / Teaching:
Commences teaching in the Diploma Unit 9, AA, London, Great Britain

// 1981

Projekte / Projects:
59 Eaton Place, London, Great Britain

Ausstellungen / Exhibitions:
Irish Prime Minister's Residence, AA, London Planetary Architecture, Van Rooy Gallery, Amsterdam, The Netherlands

// 1982

Auszeichnungen / Awards:
Gold Medal, Architectural Design, British Architecture for 59 Eaton Place, London, Great Britain
"The Peak Club Competition", Hong Kong, 1st prize

Wettbewerbe / Competitions:
The Peak Club, Hong Kong
La Villette Park for the 21st Century, Paris, France

Ausstellungen / Exhibitions:
Eaton Place, AA and RIBA, London, Great Britain

// 1983

Ausstellungen / Exhibitions:
"Planetary Architecture Two", Retrospective, AA, London, Great Britain

// 1984

Wettbewerbe / Competitions:
Grand Buildings, Trafalgar Square, London, Great Britain

Ausstellungen / Exhibitions:
Aedes Galerie, Berlin, and IBA, Berlin, Germany

Vorträge / Lectures:
RIBA, London, Great Britain

// 1985

Projekte / Projects:
IBA Housing, Berlin, Germany
Halkin Place, London, Great Britain
Melbury Court, London, Great Britain

Ausstellungen / Exhibitions:
Triennale di Milano, Milan, Italy
Philippe Bonnafont Gallery, San Francisco, USA
Paris Biennale Exhibition at the Centre Pompidou, Paris, France
Bauforum, Hamburg, Germany
G. A. Gallery, Tokyo, Japan

Vorträge / Lectures:
Washington University, Washington, USA
St. Louis Southern California Institute of Technology, Los Angeles, USA
RIBA, London, Great Britain

// 1986

Auszeichnungen / Awards:
Office Building Kurfürstendamm 70, Berlin, Germany, 1st prize

Projekte / Projects:
Interior and Furniture, 24 Cathcart Road, London, Great Britain
IBA Housing, Berlin, Germany
Tomigaya and Azabu-Jyuban, Tokyo, Japan
New York, Manhattan – A New Calligraphy of Plan, New York, USA

Ausstellungen / Exhibitions:
National Museum of Art, Kyoto, Japan
Grey Art Gallery, New York, USA
Aedes Galerie, Berlin, Germany

Lehre / Teaching:
Visiting Design Critic in Architecture at Harvard Graduate School of Design, Cambridge, Massachusetts, USA

Vorträge / Lectures:
MIT Symposium, Massachusetts Institute of Technology, Cambridge, Massachusetts, USA
Rhode Island School of Design, Rhode Island, USA
Syracuse Architectural League, Syracuse University, New York, USA
Tulane University, New Orleans, USA
"WestWeek", Pacific Design Center, Los Angeles, USA
RAIA Convention, Adelaide, Melbourne and Sydney, Australia
Universities of Carleton, Waterloo and Toronto, Canada
Katholieke Universiteit Leuven, Leuven, Belgium
Internationales Design Zentrum, Berlin, Germany

// 1987

Wettbewerbe / Competitions:
West Hollywood Civic Center,

Los Angeles, USA

Projekte / Projects:
Sculpture, Rotterdam, The Netherlands

Ausstellungen / Exhibitions:
AA, London, Great Britain
"Corbu Vu Par", Institut Français d'Architecture, Paris, France
"Cities of the Future", São Paulo, Brazil
Max Protetch Gallery, New York, USA

Lehre / Teaching:
Visiting Professor of Architecture at the Graduate School of Architecture, Planning and Preservation at Columbia University, New York, USA

Vorträge / Lectures:
Collegi d'Architectes de Catalunya, Barcelona, Spain
Institute of Contemporary Arts, London, Great Britain
AA, London, Great Britain
São Paulo Conference on Cities, São Paulo, Brazil

// 1988

Wettbewerbe / Competitions:
Al Wahda Sports Stadium, Abu Dhabi, UAE
Victoria City Areal, Berlin, Germany

Ausstellungen / Exhibitions:
"Deconstructivist Architecture", Museum of Modern Art, New York, USA
"The Metropolis", I.C.A., London, Great Britain
Finnish Museum of Architecture, Helsinki, Finland
"Kunst und Architektur", Hamburg, Germany
Edra Furniture, Milan Furniture Fair, Milan, Italy
AA, London, Great Britain
Arts Council, Rotterdam, The Netherlands
Aedes Gallery, Berlin, Germany

Vorträge / Lectures:
University of Pennsylvania, Philadelphia, USA
"Women in Architecture", BSA, Boston, USA
Massachusetts Institute of Technology, Cambridge, USA
"NEOCON 20", International Symposium of Modern Architecture V, Chicago, USA
Technical University of Nova Scotia, Halifax, USA
"The Alcan Lectures", Montreal, Québec, Canada
"Whether Europe", Technische Universiteit Delft, The Netherlands
University of Cambridge, Cambridge, Great Britain
The University of Tennessee, Knoxville, Tennessee, USA
"Deconstruction", Symposium, Tate Gallery, London, Great Britain

// 1989

Auszeichnungen / Awards:
Zollhof 3 Media Park, Dusseldorf, Germany, 1st prize

Wettbewerbe / Competitions:
Zollhof 3 Media Park, Dusseldorf, Germany
Victoria City Areal, Berlin, Germany
Tokyo Forum, Tokyo, Japan

Projekte / Projects:
Vitra Factory Landscape Study, Weil am

Rhein, Germany
Vitra Fire Station, Weil am Rhein, Germany
Hafenstrasse Development, Hamburg, Germany
MoonSoon Restaurant, Sapporo, Japan
Hamburg Docklands, Bauforum 2, Hamburg, Germany
Bordeaux Docklands, Bordeaux, France
Folly 3, Expo '90, Osaka, Japan
Wall to Wall, Carpet Design for Vorwerk, Dialogue I, London, Great Britain

Ausstellungen / Exhibitions:
Ville de Bordeaux, Bordeaux, France
"New York Architecture", Museum of Architecture, Frankfurt, Germany
121 Gallery, Antwerp, Belgium
"Wild and Uncertain Times", I.F.A., Paris, France
Neumarkt 17, Zurich, Switzerland
"Private Lives", Museum of Architecture, Frankfurt, Germany
Group Show at Camden Arts Centre, London, Great Britain
Bauforum, Hamburg, Germany
"Arc en Reve", Bordeaux, France
Group Show at Max Protecht Gallery, New York, USA
"SIA '89", Paris, France

Vorträge / Lectures:
"Objekt & Design", Vernissage, Berlin, Germany
Technische Universität Berlin, Berlin, Germany
"The Alcan Lectures", Vancouver, Canada
Victoria and Albert Museum, London, Great Britain
Universidad Computense de Madrid, Spain
Wisconsin Society of Architects, Wisconsin, USA
The University of Wisconsin, Milwaukee, Wisconsin, USA
SCI-ARC, Vico Morcote, Lugano, Switzerland
"SPACE", HSD Congress Conference, Bergen, Germany
Yale University, New Haven, Connecticut, USA
Technische Hochschule Aachen, Aachen, Germany
"SPECULATIONS: The Practice of Architecture, Theoretically Speaking", The American Institute of Architects, Baltimore, USA
"SIA '89", Paris, France

// 1990

Projekte / Projects:
Leicester Square, London, Great Britain
Folly 3, Osaka, Japan
MoonSoon Restaurant, Sapporo, Japan
Music Video Pavilion, Groningen, The Netherlands
Vitra Fire Station, Weil am Rhein, Germany

Ausstellungen / Exhibitions:
"Leicester Square – Rediscovering the Public Realm", Heinz Gallery, London, Great Britain

Vorträge / Lectures:
"Homage à El Lissitzky", Technische Hochschule Darmstadt, Darmstadt, Germany
Bergische Universität Gesamthochschule Wuppertal, Wuppertal, Germany
Staatliche Hochschule für bildende Künste, Frankfurt, Germany
"Symposium 1990", Museum für Gestaltung, Basel, Switzerland
"Architecture Today", MAK, Vienna, Austria
Royal College of Art, London, Great Britain

// 1991

Projekte / Projects:
Dream Office for Vitra International, Basel, Switzerland
"London 2066" for Vogue Magazine's 75th Anniversary
International Workshop, Weil am Rhein, Germany
Cwmdu Site Masterplan, Mixed use development, Swansea, Wales
Villa, The Hague, The Netherlands

Ausstellungen / Exhibitions:
"New Berlin", Museum of Architecture, Frankfurt, Germany

Osaka Folly Exhibition, AA, London, Great Britain
Billie Strauss Galerie, Stuttgart, Germany
G. A. Gallery, Tokyo, Japan
"Lost Opportunities for London", Architectural Foundation, London, Great Britain

Vorträge / Lectures:
"1991 Edinburgh Winterschool", Edinburgh University, Scotland
Harvard University, Cambridge, Massachusetts, USA
"The Future of Modernism", University of Miami/Lowe Art Museum, Florida, USA
Bartlett School of Architecture & Planning, London, Great Britain
"Primavera del Disseny", Collegi D'Arquitectes de Catalunya, Barcelona, Spain
"The Exploding Body", DIA Center for the Arts, New York, USA
Cornell University, Ithaca, New York, USA

// 1992

Wettbewerbe / Competitions:
Rheinauhafen Redevelopment, Cologne, Germany

Projekte / Projects:
Hotel Billie Strauss, Stuttgart, Germany
"The Great Utopia", Exhibition Design, Guggenheim Museum, New York, USA
Vision for Madrid, Madrid, Spain
Vitra Fire Station, Weil am Rhein, Germany

Ausstellungen / Exhibitions:
Gallery Plan Venise, Paris, France
"Vitra", Aedes Galerie and Architekturforum, Berlin, Germany
"Dimensions Expanded and Explored", Kröller Müller, Otterlo, The Netherlands
"Madrid – European Cultural Capital 1992", Madrid, Spain

Vorträge / Lectures:
Columbia University, New York, USA
Princeton University, Princeton, New Jersey, USA
Cleveland Center of Arts, Cleveland, Ohio, USA
Graduate School of Design, Harvard University, Cambridge, Massachusetts, USA

// 1993

Wettbewerbe / Competitions:
Concert Hall, Copenhagen, Denmark
Museum Carnuntum, Vienna, Austria

Projekte / Projects:
Vitra Fire Station, Weil am Rhein, Germany (Opening: May 13)

Ausstellungen / Exhibitions:
"I am the Enunciator", Thread Waxing Gallery, New York, USA

Lehre / Teaching:
Columbia University, New York, USA

Vorträge / Lectures:
Southern California Institute of Architecture, Los Angeles, USA
The Pacific Design Center, Los Angeles, USA
The Ohio State University, Columbus, Ohio, USA
The Architectural League of New York, New York, USA
Universität Basel, Basel, Switzerland
The Catholic University of America, Washington, D.C., USA
The Berlage Institute, Amsterdam, The Netherlands
The Merchandise Mart, Chicago, Illinois, USA
The Royal Institute of British Architects, London, Great Britain
The Architects Computer Show, Wiesbaden, Germany
The Bartlett School of Architecture, London, Great Britain

// 1994

Auszeichnungen / Awards:
Cardiff Bay Opera House, Cardiff, Wales, 1st prize

Wettbewerbe / Competitions:
Cardiff Bay Opera House, Cardiff, Wales
French Lycee, London, Great Britain
Museum Carnuntum, Bad Altenburg, Austria

Projekte / Projects:
Art and Media Center Dusseldorf, Germany
Billie Strauss Hotel, Stuttgart, Germany
Spittelau Viaducts, Vienna, Austria

Ausstellungen / Exhibitions:
Graduate School of Design, Harvard University, USA
AA, London, Great Britain
"An Opera House for Wales", National Museum of Wales, Wales, Great Britain
Cardiff and the Independent Television Network Building, London, Great Britain

Lehre / Teaching:
Kenzo Tange Chair: Graduate School of Design, Harvard University, USA

Vorträge / Lectures:
Architectural Association London, Great Britain
Technical University, Vienna, Austria
Chelsea School of Art, London, Great Britain
Graduate School of Design, Harvard University, USA
University of Minnesota, USA
University of Cincinnati, USA
Welsh School of Architecture, Wales, AIA Jury

// 1995

Auszeichnungen / Awards:
"Royal Academy Summer Exhibition – Special Award", London, Great Britain
Office Tower, Spittelmarkt, Berlin, Germany, 1st prize

Wettbewerbe / Competitions:
Office Tower, Spittelmarkt, Berlin, Germany
42nd Street Times Square Gateway Hotel, New York, USA
Prado Museum Extension, Madrid, Spain
Concert Hall, Copenhagen, Denmark

Projekte / Projects:
Spittelau Viaducts, Vienna, Austria
Cardiff Bay Opera House, Cardiff, Wales
Billie Strauss Hotel, Stuttgart, Germany
Interbuild-Blueprint Magazine
Exhibition Pavilion Berlin-Spittelmarkt, Berlin, Germany

Ausstellungen / Exhibitions:
Grand Central Station, New York City, New York, USA
„Im Dialog: Zeichnungen zur Spittelau", Vienna, Austria
4th Istanbul Biennal, Istanbul, Turkey
"European Architecture 1984–94", Fondacio Mies van der Rohe, Barcelona, Spain
„Pfaffenberg-Carnuntum Museum" Architekturzentrum, Vienna, Austria

Vorträge / Lectures:
Artforum International, New York, USA
Columbia University, New York, USA
Universidad La Salle, Mexico
University of Calgary, Calgary, Australia
University of Michigan/Ann Arbor, USA
University of Hong Kong, Hong Kong
Tongji University, Shanghai
Internationales Architektursymposium, Dresden, Germany
RIBA London, Great Britain
University of Madrid, Madrid, Spain

// 1996

Auszeichnungen / Awards:
"Thames Water Habitable Bridge Competition", London, joint 1st prize

Wettbewerbe / Competitions:
Victoria and Albert Museum, "The Boilerhouse Competition", London, Great Britain
"Thames Water Habitable Bridge Competition", London, Great Britain

Projekte / Projects:
Spittelau Viaducts, Vienna, Austria
Cardiff Bay Opera House, Cardiff, Wales

179

Ausstellungen / Exhibitions:
„Wunschmaschine: Welterfindung",
Exhibition Design, Kunsthalle Wien, Vienna,
Austria
"Zaha Hadid. Recent Works 1990–1995",
Galerie Renate Krammer, Hamburg,
Germany
"Products of Desire 2", Royal Institute of
British Architects, London, Great Britain
The Summer Exhibition 1996, Royal
Academy of Arts, London, Great Britain
Tribute to Philip Johnson, Museum of
Modern Art, New York, USA
Venice Architecture Biennale, Venice, Italy
"Paper Art", International Paper Biennale,
Düren, Germany

Vorträge / Lectures:
Conference "Ethics & Architecture",
UFVAB, Brussels, Belgium
Netherlands Architecture Institute,
Rotterdam, The Netherlands
Chamber of Architects, Hamburg, Germany
Architectural Association of Ireland, Trinity
College, Dublin, Ireland
"Urban Ecstasy", Symposium, John Moores
University, Liverpool, Great Britain
Institute of Contemporary Arts, London,
Great Britain
Cambridge University Architectural
Society, Cambridge University, Department
of Architecture, Cambridge, Great Britain
"Living Bridges", Royal Academy of Arts,
London, Great Britain
Ordres des Ingenieurs, Beirut, Lebanon

// 1997

Auszeichnungen / Awards:
Luxembourg Philharmonic Hall,
Luxembourg, 4th prize

Wettbewerbe / Competitions:
Luxembourg Philharmonic Hall,
Luxembourg
Museum of Islamic Art, Doha, Quatar
Refurbishment of The Hackney Empire
Theatre, London, Great Britain
Illinois Institute of Technology, Campus
Center, Chicago, USA

Projekte / Projects:
Spittelau Viaducts, Vienna, Austria
LF One, Landesgartenschau 1999, Weil
am Rhein, Germany

Ausstellungen / Exhibitions:
"Cities of the Future: Towards the New
Urban Living", Hong Kong, South Korea,
China, Singapore, The Philippines, Taiwan
"GA International '97", GA Gallery, Tokyo,
Japan
"Creating Utopia", Davies Memorial Gallery,
Newtown, Wales, Great Britain
„Architektur-Sommer", Galerie Renate
Kammer, Hamburg, Germany
Museum of Modern Art, San Francisco,
USA

Lehre / Teaching:
Sullivan Chair, Louis Henri Sullivan
Distinguished Professor, University of Illinois,
School of Architecture, Chicago, USA

Vorträge / Lectures:
Art Institute of Chicago, Sullivan Chair
Lecture, Chicago, USA
Washington University, St. Louis, USA
Forum 97, Dubai
Architect 97, Bangkok
"Architecture of the Imagination", San
Francisco Forum, San Francisco, USA
Jordan University, Amman, Jordan
INTO lecture, Berlage Institute,
Amsterdam, The Netherlands
IAAS Workshop, Basel, Switzerland
AA Workshop, Hong Kong

// 1998

Auszeichnungen / Awards:
Honorable Member of the Bund Deutscher
Architekten
Rosenthal Center for Contemporary Art,
Cincinnati, Ohio, USA, 1st prize
National Center of Contemporary Art,
Rome, Italy, 1st prize

Wettbewerbe / Competitions:
Rosenthal Center for Contemporary Art,
Cincinnati, Ohio, USA

National Center of Contemporary Art,
Rome, Italy
Illinois Institute of Technology, Campus
Center, Chicago, Illinois, USA

Projekte / Projects:
Third Bridge Crossing, Abu Dhabi, UAE
Spittelau Viaducts, Vienna, Austria
LF One, Landesgartenschau 1999, Weil
am Rhein, Germany
Exhibition Design, Hayward Gallery,
London, Great Britain
Rosenthal Center for Contemporary Art,
Cincinnati, USA

Ausstellungen / Exhibitions:
Museum of Modern Art, San Francisco, USA
"Power House UK", exhibition for the
Department of Trade Industry

Lehre / Teaching:
Visiting professor of Architecture, Master
Design Studio, Graduate School of
Architecture, Planning and Preservation,
Columbia University, New York, USA
Guest Professorship of Architecture,
Hochschule für Bildende Kunst, Hamburg,
Germany
Guest Professorship Knowlton School of
Architecture, Ohio State University,
Columbus, Ohio, USA

Vorträge / Lectures:
Columbia University of New York, USA
Rensselear Polytechnic Institute, New York,
USA
VSTB, Weil am Rhein, Germany
Universidad Politecnica de Puerto Rico,
Puerto Rico
Knowlton School of Architecture, Ohio
State University, Ohio, USA
Royal College of Art, London, Great Britain
"Fuse 98": Beyond Typography,
Conference, San Francisco, USA

// 1999

Auszeichnungen / Awards:
Science Center Wolfsburg, Wolfsburg,
Germany, 1st prize
Holloway Road Bridge, University of North
London, London, Great Britain, 1st prize
Salerno Maritime Terminal, Salerno, Italy,
1st prize
Mind Zone, Millennium Dome, London,
Great Britain, 1st prize
Bergisel Sky Jump, Innsbruck, Austria, 1st
prize

Wettbewerbe / Competitions:
Science Center Wolfsburg, Wolfsburg,
Germany
Holloway Road Bridge, University of North
London, London, Great Britain
Salerno Maritime Terminal, Salerno, Italy
Mind Zone, Millennium Dome, London,
Great Britain
Bergisel Sky Jump, Innsbruck, Austria
Extension of the Reina Sofia Museum,
Madrid, Spain
Kunsthaus Graz, Graz, Austria

Projekte / Projects:
Third Bridge Crossing, Abu Dhabi, UAE
Spittelau Viaducts, Vienna, Austria
Mind Zone, Millennium Dome, London,
Great Britain
Rosenthal Center for Contemporary Art,
Cincinnati, USA
„Metapolis", Charleroi Danse, Belgium
Terminus Hoenheim-Nord, Strassbourg,
France
Al-Wabrah Farm, Qatar
"Executing God", Film set
Pet Shop Boys World Tour, London,
Great Britain

Ausstellungen / Exhibitions:
London Institute Exhibition, London,
Great Britain
Design Museum, London, Great Britain
"Metaforms. Deconstructivist Positions in
Architecture and Art", Kunsthalle Düsseldorf,
Dusseldorf, Germany
"Art Museums in the Turn of the
Millennium: Concepts, Projects, Buildings",
Centro Galego de Arte Contemporanea,
Santiago de Compostela, Spain
"New Collection: Donations and
Acquisitions 1995–1999", Deutsches
Architekturmuseum, Frankfurt, Germany
"New Urban Environements", Tokyo, Japan

Lehre / Teaching:
Visiting professor of Architecture, Master
Design Studio, Graduate School of
Architecture, Planning and Preservation,
Columbia University, New York, USA
Harvey S. Perloff Chair in the Department
of Architecture, University College of Los
Angeles, Department of Architecture and
Urban Design, Los Angeles, USA

Vorträge / Lectures:
Victoria and Albert Museum, London,
Great Britain
Architectural Association, London,
Great Britain
"Strategic Space – Urbanity in the
21st Century", International Design Forum,
Germany
The Bartelett School of Architecture,
Building, Environmental Design and
Planning, University College of London,
London, Great Britain
"In the Works: Urban Spectacles", The
Museum of Modern Art, New York, USA

// 2000

Auszeichnungen / Awards:
Honorable Member of the American
Academy of Arts and Letters
Honorary Fellowship of the American
Institute of Architects
RIBA Awards 2000 for Mind Zone,
Millennium Dome, London, Great Britain

Wettbewerbe / Competitions:
Bibliothèque National du Québec,
Montreal, Canada
Pescara Urban Plan, Pescara, Italy
La Grande Mosquee de Strasbourg,
Strasbourg, France
Queen Mary Hospital, London,
Great Britain
Wadsworth Atheneum Museum of Art,
Wadsworth, USA
Furrer's Music Theatre, Graz, Austria

Projekte / Projects:
Third Bridge Crossing, Abu Dhabi, UAE
Rosenthal Center for Contemporary Art,
Cincinnati, USA
Terminus Hoenheim-Nord, Strasbourg,
France
Al-Wabrah Farm, Qatar
National Center of Contemporary Art,
Rome, Italy
Science Center Wolfsburg, Wolfsburg,
Germany
Salerno Maritime Terminal, Salerno, Italy
Bergisel Ski Jump, Innsbruck, Austria
Serpentine Gallery Gala, London, Great
Britain
Villa Medici Installation, Rome, Italy
Centro JVC Hotel, Guadalajara, Mexico
Venice Biennale, Venice, Italy
ICA Exhibition, Institute of Contemporary
Arts, London, Great Britain
"Alles Schmuck", Zurich Jewelry Exhibition,
Zurich, Switzerland
Z-Scape Furniture, Sawaya & Moroni,
Milan, Italy
Abitare il Tempo, Verona, Italy
Zaha Hadid Longue, Kunstmuseum
Wolfsburg, Wolfsburg, Germany
Wolfsburg Masterplan, Wolfsburg, Germany
Aedes Gallery Exhibition, Berlin, Germany

Lehre / Teaching:
Visiting Lecturer for the Architecture &
Interior Departments, Royal College of Art,
Architecture & Interiors, London, Great
Britain
Eero Saarinen Visiting Professor, Yale
University, New Haven, Connecticut, USA
Professorship at University of Applied Arts,
Vienna, Austria

Vorträge / Lectures:
Royal College of Art & University of
Westminster, London, Great Britain
The School of the Art Institute of Chicago,
Chicago, USA
Museum of Contemporary Arts, Chicago,
USA
The University of Greenwich, School of
Architecture Landscape, London, Great
Britain
Harvard Graduate School of Design,
Harvard, Massachusetts, USA
The Rice Design Alliance, Houston, USA
University of Cincinnati, Cincinnati, USA
AIA Convention, Philadelphia, USA

// 2001

Auszeichnungen / Awards:
"Vista" Masterplan, Singapore, 1st prize
Placa de las Artes, Barcelona, Spain,
1st prize
Ordrupgaard Museum Extension,
Copenhagen, Denmark, 1st prize
Temporary Guggenheim Museum, Tokyo,
Japan, 1st prize
Terminus Hoenheim-Nord, Strasbourg,
France, FX Awards 2001 Finalist
Terminus Hoenheim-Nord, Strasbourg,
France, Equerre d'Argent special mention

Wettbewerbe / Competitions:
"Vista" Masterplan, Singapore
Placa de las Artes, Barcelona, Spain
Ordrupgaard Museum Extension,
Copenhagen, Denmark
Guggenheim Museum, Tokyo, Japan
Homes for the Future 2, Kite Site,
Glasgow, Great Britain
South Bank Centre Jubilee & Hungerford
Sites, London, Great Britain
Albertina, Vienna, Austria
BMW Event and Delivery Center, Munich,
Germany
Congress Center, Córdoba, Spain
Los Angeles County Museum of Art,
Los Angeles, USA
Place de las Artes, Barcelona, Spain

Projekte / Projects:
Third Bridge Crossing, Abu Dhabi, UAE
Rosenthal Center for Contemporary Art,
Cincinnati, USA
Terminus Hoenheim-Nord, Strasbourg,
France
Al-Wabrah Farm, Qatar
National Center of Contemporary Art,
Rome, Italy
Science Center Wolfsburg, Wolfsburg,
Germany
Salerno Maritime Terminal, Salerno, Italy
Bergisel Ski Jump, Innsbruck, Austria
Centro JVC Hotel, Guadalajara, Mexico
Z-Scape Furniture, Sawaya & Moroni, Italy
Zaha Hadid Longue, Kunstmuseum
Wolfsburg, Wolfsburg, Germany
Wolfsburg Masterplan, Wolfsburg,
Germany
"Vista" Masterplan (NE Fusion), Singapore
Mandarina Duck Store, London,
Great Britain
Placa de las Artes, Barcelona, Spain
Ordrupgaard Museum Extension,
Copenhagen, Denmark

Ausstellungen / Exhibitions:
Kunstmuseum Wolfsburg, Zaha Hadid
Lounge, Wolfsburg, Germany
"Zaha Hadid. Recent Works", Architektur
Forum Tirol, Innsbruck, Austria

Lehre / Teaching:
Professorship at University of Applied Arts,
Vienna, Austria
Visiting Lecturer for the Architecture &
Interiors Department, Royal College of
Arts, Architecture & Interiors, London,
Great Britain

Vorträge / Lectures:
Basel Architectural Lectures, Swissbau
2001, Basel, Switzerland
Oxford University – Middle East Society,
Oxford, Great Britain
Lecture at Wapping Project, London,
Great Britain

// 2002

Auszeichnungen / Awards:
Terminus Hoenheim-Nord, Strasbourg –
AIA UK Chapter Award 2002
Terminus Hoenheim-Nord, Strasbourg –
Red Dot Award
"Vista" Masterplan, Singapore – AIA UK
Chapter Honourable Mention
BMW Plant, Central Building, Leipzig,
Germany, 1st prize
Commander of the British Empire (CBE)

Wettbewerbe / Competitions:
Temporary Guggenheim Museum, Tokyo
Nuova Stazione AV di Firenze, Florence,
Italy
Collection Brandhorst, Munich, Germany

Projekte / Projects:
Third Bridge Crossing, Abu Dhabi, UAE

Rosenthal Center for Contemporary Art,
Cincinnati, USA
National Center of Contemporary Art,
Rome, Italy
Science Center Wolfsburg, Wolfsburg,
Germany
Salerno Maritime Terminal, Salerno, Italy
Bergisel Ski Jump, Innsbruck, Austria
Centro JVC Hotel, Guadalajara, Mexico
Zaha Hadid Longue, Kunstmuseum
Wolfsburg, Wolfsburg, Germany
Wolfsburg Masterplan, Wolfsburg,
Germany
"Vista" Masterplan, Singapore
Placa de las Artes, Barcelona, Spain
Ordrupgaard Museum Extension,
Copenhagen, Denmark
Temporary Guggenheim Museum, Tokyo,
Japan
BMW Plant, Central Building, Leipzig,
Germany

Ausstellungen / Exhibitions:
Center for Contemporary Art, Rome, Italy
"Zaha Hadid Laboratory" – Yale and
National Building Museum, Washington,
D.C., USA

Lehre / Teaching:
Professorship at University of Applied Arts,
Vienna, Austria
Eero Saarinen Visiting Professor of
Architectural Design at Yale University,
New Haven, Connecticut, USA

Vorträge / Lectures:
Futurisme Conference, Palma de Majorca,
Spain
Columbia University, USA
Victoria and Albert Museum, London,
Great Britain
National Building Museum, Washington,
D.C., USA
AA, London, Great Britain
The Bartlett, London, Great Britain (part of
Archigram conference)

// 2003

Projekte / Projects:
Third Bridge Crossing, Abu Dhabi, UAE
Rosenthal Center for Contemporary Art,
Cincinnati, USA
National Center of Contemporary Art,
Rome, Italy
Science Center Wolfsburg, Germany
Salerno Maritime Terminal, Salerno, Italy
"Vista" Masterplan, Singapore
Placa de las Artes, Barcelona, Spain
Ordrupgaard Museum Extension,
Copenhagen, Denmark
BMW Plant, Central Building, Leipzig,
Germany
Price Tower Arts Centre, Bartlesville,
Oklahoma, USA
Montpellier Library, Archive and Sport
facility, France
Guggenheim Museum, Thaichung, Taiwan

Wettbewerbe / Competitions:
Guangzhou Opera House, China
Moenchsberg Lift, Salzburg, Austria
Tromso Harbor
Novartis Car Park
Museum for European and Mediterranean
Culture, Marseilles, France

Ausstellungen / Exhibitions:
Price Tower Arts Centre, Bartlesville
Artists' Space, New York, USA
"Zaha Hadid. Architecture", MAK, Vienna,
Austria

Lehre / Teaching:
Professorship at University of Applied Arts,
Vienna, Austria

// AUSGEWÄHLTE BIBLIOGRAFIE / SELECTED BIBLIOGRAPHY

Zaha Hadid: Soto de Moura,
in: Prototypo#003 (Lissabon / Lisbon:
Stereomatrix 2003)

Latent Utopias. Experiments within
Contemporary Architecture / Latente
Utopien. Experimente der
Gegenwartsarchitektur, hrsg. von / ed. by
Zaha Hadid, Patrik Schumacher,
Ausstellungskatalog / Exhibition catalogue
steirischer herbst, in Kooperation mit Graz
2003 – Kulturhauptstadt Europas /
Coproduction with Graz 2003 – Cultural
Capital of Europe (Wien / Vienna:
Springer-Verlag 2002)

Zaha Hadid. Opere e progetti / Works and
Projects, Ausstellungskatalog / Exhibition
catalogue (Rom / Rome: Centro nazionale
per le arti contemporanee 2002)

Architecture and Urbanism, Bd. / Vol. 374,
Sonderausgabe Zaha Hadid / Special
issue Zaha Hadid, hrsg. von / ed. by
Nobuyuki Yoshida (Tokio / Tokyo: A+U
Publishing Co., Ltd. 2001)

CAC: Contemporary Art Center, Zaha
Hadid Studio 2000, Yale School of
Architecture, hrsg. von / ed. by Douglas
Grieco, Wendy Ing, Nina Rappaport (New
York: The Monacelli Press 2001)

Zaha Hadid 1996–2001. Landscape as a
Plan, el croquis 103 (Madrid: el croquis,
s.l. 2001)

Zaha Hadid Lounge Wolfsburg,
Ausstellungsbroschüre / Exhibition leaflet
(Kunstmuseum Wolfsburg 2001)

4 City Visionaries: Zaha Hadid, hrgs. von /
ed. by The British Council / anlässlich der
Architekturbiennale Venedig 2000 / on the
occasion of the Venice Biennale of
Architecture 2000 (London: The British
Council 2000)

Architecture of Zaha Hadid in Photographs
by Hélène Binet (Baden: Lars Müller
Publishers 2000)

Zaha Hadid – LF one: landscape formation
Weil am Rhein (Basel: Birkhäuser 1999)

Zaha Hadid. Das Gesamtwerk (Stuttgart:
Deutsche Verlags-Anstalt GmbH 1998)

Zaha Hadid. The Complete Buildings and
Projects (London: Thames & Hudson
1998)

Elisabeth Blum, Ein Haus, ein Aufruhr.
Anmerkungen zu Zaha Hadids
Feuerwehrhaus
(Braunschweig/Wiesbaden: Friedr. Vieweg
& Sohn Verlagsgesellschaft mbH 1997)

Nicholas Crickhowell, Opera House
Lottery. Zaha Hadid and the Cardiff Bay
Project (Wales: University of Wales Press
1997)

Cesare De Sessa, Zaha Hadid. Eleganze
dissonati (Turin: Testo & Immagine s.r.l.
1996)

Zaha Hadid 1992–1995, el croquis 73
(Madrid: el croquis, s.l. 1995)

Zaha Hadid 1983–1991, el croquis 52
(Madrid: el croquis, s.l. 1991)

Sofern nicht anders angeführt, alle Leihgaben von Zaha Hadid Architects
Unless otherwise indicated all loans by Zaha Hadid Architects

Sofern nicht anders angeführt, alle Fotografien von Gemälden, Zeichnungen und Modellen von Edward Woodman und David Grandorge
Unless otherwise indicated all photographs of paintings, drawings, and models by Edward Woodman and David Grandorge

MAK-Ausstellungsansichten / MAK Exhibition views (S. / P. 32–57): © Gerald Zugmann/MAK

ICE-STORM / ICE-STORM
2003
Styropor, Polyurethan, Lack / Styrofoam, polyurethane, lacquer
ca. 10 x 10 x 5 m

Entwurf / Design
Zaha Hadid, Patrik Schumacher

Designteam / Design team
Thomas Vietzke, Woody K. T. Yao

Integrierte Möbelelemente / Integrated furniture elements

Bett „Ice Cube" / "Ice Cube" bed
Holz, Lack / Wood, lacquer
191 x 96 x 130 cm
Leihgeber / Lender
Sawaya & Moroni SPA, Mailand, Italien / Milan, Italy

Bank „Iceberg" / "Iceberg" bench
Holz, Lack / Wood, lacquer
236 x 96 x 105 cm
Leihgeber / Lender
Sawaya & Moroni SPA, Mailand, Italien / Milan, Italy

Bank „Glacier" / "Glacier" bench
Holz, Lack / Wood, lacquer
304 x 130 x 87 cm
Leihgeber / Lender
Sawaya & Moroni SPA, Mailand, Italien / Milan, Italy

Sofa „Moraine" / "Moraine" sofa
Holz, Schaumstoff, Stoff / Wood, foam, fabric
377 x 193 x 117 cm
Leihgeber / Lender
Sawaya & Moroni SPA, Mailand, Italien / Milan, Italy

„Z-Play Pouff" / "Z-Play Pouff"
4 Elemente / 4 Elements
Holz, Schaumstoff, Stoff / Wood, foam, fabric
Gesamt / In total 161 x 96 x 130 cm
Leihgeber / Lender
Sawaya & Moroni SPA, Mailand, Italien / Milan, Italy

Tisch „Stalactite" / "Stalactite" table
Holz, Lack / Wood, lacquer
280 x 154 x 112 cm
Leihgeber / Lender
Sawaya & Moroni SPA, Mailand, Italien / Milan, Italy

Tisch „Stalagmite" / "Stalagmite" table
Holz, Lack / Wood, lacquer
280 x 154 x 112 cm
Leihgeber / Lender
Sawaya & Moroni SPA, Mailand, Italien / Milan, Italy

Tee- & Kaffee-Set / Tea and Coffee Set
Sterling Silber / Sterling silver
Zusammengesetzt aus vier Teilen / Composed of four elements
Gesamt / In total 56 x 36 x 47 cm
Leihgeber / Lender
Sawaya & Moroni SPA, Mailand, Italien / Milan, Italy

Installation „Häusliche Welle" / Installation "Domestic Wave" / 2002
Holz, Styropor, Lack / Wood, styrofoam, lacquer / ca. 4 x 8 x 1,5 m

NUOVA STAZIONE AV DI FIRENZE, FLORENZ, ITALIEN / NUOVA STAZIONE AV DI FIRENZE, FLORENCE, ITALY
2002
Wettbewerb / Competition
Mit / With Patrik Schumacher

Projektteam / Project team
Filippo Innocenti, Fernando Perez Vera, Maurizio Meossi, Lorenzo Grifantini, Cedric Libert, Barbara Pfenningstorff, Matthias Frei, Brent Crittenden, Achim Gergen, Tamar Jacobs, Cornelius Schotthauer, Anneka Wegener, Thomas Vietzke

Statik / Structural engineering
Adams Kara Taylor, Hanif Kara

Haustechnik / Service engineering
Hoare Lea, Phil Dow, Andrew Bullmore, Miller Hannah

Lichtberatung / Lighting consultants
Hoare Lea, Dominic Meyrick

Berater / Consultants
abt srl, David Sabatello, Ares srl, Roberto Righini, Immo Consultant, Alessandra Albani

Ausgestellt / Exhibited:

9 Wettbewerbspaneele / 9 Competition panels
Druck auf Papier, laminiert / Print on paper, laminated / A0
Zaha Hadid Architects

Abgebildet / Illustrated:

S. 68 oben / P. 68 top: Blick vom Bahnsteig / View from platform / Rendering, 2000
S. 68 unten / P. 68 bottom: Vogelperspektive / Aerial perspective / Rendering, 2000
S. / P. 70: Vogelperspektive / Aerial view / Rendering, 2000
S. / P. 71: Blick vom Bahnsteig / View from platform / Rendering, 2000
Alle Renderings / All renderings: © Zaha Hadid Architects

BMW-WERK, ZENTRALGEBÄUDE, LEIPZIG, DEUTSCHLAND
BMW PLANT, CENTRAL BUILDING, LEIPZIG, GERMANY
2002
Wettbewerb, 1. Preis / Competition, 1st Prize
In Bau seit / Under construction since 2003
Mit / With Patrik Schumacher

Designteam / Design team
Lars Teichmann, Eva Pfannes, Kenneth Bostock, Stephane Hof, Djordje Stojanovic, Leyre Villoria, Liam Young, Christiane Fashek, Manuela Gatto, Tina Gregoric, Cesare Griffa, Yasha Jacob Grobman, Filippo Innocenti, Zetta Kotsioni, Debora Laub, Sarah Manning, Maurizio Meossi, Robert Sedlak, Niki Neerpasch, Eric Tong

Landschaftsarchitekten / Landscape architects
Gustafson Porter, London
In Zusammenarbeit mit / In collaboration with Gross. Max; Bridget Baines, Eelco Hooftman

Tragwerksplanung / Engineering
Anthony Hunts Assoc., Les Postawa

Haustechnik / Technical equipment
Max Fordham and Partners, Henry Luker

Baukosten / Building costs
Davis Langdon & Everest, Sam MacKenzie, Princes House

Lichtdesign / Light design
Equation Lighting, Mark Hensman

Modelfotografie / Model photographs
David Grandorge

Modellbau / Model builders
Delicatessen Design, Ademir Volic

Ausgestellt / Exhibited:

Modelle / Models:
6 Reliefmodelle / 6 Relief models
Weißer Karton / White cardboard
Je / Each 30 x 41,8 x 1 cm

Wettbewerbsmodell 1:100 / Competition model 1:100
Weißes Plexiglas / White perspex
108,7 x 49,5 x 35,5 cm

6 Reliefmodelle / 6 Relief models
Weißer Karton / White cardboard
Je / Each 30 x 41,8 x 1 cm

2 große Reliefmodelle / 2 Large relief models
Weißer Karton / White cardboard
85 x 61 x 15 cm

Großes Arbeitsmodell / Big study model
Weißer Karton, Schaumkarton / White cardboard, foamcore
303,5 x 103,5 x 27 cm

Paneele / Panels:
9 Wettbewerbspaneele / 9 Competition panels
Druck auf Papier, laminiert / Print on paper, laminated / A0

Abgebildet / Illustrated:

S. / P. 72: Dachlandschaft / Roofscape / Rendering, 2003
S. / P. 73: Wettbewerbsmodell / Competition model / 2002
S. 74 oben links / P. 74 top left: Perspektivischer Grundriss / Perspective plan view / Rendering, 2002
S. 74 oben rechts / P. 74 top right: Vogelperspektive des Eingangsbereichs / Aerial view from entrance / Rendering, 2002
S. 74 unten / P. 74 bottom: Längsschnitt / Longitudinal section / 2002
S. / P. 75: Terrassierte Bürolandschaft / Terraced office scape / Rendering, 2002
Alle Renderings / All renderings: © Zaha Hadid Architects

SAMMLUNG BRANDHORST, MÜNCHEN, DEUTSCHLAND
COLLECTION BRANDHORST, MUNICH, GERMANY
2002
Wettbewerb, 2. Preis / Competition, 2nd prize
Mit / With Patrik Schumacher

Projektarchitekt / Project architect
Barbara Pfenningstorff

Wettbewerbsteam / Competition team
Adriano De Gioannis, Cornelius Schlotthauer, Maurizio Meossi, Filippo Innocenti, Rocio Paz, Eric Tong, Ana Milena Cajiao, Flavio La Gioia, Viggo Haremst, Manuela Gatto, Tamara Jacobs, Thomas Vietzke, Natalie Rosenberg, Christos Passas

Statik / Structural engineering
ASTE, Innsbruck: Dipl.- Ing. Andi Glatzl, Dipl.-Ing. Christian Aste

Haustechnik, Galeriebeleuchtung / Technical equipment, gallery lights
MAX FORDHAM and Partners, London
Henry Luker

Außenraumbeleuchtung / Exterior lights
Office for Visual Interaction, Inc. (OVI); Jean M. Sundin, Enrique Peiniger

Glasfassade / Glass façade
RFR Paris; Jean-Francois Blassel

Ausgestellt / Exhibited:

Modelle / Models:
Schwarzes Plexiglasmodell 1:200 / Black
perspex model 1:200
Schwarzes Plexiglas / Black perspex
550 x 25 x 20 cm

Wettbewerbsmodell 1:100 / Competition
model 1:100
Weißes Plexiglas / White perspex
108,7 x 49,5 x 35,5 cm

Arbeitsmodell / Study model
Weißer Karton, Schaumkarton / White
cardboard, foamcore
108,7 x 49,5 x 35,5 cm

Reliefmodell / Relief model
Weißer Karton / White cardboard
84,8 x 63 x 11 cm

Paneele / Panels:
6 Wettbewerbspaneele / 6 Competition
panels
Druck auf Papier, laminiert / Print on paper,
laminated / A0

Abgebildet / Illustrated:

S. 76 links / P. 76 left: Im Inneren des
Canyon / Inside the canyon / Rendering,
2002
S. 76 rechts / P. 76 right: Eingangsbereich /
Entrance area / Rendering, 2002
S. 77 links / P. 77 left: Wettbewerbsmodell /
Competition model / 2002
S. 77 rechts / P. 77 right: Durchblick durch
den Canyon, Modell / View through the
canyon, model / 2002
Alle Renderings / All renderings: © Zaha
Hadid Architects

**SINGAPUR – „VISTA" MASTERPLAN
SINGAPORE – "VISTA" MASTERPLAN**
2001
Wettbewerb, 1. Preis / Competition, 1st prize
Phase 1 in Realisierung seit / Phase 1 in
realization since 2002

Projektarchitekten / Project architects
David Gerber, Dillon Lin

Projektteam / Project team
Silvia Forlati, Markus Dochantschi, Rodrigo
O'Malley, David Mah, Gunther Koppelhuber,
Kim Thornton

Wettbewerbsteam / Competition team
David Gerber, Edgar Gonzalez, Chris
Dopheide, David Salazar, Tiago Correia,
Ken Bostock, Patrik Schumacher, Paola
Cattarin, Dillon Lin, Barbara Kuit, Woody
K. T. Yao

Stadtplanerische Strategie / Urban strategy
Lawrence Barth, AA

Modelle / Models
Riaan Steenkamp, Chris Dopheide, Ellen
Haywood, Helena Feldman

Präsentationsmodelle / Presentation models
Delicatessen Design, Ademir Volic

Fotografien / Photography
David Grandorge

Infrastruktur-Ingenieure / Infrastructural
engineers
Arup: Simon Hancock, Ian Carradice,
David Johnston

Transport-Ingenieure / Transport engineers
MVA: Paul Williams, Tim Booth

Landschaftsarchitekten / Landscape architects
Cicada Private Limited

Lichtplanung / Lighting planners
LPA: Karou Mende

Beratung Planungstechnik / Planning tool
consultants
B consultants: Tom Barker, Graeme Jennings

Ausgestellt / Exhibited:

Modelle / Models:
Wettbewerbsmodell der Massen /
Competion formal massing model
Holz und Plexiglas / Wood and perspex
45 x 45,5 x 10 cm

Gebäudemassen und Substanzmodell
1:1000 / Building mass & fabric model
1:1000
Holz, Karton / Wood, cardboard / 1,5 x 2 m

Formmassenmodell, Studie 1, 1:2000 /
Formal massing model, study 1, 1:2000
MDF, Karton, Schaumkarton / MDF, card-
board, foamcore / A0

Formmassenmodell, Studie 2, 1:2000 /
Formal massing model, study 2, 1:2000
MDF, Karton, Schaumkarton / MDF,
cardboard, foamcore / A0

Geripptes Schnittmodell / Ribbed
sectional model
MDF, Plexiglas / MDF, perspex / A0

Substanz-Studienmodelle 1 / Fabric study
models 1
Schaumkarton, Karton / Foamcore, cardboard
A0

Substanz-Studienmodelle 2 / Fabric study
models 2
Schaumkarton, Karton / Foamcore, cardboard
A0

Topographie-Studienmodelle des Stand-
orts / Site topography studies models
Schaumkarton, Karton / Foamcore, cardboard
A0

Wettbewerb-Studienmodelle / Competition
studies models
Schaumkarton, Karton / Foamcore, cardboard
A0

Substanz-Landschaftsstudienmodelle /
Fabric landscapes studies models
Schaumkarton, Karton / Foamcore, cardboard
A0

Gemälde / Paintings:
Rotation der Vogelperspektive / Aerial view
rotation
Leinwand auf Spannrahmen
Je / Each 250 x 105 cm

Paneele / Panels:
Philosophie: Megaform Mikroenvironment /
Philosophy: Megaform microenvironments
Druck auf Schaumkarton / Print on foamcore
A0

Terrain: Qualitäten und Möglichkeiten /
Terrain: Qualities and opportunities
Druck auf Schaumkarton / Print on foamcore
A0

Der Grundriss: Urbaner Teppich /
The Plan: Urban tapestry
Druck auf Schaumkarton / Print on foamcore
A0

Entstehung: Matrix der Zonen und Phasen
/ Formation: Matrix of zoning and phasing
Druck auf Schaumkarton / Print on foamcore
A0

Verbindungen: Infrastruktur und
Landschaftsform / Connectivity
Infrastructure and landform
Druck auf Schaumkarton / Print on foamcore
A0

Morphologien: Muster, Linien und Formen /
Morphologies: Patterns, lines, and forms
Druck auf Schaumkarton / Print on foamcore
A0

Abgebildet / Illustrated:

S. / P. 78: Vogelperspektive / Aerial
perspective / Rendering, 2002
S. / P. 79: Verformter Raster,
Computerzeichnung / Deformed grid,
computer drawing / 2001
S. / P. 80: Isometrische Gesamtansicht /
Isometric overview / Rendering, 2001
S. / P. 81: Gesamtansicht, Modell /
Overall view, model / 2001
Alle Renderings / All renderings: © Zaha
Hadid Architects

**ERWEITERUNG DES ORDRUPGAARD
MUSEUMS, KOPENHAGEN, DÄNEMARK
ORDRUPGAARD MUSEUM EXTENSION,
COPENHAGEN, DENMARK**
2001
Wettbewerb, 1. Preis / Competition, 1st prize
In Planung / In planning

Designteam / Design team
Patrik Schumacher, Graham Modlen, Ken
Bostock, Lars Teichmann, Cedric Libert,
Vivek Shankar, Sara de Araujo, Tiago
Correia, Adriano de Gioannis

Statik / Structural engineering
Jane Wernick Associates, Jane Wernick
Principal

Technische und elektrische Planung /
Mechanical & electrical engineering
Ove Arup & Partners: Simon
Hancok (Associate Director)

Beleuchtungsberatung /
Lighting consultants
Ove Arup & Partners: Andy Sedgwick
(Director)

Materialien Technologie Beratung /
Material technology consultant
B Consultans: Tom Barker (Director)

Kostenkontrolle / Quantity surveyor
Davis Langdon & Everest:
Ian Fraser (Director), Architect

Ausgestellt / Exhibited:

Modell / Model:
Wettbewerbsmodell / Competition model
Weißer Karton, Schaumkarton / White
cardboard, foamcore / 71 x 55 x 24 cm

Paneele / Pannels:
9 Wettbewerbspaneele / 9 Competition
panels
Druck auf Papier, laminiert / Print on paper,
laminated / A0

Abgebildet / Illustrated:

S. / P. 82: Ansicht vom Garten, Modelle /
View from garden, models / 2002
S. / P. 84: Aufsicht, Modell / Top view,
model / 2002
S. 85 links / P. 85 left: Eingangsbereich,
Modell / Entrance area, model / 2002
S. 85 rechts / P. 85 right: Lichtstudie,
Reliefmodell / Light study, relief model / 2002

**GUGGENHEIM MUSEUM TOKYO,
TOKIO, JAPAN
GUGGENHEIM MUSEUM TOKYO,
TOKYO, JAPAN**
2001
Wettbewerb, 1. Preis / Competition, 1st prize
Mit / With Patrik Schumacher

Projektarchitekt / Project architect
Patrik Schumacher

Designteam / Design team
Gianluca Racana, Kenneth Bostock, Vivek
V. Shankar

Ausgestellt / Exhibited:

Modelle / Models:
Wettbewerbsmodell 1:200 / Competition
model 1:200
Harz und Plexiglas / Resin and plexiglass
100 x 50 x 50 cm
Leihgeber / Lender
Solomon R. Guggenheim Museum, New York

Wettbewerbsmodell 1:500 / Competition
model 1:200
Harz und Holz / Resin and wood
50 x 50 x 20 cm
Leihgeber / Lender
Solomon R. Guggenheim Museum, New York

Paneele / Panels:
9 Wettbewerbspaneele / 9 Competition
panels
Druck auf Papier, laminiert / Print on paper,
laminated / A0

Abgebildet / Illustrated:

S. 86: Eingangsbereich,
Wettbewerbsmodell / Entrance area,

competition model / 2001
S. 87 links / P. 87 left: Perspektivische Ansicht / Perspective elevation / Rendering, 2001
S. 87 rechts oben / P. 87 top right: Ausstellungshalle, perspektivische Innenansicht / Exhibition hall, perspective / Rendering, 2001
S. 87 rechts unten / P. 87 bottom right: Perspektivische Ansicht / Perspective elevation / Rendering, 2001

BIBLIOTHÈQUE NATIONAL DU QUÉBEC, QUÉBEC, MONTREAL, KANADA
BIBLIOTHÈQUE NATIONAL DU QUÉBEC, QUÉBEC, MONTREAL, CANADA
2000
Wettbewerb / Competition
Mit / With Patrik Schumacher

Architekten / Architects
Boutin Ramoisy Tremblay Architectes, Québec, Canada

Projektteam / Project team
Sonia Villaseca, Stéphane Hof, Chris Dopheide, Djordje Stojanovic, Dillon Lin, Lida Charsouli, Garin O'Aivazian, David Gerber, Andreas Durkin, Liam Young, Christos Passas, Sara Klomps

Wettbewerbsmodell / Competition model
Ademir Volic

Fotografien / Photography
David Grandorge

Statik / Structural engineering
Ove Arup Partnership, London: Bob Lang

Mechanik / Mechanical engineering
Ove Arup Partnership, London: Andy Sedgewick

Beratung Baukosten / Cost consultants
Hanscomb, London: Gary Mardon, Ben Goodenough; Hanscomb, Québec: Philippe Coutou

Lichtberatung / Lighting consultants
Jean M. Sundin, Enrique Peiniger, Office for Visual Interaction, New York

Ausgestellt / Exhibited:

Modelle / Models:
Einreichungsmodell / Submission model
Plexiglas-Lichtbox / Perspex-lightbox
107 x16,5 x 20 cm

Gemälde / Paintings:
2 Einreichungsgemälde / 2 Submission paintings
Acryl auf schwarzem Zeichenkarton / Acrylic on black cartridge
Je / Each 84,1 x 118,9 x 1 cm

Abgebildet / Illustrated:

S. / P. 88: Vogelperspektive / Aerial view / Rendering, 2000
S. / P. 89: Perspektivischer Blick von oben, Farbzeichnung / Aerial perspective, colored drawing / 2000
S. / P. 90: Wettbewerbsmodell / Competition model / 2000
S. 91 oben / P. 91 top: Lobby / Rendering, 2000
S. 91 unten / P. 91 bottom: Eingangsbereich / Entrance area / Rendering, 2000
Alle Renderings / All renderings: © Zaha Hadid Architects

LA GRANDE MOSQUEE DE STRASBOURG, STRASSBURG, FRANKREICH
LA GRANDE MOSQUEE DE STRASBOURG, STRASBOURG, FRANCE
2000
Wettbewerb / Competition

Designteam / Design team
David Gerber, Ali Mangera, David Salazar, Jorge Ortega, Caroline Voet, Eddy Can, PatrikSchumacher, Woody K. T. Yao, Hon Kong Chee, Stephane Hof, Steve Power, Edgar Gonzalez, Garin O'Aivazian

Statik / Structural engineers
Adams Kara Taylor, Hanif Kara

Baukosten / Costs
Davis Langdon & Everest, Paris; Andrew Richardson / Guy Rezeau

Umwelttechniker / Environmental engineers
Max Fordham and Partners; Henry Luker/ Sam Archer

Akustik / Acoustics
Ove Arup and Partners, Peutz et Associes S.A.R.L.; Raj Patel/Richard Cowe; Yves Dehamel

Licht / Lighting
Office for Visual Interaction, New York; Jean M. Sundin, Enrique Peiniger

Design
Dr. Salma Samar Damlugi

Architekt vor Ort / Local architect
Albert Grandadam, Straßburg / Strasbourg

Fotografie / Photography
David Grandorge

Ausgestellt / Exhibited:

Modell / Model:
Wettbewerbsmodell 1:100 / Competition model 1:100
Plexiglas, Polystyrol / Perspex, polystyrene
80 x 112 x 30 cm

Abgebildet / Illustrated:

S. / P. 92: Gebetshalle / Prayer hall / Rendering, 2000
S. / P. 93: Zugang / Approach / Rendering, 2000
S. 95 links / P. 95 left: Vogelperspektive / Aerial view / Rendering, 2000
S. 95 rechts oben / P. 95 top right: Gesamtansicht / Overall elevation / Rendering, 2000
S. 95 rechts unten / P. 95 bottom right: Gebetshalle / Prayer hall / Rendering, 2000
Alle Renderings / All renderings: © Zaha Hadid Architects

CENTRO JVC HOTEL, GUADALAJARA, MEXIKO
CENTRO JVC HOTEL, GUADALAJARA, MEXICO
2000

Projektarchitekt / Project architect
Jim Heverin

Projektteam / Project team
Helmet Kinzler, Edgar Gonzales, Eddy Can, Jorge Ortega, Zulima Nieto, Jose Rojo

Statik / Structural engineering
Adams Kara Taylor

Gebäudeservice / Building services
Buro Happold

Feuerschutzberater / Fire consultant
Arup Fire

Modellfotografie / Model photography
David Grandorge

Ausgestellt / Exhibited:

Modelle / Models:
3 Reliefmodelle / 3 Relief models
Weißer Karton / White cardboard
Je / Each 180 x 49 x 12,5 cm

Abgebildet / Illustrated:

S. / P. 96: Vogelperspektive, Modell / Aerial view, model / 2000
S. 97 links / P. 97 left: Arbeitsmodell, Detail / Study model, detail / 2000
S. 97 rechts / P. 97 right: Dachaufsicht / Roof plan / Rendering, 2000
Alle Renderings / All renderings: © Zaha Hadid Architects

TERMINUS HOENHEIM-NORD, STRASSBURG, FRANKREICH
TERMINUS HOENHEIM-NORD, STRASBOURG, FRANCE
1999–2001

Projektarchitekt / Project architect
Stephane Hof

Designteam / Design team
Stephane Hof, Sara Klomps, Woody K.T. Yao, Sonia Villaseca

Projektteam / Project team
Silvia Forlati, Patrik Schumacher, Markus Dochantschi, David Salazar, Caroline Voet, Eddie Can, Stanley Lau, David Gerber, Chris Dopheide

Projektberatung / Project consultants
mayer bährle, Roland Mayer

Statik / Structural engineering
Dr. Ing. Luigi Martino

Kontaktarchitekt / Contact architect
Albert Grandadam

Ausgestellt / Exhibited:

Modell / Model:
Modell der endgültigen Fassung / Final model
Weißer Karton, Styrol / White cardboard, styrene / 118 x 64 x11 cm

Paneele / Panels:
4 Fotoserien / 4 Photographic strips
Stephane Hoff
Je / Each 84,1 x 118,9 cm

Fotografien / Photographs:
Fotografie auf Fotopapier / Photograph on photographic paper / 90 x 130 cm
Hélène Binet

Abgebildet / Illustrated:

S. / P. 98: Parkplatz / Car park / 2001
Foto / Photo: © Hélène Binet
S. / P. 99: Luftaufnahme / Aerial view / 2001
Foto / Photo: © Airdiasol/Roger Rotham
S. 100 oben / P. 100 top: Straßenbahnstation / Tram station / 2002
Foto / Photo: © Hélène Binet
S. 100 unten / P. 100 bottom: Busstation / Bus station / 2002
Foto / Photo: © Hélène Binet
S. / P. 101: Parkplatz / Car park / 2002
Foto / Photo: © Hélène Binet

MIND ZONE, MILLENNIUM DOME, LONDON, GROSSBRITANNIEN
MIND ZONE, MILLENNIUM DOME, LONDON, GREAT BRITAIN
1999
Wettbewerb, 1. Preis / Competition, 1st prize

Architektonischer Entwurf / Architectural design
Zaha Hadid

Projektarchitekt / Project architect
Jim Heverin

Projektteam / Project team
Ana Sotrel, Graham Modlen, Christos Passas, Jon Richards, Paul Butler, Barbara Kuit

Kuratorenteam / Curatorial team
Patrik Schumacher, Barbara Kuit, Oliver Domeisen

Künstlerische Betreuung / Artist liason
Doris Lockhart-Saatchi

Wettbewerbsteam / Competition team
Graham Modlen, Patrik Schumacher, Woody Yao, Oliver Domeisen, Garin O'Avazian, Simon Yu, Wassim Halabi, Jim Heverin, Jon Richards

Modelle / Models
Jon Richards, A Models; Jim Heverin, Eddie Can, Helmut Kinzler

Künstlerische Mitarbeit / Artists/Exhibition collaborators
Neville Brody (Research Studios), Richard Brown, Nancy Burson, Brian Butterworth, Helen Chadwick, Hussein Chalayan, Richard Deacon, Escape, Ryoji Ikeda,

Herbert Lachmayer (with Matthias Fuchs and Sylvia Eckermann), Langlands & Bell, Ron Mueck, New Renaissance, Urs B. Roth, Gavin Turk

Kostenkontolle / Chartered quantity surveyors
Davis Langdon & Everest

Statik / Structural engineering
Ove Arup & Partners

Gebäudeservice / Building services
Ove Arup & Partners

Beratung Verkleidungsgestaltung / Cladding design consultants
DCAb

Lichtberatung / Lighting consultants
Hollands Licht

Ausführende Firmen / Contractors

Bauabwicklung / Construction managers
McAlpine Laing Joint Venture

Generalunternehmer / Principal contractor
Hypsos Expopartner

Stahlbau / Steel contractor
Watson Steel Ltd

GRP contractor
SP Offshore

Ausgestellt / Exhibited:

Modelle / Models:
Modell 1:100 / Model 1:100
Plexiglas / Perspex
105 x 50 x 40 cm

Frühes Arbeitsmodell 1: 500 / Early study model 1:500
Acryl und Stahldraht / Acrylic and steel wire
45 x 31 x 26 cm

Fotografien / Photographs:
2 Fotografien / 2 Photographs
Hélène Binet
Fotopapier / Photographic paper
90 x 130 cm

Abgebildet / Illustrated:

S. / P. 102: Seitenansicht / Side elevation / 1999
S. / P. 103: Bauphase / Construction / 1999
Alle Fotos / All photos: © Hélène Binet

SALERNO MARITIME TERMINAL (FÄHRTERMINAL), SALERNO, ITALIEN
SALERNO MARITIME TERMINAL (FERRY TERMINAL), SALERNO, ITALY
1999
Wettbewerb, 1. Preis / Competition, 1st prize
In Bau ab / Under construction 2003
Entwurf / Design
Zaha Hadid

Projektarchitekt / Project architect
Paola Cattarin

Designteam / Design team
Cedric Libert, Paolo Zilli, Eric Tong

Wettbewerbsteam / Competition team
Paola Cattarin, Sonia Villaseca, Chris Dopheide

Partner vor Ort / Local partner
Interplan Seconda, Alessandro Gubitosi

Statik / Structural engineering
Ove Arup and Partners, Sophie Le Bourva, Studio Sylos Labini, Francesco Sylos Labini

Haus- und Elektrotechnik / M&E engineering
Ove Arup and Partners, Andy Sedwick, Interplan Seconda, Alessandro Gubitosi

Schiffahrtstechnologie / Maritime engineer
Ove Arup and Partners, Gregory Haigh

Transporttechnik / Transport engineering
Ove Arup and Partners, David Johnston

Lichtberatung / Lighting consultants
Equation Lighting Design, Alexis Themis

Ausgestellt / Exhibited:

Modelle / Models:
2 neue Arbeitsmodelle / 2 New study models
Plexiglas, Lichtbox / Perspex, light box
Je / Each 20 x 50 x 10 cm

Arbeitsmodell / Study model
Plexiglas, Holz / Perspex, wood
90 x 35 x 15 cm

Arbeitsmodell / Study model
Plexiglaswürfel / Perspex cube
33 x 13 x 8 cm

Arbeitsmodell / Study model
Plexiglasblätter / Perspex cards
33,1 x 13 x 9 cm

Arbeitsmodell / Study model
Holz / Wood / 33 x 15 x 6 cm

Arbeitsmodell / Study model
Plexiglas / Perspex / 20 x 45 x 9 cm

Biennale Modell / Biennale model
Plexiglas / Perspex / 22 x 60 x 40 cm

Paneele / Panels:
Leihgeber / Lender
Comune di Salerno, Salerno, Italien / Italy

Yale Paneele / Yale panels
Farbdruck auf Papier, laminiert / Color print on paper, laminated / A0

Wettbewerbspaneele / Competition panels
Farbdruck auf Papier, laminiert / Color print on paper, laminated / A0

Abgebildet / Illustrated:

S. / P. 104: Ansicht vom Wasser, Modelle / View from water, models / 2002
S. / P. 105: Isometrische Ebenen / Isometric layers / Renderings, 2000
Alle Renderings / All renderings: © Zaha Hadid Architects

SCIENCE CENTER WOLFSBURG, WOLFSBURG, DEUTSCHLAND
SCIENCE CENTER WOLFSBURG, WOLFSBURG, GERMANY
1999
Wettbewerb, 1. Preis / Competition, 1st prize
In Bau seit / Under constructions since 2001

Architekten / Architects:
Zaha Hadid, mayer bährle

Projektarchitekt / Project architect
Christos K Passas

Projektteam / Project team
Sara Klomps, David Salazar, Helmut Kinzler, Günter Barczik, Gernot Finselbach, Silvia Forlati, Kenneth Bostock, Enrico Kleinke, Liam Young, Lida Charsouli, Barbara Kuit, Patrik Schumacher, Markus Dochantschi

Wettbewerbsteam / Competition team
Christos Passas, Janne Westermann, Chris Dopheide, Stanley Lau, Eddie Can, Yoash Oster, Jan Huebener, Caroline Voet

Statik / Structural engineering
Adams Kara Taylor, Hanif Kara, Paul Scott, Tokarz Freirichs Leipold (Hannover): L. Leipold

Haustechnik / Service engineering
Büro Happold (London/Berlin): Ewan McLeod, Peter Roberts; NEK (Braunschweig): S. Wachtel

Kostenberatung / Cost consultants
Hanscomb GmbH (Berlin): M. Sauerborn

Lichtberatung / Lighting consultants
Konzept / concept: OVI Inc. (New York): E. Peiniger, J. Sundin; Design: Fahlke & Dettmer (Hannover)

Fotografie / Photography
David Grandorge

Ausgestellt / Exhibited:

Modelle / Models:
Wettbewerbsmodell / Competition model
Harz, Plexiglas / Perspex, resin
40 x 25 x 14 cm

Arbeitsmodell / Study model
Holz, Harz / Wood, resin
55 x 90 x 20 cm

2 Detail-Kegelmodelle / 2 Detail cone models
Holz, Harz / Wood, resin
Variabel / Various

2 Detail-Kegelmodelle / 2 Detail cone models
Holz, Harz / Wood, resin
Variabel / Various

Modell 1:50 / Model 1:50
Weißer Karton / White cardboard
315 x 165 x 50 cm

Model / Model
Plexiglas / Perspex
280 x 120 x 35 cm
Leihgeber / Lender
Kulturdezernat der Stadt Wolfsburg

Paneele / Panels:
9 Paneele / 9 panels
Druck auf Papier, laminiert / Print on paper, laminated / Je / Each A0

Fotografien / Photographs
5 Fotografien / 5 Photographs
Hélène Binet
Fotopapier / Photographic paper
Je / Each A0

Abgebildet / Illustrated:

S. / P. 106: Blick ins Innere / View into the interior / Rendering, 2001
© Zaha Hadid Architects

S. / P. 107: Bauphase eines Kegels / Cone under construction / 2003
© Hélène Binet

S. 108 / 109, im Uhrzeigersinn / PP. 108 / 109, clockwise:
Ausstellungshalle, Arbeitsmodell / Exhibition hall, study model / 2002
Eingang, Arbeitsmodell / Entrance, study model / 2001
Innenansicht, Arbeitsmodell / Interior view, study model / 2001
Bauphase der Kegel / Cones under construction / 2003 (Beide Fotos / Both Photos: © Hélène Binet)
Foschperspektive / Worm's-eye view / Rendering, 2001
Ansicht vom Bahnhofsplatz / View from "Bahnhofsplatz" / Rendering, 2001
Konzeptskizze / Conceptual sketch / 1999
Alle Renderings / All renderings: © Zaha Hadid Architects

Als Hintergrund / Background illustration:
Plan der Geschossebene + 10,25 und + 11,95 / Plan of floor level + 10.25 and + 11.95
© Zaha Hadid Architects

S. / P. 110: Einzelbild aus der Konzeptanimation / Still of conceptual animation / 2000
© Zaha Hadid Architects

ERWEITERUNGSBAU FÜR DAS REINA SOFIA MUSEUM, MADRID, SPANIEN
EXTENSION OF THE REINA SOFIA MUSEUM, MADRID, SPAIN
1999
Wettbewerb / Competition
Mit / With Patrik Schumacher

Designteam / Design team
Sonia Villaseca, Jorge Ortega, Eddie Can, Paola Cattarin, Christos Passas, Chris Dopheide, Bergendy Cooke, Jee-Eun Lee, Caroline Voet, Oliver Domeisen, David Gomersall, Electra Mikelides

Fotografie / Photography
Edward Woodman

Kostenberatung / Cost consultant
Davis Langdon & Everest, Eloi Ruart

Haustechnik / Service engineering
Ove Arups & Partners, Simon Hancock

Statik / Structural engineering
Ove Arups & Partners, David Glover, Ed Clark

Beratung Museumsdesign / Museum Design Consultant
Bruce McAllister

Ausgestellt / Exhibited:

Modelle / Models:
Wettbewerbsmodell / Competition model
Holz, Plexiglas / Wood, perspex
72 x 72 x 109,5 cm

Modell / Model
Holz, Plexiglas / Wood, perspex
72 x 72 x 109,5 cm

12 Reliefmodelle / 12 Relief models
Karton, Schaumkarton / Cardboard, foamcore
Je / Each 252 x 59,4 x 10 cm

Gemälde / Paintings:
Reina-Sofia / Reina-Sofia
Acryl auf Zeichenkarton / Acrylic on cartridge
86 x 121 cm

Reina-Sofia / Reina-Sofia
Acryl auf Zeichenkarton / Acrylic on cartridge
86 x121 cm

Reina-Sofia / Reina-Sofia
Acryl auf Zeichenkarton / Acrylic on cartridge
86 x 121 cm

Abgebildet / Illustrated:

S. / P. 112: Vogelperspektive und Ebenen,
Gemälde / Aerial perspective and
layerings, painting / 1999
S. / P. 113: Arbeitsmodell, Detail / Study
model, detail / 1999
S. 114 links / P. 114 left: Galerieräume,
Modell / Gallery rooms, model / 1999
S. 114 rechts / P. 114 right: Überlagerung
der Grundrisse, Gemälde /
Superimposition of plans, painting / 1999
S. /P. 115: Wettbewerbsmodell /
Competition model / 1999

**KUNSTHAUS GRAZ, GRAZ,
ÖSTERREICH
KUNSTHAUS GRAZ, GRAZ, AUSTRIA**
1999
Wettbewerb / Competition
Mit / With Patrik Schumacher

Mitarbeiter / Collaborators
Sonia Villaseca, Stanley Lau, Paola Cattarin,
David Gerber, Eddie Can, Gianluca
Racana, Yoash Oster, Janne Westermann

Statik und Fassade / Structure engineering and façade consultant
Hanif Kara, Adams – Kara – Taylor

Kostenberatung / Cost consultant
Sam MacKenzie, Davis Langdon & Everest

Ausgestellt / Exhibited:

Modelle / Models:
Modell der Letztfassung 1:250 /
Final model 1:250
Holz / Wood / 34 x 31 x 10 cm

5 Arbeitsmodelle 1:250 /
5 Study models 1:250
Holz / Wood
Gesamt / In total 34 x 31 x 10 cm

2 Arbeitsmodell 1:250 /
2 Study models 1:250
Holz / Wood
Gesamt / In total 34 x 31 x 10 cm

3 frühe Modelle 1:250 /
3 Early models 1:250
Holz / Wood
Je / Each 10 x 5 x 4 cm

Abgebildet / Illustrated:

S. / P. 116: Aufsicht, Modell / Top view,
model / 1999
S. 117 links / P. 117 left: Voderansicht,
Modell / Front elevation, model / 1999
S. 117 rechts / P. 117 right:
Vogelperspektive, Modell / Aerial perspec-
tive, model / 1999

**BERGISEL SPRUNGSCHANZE,
INNSBRUCK, ÖSTERREICH
BERGISEL SKI JUMP, INNSBRUCK,
AUSTRIA**
1999–2002
Wettbewerb, 1. Preis / Competition, 1st prize

Architektonischer Entwurf / Architectural
design
Zaha Hadid

Projektmanager / Project manager
Markus Dochantschi

Projektarchitekt / Project architect
Jan Hübener

Projektteam / Project team
Matthias Frei, Cedric Libert, Sylvia Forlati,
Jim Heverin, Garin O'Aivazian, Sara Noel
Costa de Araujo

Wettbewerbsteam / Competition team
Ed Gaskin, Eddie Can, Yoash Oster,
Stanley Lau, Janne Westermann

Statik / Structural engineering
Jane Wernick, London; Christian Aste,
Innsbruck

Projektmanagement / Project management
Baumeister Ing. Georg Malojer, Schwaz,
Österreich / Austria

Haustechnik / Service engineering
Technisches Büro Ing. Heinz Pürcher,
Schladming, Österreich / Austria;
Technisches Büro Matthias Schrempf,
Schladming, Österreich / Austria; Peter
Fiby, Innsbruck, Österreich / Austria

Skisprungtechnologie / Ski jump technology
Bauplanungsbüro Franz Fuchslueger,
Trofaiach, Österreich / Austria

Lichtberatung / Lighting consultant
Office for Visual Interaction (New York):
Enrique Peiniger, Jean M. Sundin

Ausgestellt / Exhibited:

Modelle / Models:
3 Reliefmodelle / 3 Relief models
Weißer Karton, Schaumkarton / White
card, foamcore
Je / Each 84 x 84 x 38 cm

Modell / Model
Weißer Karton, Schaumkarton / White
card, foamcore / 100 x 41 x 80 cm

Einreichmodell / Submission model
Holz, Gips / Wood, plaster
91 x 42 x 35
Leihgeber / Lender:
Stadt Innsbruck, Auslober des Wett-
bewerbs gemeinsam mit dem ÖSV
City of Innsbruck, announcer of the com-
petition in cooperation with the ÖSV

Abgebildet / Illustrated:

S. / PP. 119, 120: 4 Fotographien /
4 Photographs
Alle Fotos / All photos: © Hélène Binet

**NATIONALES ZENTRUM FÜR ZEIT-
GENÖSSISCHE KUNST, ROM, ITALIEN
NATIONAL CENTER OF
CONTEMPORARY ARTS, ROME, ITALY**
1998
Wettbewerb, 1. Preis / Competition, 1st prize
In Bau seit / Under construction since 2003
Mit / With Patrik Schumacher

Designteam / Design team
Gianluca Racana, Barbara Pfenningstorff,
Ana M.Cajao, Lars Teichmann, Raza Zahid,
Adriano De Gioannis, Keneth Bostok,
Gernot Finselbach, Dillon Lin, Carolin Voet

Partnerarchitekt / Associate architect
ABT: David Sabatello, Piercarlo Rampini,
Paolo Olivi, Marco Valerio Faggiani

Statik / Structural engineering
Anthony Hunt Associates:
Les Postawa, Wolf Mangelsdorf, Rodolfo
Giannini, Omar Allahar, Catherine
Hodgeson, Gerry Trotter, Bradley
Swanson, Richard Tomalin, Bill Green,
Steve Thompson, Graham Parker;
OK Design Group: Tito Vespasiani
Gentilucci, Simone Di Cintio

Umwelttechnik / Environmental engineering
Max Fordham and Partners, OK Design
Group, Henry Luker, Julian Soper, Neil
Smith, Mark Willi, Mathew Olliver

Projektmanagement/Kostenberatung /
Project Management/Cost consultants
MDA International: Peter Russell, Clive
Witter, John Collinge;
ABT: David Sabatello, Piercarlo Rampini,
Paolo Olivi, Marco Valerio Faggiani

Beratung Akustik / Acoustic consultants
Paul Gilleron Acoustic: Paul Gilleron

Ausgestellt / Exhibited:

Modelle / Models:
Wettbewerbsmodell / Competition model
Holz, Plexiglas / Wood, perspex
137 x 63 x15 cm

4 Reliefmodelle / 4 Relief models
Weißer Karton / White cardboard
Gesamt / In total 23, 7 x 16,8 x 1,5 cm

6 Reliefmodelle / 6 Relief models
Weißer Karton / White cardboard
Gesamt / In total 252 x 29,7 x 3 cm

5 Reliefmodelle / 5 Relief models
Weißer Karton / White cardboard
Gesamt / In total 331,8 x 60 x 4 cm

Modell 1:100 / Model 1:100
Weißer Karton / White cardboard
165 x 165 x 25 cm
Leihgeber / Lender:
Galleria Nazionale d'Arte Contemporanea,
Rom, Italien / Rome, Italy

Modell 1:500 / Model 1:500
Weißer Karton, Plexiglas, Lichtbox / White
cardboard, perspex, light box
80 x 60 x 15 cm
Leihgeber / Lender:
Galleria Nazionale d'Arte Contemporanea,
Rom, Italien / Rome, Italy

6 Reliefmodelle / 6 Relief models
Weißer Karton / White cardboard
Gesamt / In total 252 x 29,7 x 3 cm

Gemälde / Paintings:

5 Wettbewerbsgemälde / 5 Competition
paintings
Acryl auf schwarzem Zeichenkarton /
Acrylic on black cartridge
Je / Each 50 x 70 cm

2 Wettbewerbsgemälde Innenansichten /
2 Competition paintings interior views
Acryl auf schwarzem Zeichenkarton /
Acrylic on black cartridge
Je / Each 65 x 90 cm

Großes Wettbewerbsgemälde / Large
competition painting
Acryl auf schwarzem Zeichenkarton /
Acrylic on black cartridge
93 x 172,5 cm

Abgebildet / Illustrated:

S. / P. 120: Konzeptuelles Gemälde /
Conceptual painting / 1998
S. 122 links / P. 122 left: Detail der
Dachkonstruktion / Detail of roof beams /
Rendering, 1999
S. 122 Mitte / P. 122 center: Modell /
Model / 1999
S. 122 rechts / P. 122 right:
Vogelperspektive / Aerial view /
Rendering, 1999
S. / P. 123: Vogelperspektive des
Geländes / Site aerial view / Rendering,
2001
Alle Renderings / All renderings: © Zaha
Hadid Architects

**ROSENTHAL CENTER FOR
CONTEMPORARY ART,
CINCINNATI, OHIO, USA
ROSENTHAL CENTER FOR
CONTEMPORARY ART,
CINCINNATI, OHIO, USA**
1998–2003
Wettbewerb, 1. Preis / Competition, 1st prize

Projektarchitekt / Project architect
Markus Dochantschi

Projektteam / Project team
Ed Gaskin, Ana Sotrel, David Gerber, Jan
Hübener, Christos Passas, Sonia Villaseca,
James Lim, Jee-Eun Lee, Oliver Domeisen,

Helmut Kinzler, Patrik Schumacher, Michael Wolfson, David Gomersall

Wettbewerbsgestaltung / Competition design
Oliver Domeisen, Shumon Basar

Team
Eun Lee, Terence Koh, Stephane Hof, Woody Yao, Ivan Pajares, Wassim Halabi, Nan Atichapong, Graham Modlen, Marco Guarinieri

Arbeitsmodelle / Study models
Chris Dopheide, Thomas Knüvener, Sara Klomps, Bergendy Cook, Florian Migsch, Ademir Volic (Präsentationsmodell / Presentation Model)

Architekt vor Ort / Local architect
KZF Incorporated, Cincinnati: Donald L. Cornett, Mark Stedtefeld

Bauleitung / Construction manager
Turner Construction Company

Statik / Structural engineering
THP Limited, Inc.; Shayne O Manning, Cincinnati; Jane Wernick, London

Beratung Haustechnik / Services consultant
Heapy Engineering

Theaterberatung / Theater consultant
Charles Cosler, Theatre Design, Inc.

Akustikberatung / Acoustic consultant
Ove Arup and Partners, London, New York
Andrew Nicol, Richard Cowell

Lichtberatung / Lighting consultant
Office for Visual Interaction, New York
Jean M. Sundin, Enrique Peiniger

Fotografie / Photography
Edward Woodman, David Grandorge

Ausgestellt / Exhibited:

Modelle / Models:
2 Arbeitsmodelle / 2 Study models
Harz, Stahldraht / Resin, steel wire
Gesamt / In total 22,5 x 43 x 30,5

Konzeptmodell / Carving idea model
Weißer Karton / White cardboard
120 x 40 x 8 cm

4 Arbeitsmodelle / 4 Study models
Schaumkarton / Foamcore
Je / Each 43 x 30,5 x 22,5

5 Reliefmodelle / 5 Relief models
Weißer Karton / White cardboard
Je / Each 29,7 x 42 x 2,5

7 Modelle der Dachkonstruktion / 7 Ceiling plan models
Weißer Karton / White cardboard
Je / Each 29,7 x 42 x 2,5 cm

Modell der Letztfassung / Final model
Holz, bemalt / Painted wood
90 x 71 x 71 cm

3 Gemälde / 3 Paintings
Acryl auf schwarzem Zeichenkarton / Acrylic on black cartridge
Je / Each 125 x 89 x 2,5 cm

Abgebildet / Illustrated:

S. / P. 124: Raumperspektive, Gemälde / Volumetric perspective, painting / 1999
S. / P. 125: Eckansicht, Fotomontage / Corner view, photomontage / 2003
S. 126 links / P. 126 left: Perspektivische Außenansicht, Reliefmodell / Exterior perspective, relief model / 1999
S. 126 rechts / P. 126 right: Rotation der Vogelperspektive / Rotation of aerial view / 1999
S. 127 oben links / P. 127 top left: Urban Carpet, Konzeptmodell / Urban Carpet, conceptual model / 1998
S. 127 unten links / P. 127 bottom left: Eckansicht / Corner view / 2003
S. 127 rechts / P. 127 right: Perspektivische Darstellung, Gemälde / Perspective view, painting / 1999

LF ONE, LANDESGARTENSCHAU 1999, WEIL AM RHEIN, DEUTSCHLAND
LF ONE, LANDESGARTENSCHAU 1999, WEIL AM RHEIN, GERMANY
1997–1999
Mit / With Patrik Schumacher, mayer bährle

Projektarchitekt / Project architect
Markus Dochantschi

Projektteam / Project team
Oliver Domeisen, Wassim Halabi, Garin O'vazian, Barbara Pfenningsdorf, James Lim

Modelle / Models
June Tamura, Jon Richards, Ademir Volic, Jim Heverin

Beratung Statik / Structural consultants
Dr. Ing. L. Martino, Grenzach-Wyhlen/Turin

Ausgestellt / Exhibited:

Modelle / Models:
Arbeitsmodell 1 / Study model 1
Weißer Karton, Schaumkarton / White cardboard, foamcore / 166 x 41 x 10 cm

Arbeitsmodell 2 / Study model 2
Weißer Karton, Schaumkarton / White cardboard, foamcore / 158,7 x 38 x 9 cm

„Vase"-Modell / "Vase" model
Plexiglas, bemalt / Painted perspex
120 x 30 x 5 cm

4 Reliefmodelle / 4 Relief models
Weißer Karton, Schaumkarton / White cardboard, foamcore
Je / Each 34 x 59 x 3 cm

Gemälde / Paintings:
Ansichten / Elevations
Acryl auf schwarzem Zeichenkarton / Acrylic on black cartridge / 179 x 96 cm

Froschperspektive / Worm's-eye view
Acryl auf schwarzem Zeichenkarton / Acrylic on black cartridge / 148 x 92 cm

Lageplan / Site plan
Acryl auf schwarzem Zeichenkarton / Acrylic on black cartridge / 148 x 92 cm

Isometrische Ansicht / Isometric view
Acryl auf schwarzem Zeichenkarton / Acrylic on black cartridge / 149,6 x 94 cm

Fotografien / Photographs:
7 Schwarz-Weiß-Fotografien / 7 Black and white photographs
Hélène Binet
Photopapier / Photographic paper
Je / Each 72,5 x 82,5 cm

Abgebildet / Illustrated:

S. / P. 128: Ausstellungsraum / Exhibition space / 1999
Foto / Photo: © Christian Richters
S. 129: 3 Außenansichten / 3 Exterior elevations / 1999
Fotos / Photos: © Hélène Binet
S. 130 links und Mitte / P. 130 left and center: Ausstellungshalle / Exhibition hall / 1999
Foto / Photo: © Christian Richters
S. 130 rechts / P. 130 right: Seitenansicht / Side view / 1999
Foto / Photo: © Christian Richters

LUXEMBURGER PHILHARMONIE, LUXEMBURG
LUXEMBOURG PHILHARMONIC HALL, LUXEMBOURG
1997
Wettbewerb / Competition
Mit / With Patrik Schumacher

Designteam / Design team
Garin O'Aivazian, Markus Dochantschi, Woody K.T.Yao, Wassim Halabi, Jan Huebener, Anna Klingmann, Tilman Schall, Filipe Pereira, Shumon Basar, Mark Hemerl, Yousif Albustani, Graham Modlen, Anuschka Kutz, David Gomersall

Fotografie / Photographs
Edward Woodman

Ausgestellt / Exhibited:

Modell / Model:
Einreichungsmodell / Submission model
Kunststoff, Plexiglas, Polystyrol / Plastic, perspex, polystyrene / 99 x 73 x 20 cm

Abgebildet / Illustrated:

S. 131 oben / P. 131 top: Wettbewerbsmodell / Competition model / 1997
S. 131 unten / P. 131 bottom: Arbeitsmodelle / Study models / 1997

BEWOHNBARE BRÜCKE, THEMSE, LONDON, GROSSBRITANNIEN
HABITABLE BRIDGE, RIVER THAMES, LONDON, GREAT BRITAIN
1996
Wettbewerb, 1. Preis / Competition, 1st prize

Designteam / Design team
Ljiljana Blagojevic, Paul Karakusevic, Graham Modlen, Woody K. T. Yao, Markus Dochantschi, Tilman Schall, Wassim Halabi, Garin O'Aivazian, Colin Harris, Thilo Fuchs, Shumon Baser, Simon Yu, Katrin Kalden, Anne-Marie Foster

Modelle / Models
Alan Houston, Michael Howe

Statik / Structural engineering
Ove Arup and Partners, Jane Wernick, Sophie Le Bourva

Beratung Haustechnik / Services Consultants
Ove Arup and Partners, Simon Hancock, Dorte Rich Jorgensen

Beratung Transport / Transportation consultant
Ove Arup and Partners, John Shaw

Management
Ove Arup and Partners, Harry Saradjian

Fotografie / Photographs
Edward Woodman

Ausgestellt / Exhibited:

Gemälde / Painting
"Habitable Bridge, London" / Habitable Bridge, London
Acryl auf Zeichenkarton / Acrylic on cartridge
480 x 84 cm

Abgebildet / Illustrated:

S. / P. 133: 2 Modelle / 2 Models / 1996

ERWEITERUNG DES KESSELHAUSES, VICTORIA AND ALBERT MUSEUM, LONDON, GROSSBRITANNIEN
BOILERHOUSE EXTENSION, VICTORIA AND ALBERT MUSEUM, LONDON, GREAT BRITAIN
1996
Wettbewerb / Competition
Mit / With Patrik Schumacher

Designteam / Design team
Zaha Hadid, Patrik Schumacher, Brian Ma Siy, Graham Modlen, Ljiljana Blagojevic, Paul Karakusevic, David Dochantschi, Wassim Halabhi, Maha Kutay, Simon Yu, Tomas Amat Guarinos, James Geiger, Tilman Schall, Alan Houston

Ausgestellt / Exhibited:

Modelle / Models:
4 "V&A" Modelle / 4 V&A Models
Draht, Plexiglas, Harz / Wire, perspex, resin
48 x 35 x 31 cm

Gemälde / Painting:
"Boilerhouse Project, Victoria and Albert Museum, London 1996"
Acryl auf Zeichenkarton / Acrylic on cartridge / 360 x 84 cm

Abgebildet / Illustrated:

S. / P. 134: Konzeptskizze / Conceptual sketch / 1996
S. / P. 135: Ansicht von der Straßenseite, Gemälde / Street elevation, painting / 1996

OPERNHAUS IN DER BUCHT VON CARDIFF, CARDIFF, WALES, GROSSBRITANNIEN
CARDIFF BAY OPERA HOUSE, CARDIFF, WALES, GREAT BRITAIN
1994-1996
Wettbewerb, 1. Preis / Competition, 1st prize

Entwurf / Design
Zaha Hadid mit / with Patrik Schumacher, Brian Ma Siy, Edgar Gonzales

Designteam / Design team
Wendy Ing, Paola Sanguinetti, Nunu Luan, Douglas Grieco, Graham Modlen, Woody Yao, Paul Brislin, Voon Yi Wong, Simon Koumjian, Anne Save de Beaurecueil, David Gomersall, Nicola Cousins

Modellbau / Model-makers
Ademir Volic, James Wink

Akustikberatung / Acoustic consultant
Richard Cowell, Nigel Cogger / Arup Acoustics

Theatertechnik Beratung / Theatre consultant
Anne Minors / Theatre Projects

Statik / Structural engineering
Jane Wernick, Colin Jackson / Ove Arup and Partners

Beratung Haustechnik / Services consultants
Simon Hancock/ Ove Arup and Partners

Fotografie / Photographs
Edward Woodman

Ausgestellt / Exhibited:

Gemälde / Paintings:
Ansicht von der Pierhead Street / View from Pierhead Street / 1994
Acryl auf Zeichenkarton / Acrylic on cartridge
100 x 35,5 cm

Ansichten von der „Oval Basin Piazza" / Views from the Oval Basin Piazza / 1995
Acryl auf Zeichenkarton / Acrylic on cartridge
100 x 35,5 cm

Blicke in den inneren Hof / Views into the internal courtyard / 1995
Acryl auf Zeichenkarton / Acrylic on cartridge
100 x 70 cm

„Jewels" / Jewels / 1996
Acryl auf Zeichenkarton / Acrylic on cartridge
100 x 70 cm

Ansicht von der East Bute Street / View from East Bute Street / 1997
Acryl auf Zeichenkarton / Acrylic on cartridge
100 x 70 cm

Ansicht von der Pierhead Street / View from Pierhead Street / 1998
Acryl auf Zeichenkarton / Acrylic on cartridge
100 x 70 cm

Vogelperspektive von Cadiff / Aerial view of Cardiff / 1994
Acryl auf Zeichenkarton, auf Leinwand kaschiert / Acrylic on cartridge, mounted on canvas
152 x 205 cm

Abgebildet / Illustrated:

S. / P. 136: Schnittperspektive, Gemälde / Sectional perspective, painting / 1994
S. / P. 137: Blick vom Platz, Gemälde / View from Piazza, painting / 1994

SPITTELAU VIADUKT, WIEN, ÖSTERREICH
SPITTELAU VIADUCTS, VIENNA, AUSTRIA
1994
In Planung / In planning

Gestaltung / Design
Zaha Hadid with Edgar Gonzales, Douglas Grieco, Paul Brislin, Patrik Schumacher, Woody Yao

Projektarchitekten / Project architects
Woody Yao, Markus Dochantschi

Designteam / Design team
Wassim Halabi, Garin O'Aivazan, James Geiger, Clarissa Mathews, Paola Sanguietti, Peter Ho, Anne Beaurecueil, David Gomersall

Realisierung / Realization
Gunther Koppelhuber; Christina Beaumont, Adriano de Gioannis, Markus Planteu

Statik / Structural engineering
Ortfried Friedreich – Ingenieurleistungen Friedreich and Partner Jane Wernick Colin Jackson – Ove Arup and Partners

Modelle / Models
Richard Arminger (1:200), James Wink (1:500)

Fotografie / Photographs
Edward Woodman

Ausgestellt / Exhibited:

Modelle / Models:
„Black Box Model" / Black Box Model
Acryl auf Zeichenkarton, Plexiglas / Acrylic on cartridge, perspex
84,4 x 44 x 11 cm

Modell 1:200 / Model 1:200
Weißer Karton, Schaumkarton / White cardboard, foamcore
210 x 55,5 x 30 cm

Gemälde / Paintings:
Vogelperspektive / Aerial view
Acryl auf weißem Zeichenkarton / Acrylic on white cartridge / 75 x 115 cm

„Spittelau Rotation" / Spittelau rotation
Acryl auf Zeichenkarton / Acrylic on cartridge
100 x 70 cm

„Spittelau Rotation" / Spittelau rotation
Acryl auf Zeichenkarton / Acrylic on cartridge
100 x 70

Paneele / Panels:
9 Paneele / 9 Panels
Farbdruck auf Papier, laniniert / Colour print on paper, laminated
Je / Each A0

Abgebildet / Illustrated:

S. 138: Fassade zum Donaukanal / Façade towards Donaukanal / Rendering, 2003
S. 139 oben / P. 139 top: Grundriss, Zeichnung / Floor plan, drawing / 2002
S. 139 Mitte links / P. 139 center left: Straßenseitige Ansicht, Modell / Steet elevation, model / 1995
S. 139 Mitte rechts / P. 139 center right: Vogelperspektive, Modell / Aerial view, model / 1995
S. 139 unten links / P. 139 bottom left: Vogelperspektive / Aerial view / Rendering, 2003
© Zaha Hadid Architects
S. 139 unten rechts / P. 139 bottom right: Konzeptmodell / Concept model / 1994

SANIERUNGSGEBIET RHEINAUHAFEN, KÖLN, DEUTSCHLAND
RHEINAUHAFEN REDEVELOPMENT, COLOGNE, GERMANY
1992
Wettbewerb / Competition

Entwurf / Design
Zaha Hadid

Designteam / Design team
Patrik Schumacher, Daniel Oakley, Craig Kiner, Yousif Albustani, Cathleen Chua, David Gomersall, John Stuart, Simon Koumijan

Modell / Model
Tim Price

Fotografie / Photography
Hisao Suzuki

Ausgestellt / Exhibited:

Gemälde / Painting:
Isometrische Gesamtansicht / Isometric overall view / 1993

Acryl auf Zeichenkarton, auf Leinwand kaschiert / Acrylic on cartridge, mounted on canvas
256 x 101,6 cm

Abgebildet / Illustrated:
S. / P. 141: Isometrische Gesamtansicht, Gemälde / Isometric overall view, painting / 1993

VISON FÜR MADRID, SPANIEN
VISION FOR MADRID, SPAIN
1992
Designteam / Design team
Zaha Hadid, Patrik Schumacher, Daniel R. Oakley, Simon Koumjian, Yousif Albustani, Craig Kine, Paco Mejias

Ausgestellt / Exhibited:

„Multi colour on white" / "Multi colour on white" / 1992
Acryl auf Zeichenkarton, auf Leinwand kaschiert / Acrylic on cartridge, mounted on canvas / 241 x 85 cm

Orange Explosion auf Schwarz / Orange explosion on black / 1992
Acryl auf Zeichenkarton, auf Leinwand kaschiert / Acrylic on cartridge, mounted on canvas / 120 x 85 cm

Orange Explosion auf Weiß / Orange explosion on white / 1992
Acryl auf Zeichenkarton, auf Leinwand kaschiert / Acrylic on cartridge, mounted on canvas / 120 x 85 cm

Kleine schwarze Explosion / Small Black explosion / 1992
Acryl auf Zeichenkarton, auf Leinwand kaschiert / Acrylic on cartridge, mounted on canvas / 241 x 85 cm

Abgebildet / Illustrated:

S. / P. 142: Konzeptuelles Gemälde / Conceptual painting / 1992

„THE GREAT UTOPIA", AUSSTELLUNGSARCHITEKTUR, SOLOMON R. GUGGENHEIM MUSEUM, NEW YORK, USA
"THE GREAT UTOPIA", EXHIBITION DESIGN, SOLOMON R. GUGGENHEIM MUSEUM, NEW YORK, USA
1992

Designteam / Design team
Zaha Hadid, Patrik Schumacher, Yousif Albustani, Daniel R. Oakley, David Gomersall, Simon Koumjian

Modelle / Models
Tim Price, Ademir Volic

Ausgestellt / Exhibited:

Gemälde / Painting:
Tektonik / Tectonic / 1992
Acryl und Wasserfarben auf Zeichenkarton Acrylic and watercolors on cartridge
186 x 96,5 cm

Tatlin-Turm und Tektonik „Worldwind" / Tatlin Tower and Tectonic Worldwind / 1992
Acryl und Wasserfarben auf Zeichenkarton / Acrylic and watercolours on cartridge
172 x 960 cm

Abgebildet / Illustrated:

S. 143 links / P. 143 left: Black Room „5x5=25" / Black Room „5x5=25" / 1992
S. 143 Mitte / P. 143 center: Tektonik, Gemälde / Tectonic, painting / 1992
S. 143 rechts / P. 143 right: Tatlin-Turm und Tektonik „Worldwind", Gemälde / Tatlin Tower and Tectonic Worldwind, painting / 1992

VITRA FEUERWEHRHAUS, WEIL AM RHEIN, DEUTSCHLAND
VITRA FIRE STATION, WEIL AM RHEIN, GERMANY
1989–1993

Entwurf / Design
Zaha Hadid

Projektarchitekt / Project architect
Patrik Schumacher

Detaildesign / Detail design
Patrik Schumacher, Signy Svalastoga

Designteam / Design team
Simon Koumjian, Edgar Gonzales, Kar-hwa
Ho, Voon Yee-Wong, Craig Kiner, Cristina
Verissimo, Maria Rossi, Nicola Cousins,
David Gomersall, Olaf Weishaupt

Modelle / Models
Daniel Chadwick, Tim Price
Projektmanagement / Project management
GPF & Associate; Freie Architekten BDA,
Germany

Konstruktionszeichnungen und Bauaufsicht
Const. Drawings and Building Supervision
Roland Mayer, Jürgen Roth, Shahriar
Eetezadi, Eva Weber, Wolfgang Mehnert

Fotografie / Photographs
Christian Richters, ARCAID-Richard
Bryant, Paul Warchol Zimmerman

Ausgestellt / Exhibited:

Modelle / Models:
2 Schnittmodelle / 2 Sectional models
Karton, Schaumkarton / Cardboard, foamcore
Gesamt / In total 181 x 38,5 x 52 cm

Reliefmodell 1:20 / Relief model 1:20
Karton, Schaumkarton / Cardboard, foamcore
45 x 29,7 x 83,7 cm

„Vitra Relief" / Vitra relief
Karton, Schaumkarton / Cardboard, foamcore
153,6 x 35,5 x 80 cm

Vitra Modell / Vitra model
Plexiglas / Perspex / 84 x 10,4 x 32,6 cm

3 Vitra Reliefmodelle / 3 Vitra relief models
Karton, Schaumkarton / Cardboard, foamcore
81,7 x 29 x 3,4 cm

**Gemälde und Zeichnungen / Paintings
and drawings:**
Aufriss / Elevation
Acryl auf weißem Papier / Acrylic on white
paper / 122 x 104 cm

Aufriss / Elevation
Acryl auf weißem Papier, kaschiert auf
Leinwand / Acrylic on white paper,
mounted on canvas / 120,5 x 104 cm

6 Sequenzen durch den Korridor /
6 Sequences through corridor
Acryl auf schwarzem Zeichenkarton /
Acrylic on black cartridge
Je / Each 42 x 29,7 cm

5 „Early perspectives" / 5 Early perspectives
Acryl auf schwarzem Zeichenkarton /
Acrylic on black cartridge
Je / Each 42 x 29,7 cm

8 „Late perspectives" / 8 Late perspectives
Acryl auf schwarzem Zeichenkarton /
Acrylic on black cartridge
Je / Each 42 x 29,7 cm

6 „Late perspectives" / 6 Late perspectives
Acryl auf weißem Zeichenkarton / Acrylic
on white cartridge / Je / Each 42 x 29,7 cm

8 Farbskizzen / 8 Color sketches
Bleistift und Kreide auf Papier / Pencil and
crayon on paper
Je / Each 21 x 29,7 cm

49 Zeichnungen / 49 Drawings
Kopie auf Acetatfolie / Photocopy on acetate
Je / Each 29,7 x 42 cm

3 gemalte Pläne / 3 Painted plans
Acryl auf weißem Zeichenkarton / Acrylic
on white cartridge
Je / Each 38,2 x 55,7 cm

Vogelperspektive des Lageplans / Aerial
site plan / 1991
Acryl auf Zeichenkarton / Acrylic on
cartridge / 120,3 x 271,2 cm

Abgebildet / Illustrated:

S. 144 links / P. 144 left: Umkleideraum /
Locker room / 1993
Foto / Photo: © Christian Richters
S. 144 rechts / P. 144 right:
Vogelperspektive mit Umgebung, Gemälde

Aerial view with landscape, painting /
1994
S. / P. 145: Blick in die Garage / View into
the garage / 1993
Foto / Photo: © Christian Richters
S. / P. 146: Ansicht der Vorderseite / Front
view / 1993
Foto / Photo: © Christian Richters

**LEICESTER SQUARE, LONDON,
GROSSBRITANNIEN**
LEICESTER SQUARE, LONDON,
GROSSBRITANNIEN
1990

Designteam / Design team
Zaha Hadid, Graham Modlen, Vincent
Maroi, Simon Koumjian, Edgar Gonzalez,
Patrik Schumacher, Craig Kiner, Cristina
Verissimo, David Gommersall, Philippa
Makin, Dianne Hunter-Gorman, Maria
Rossi, Mya Manakides

Ausgestellt / Exhibited:

Gemälde / Painting:
„Blue and Green Scrapers" / "Blue and
Green Scrapers" / 1990
Acryl auf Zeichenkarton / Acrylic on cartridge
230 x 110 cm

Abgebildet / Illustrated:

S. / P. 147: „Blue and Green Scrapers",
Gemälde / "Blue and Green Scrapers",
painting / 1990

**ZOLLHOF 3 MEDIENPARK,
DÜSSELDORF, DEUTSCHLAND**
ZOLLHOF 3 MEDIA PARK,
DUSSELDORF, GERMANY
1989–93
Wettbewerb, 1. Preis / Competition, 1st prize

Entwurf / Design
Zaha Hadid

Projektarchitekten / Project architects
Brett Steele, Brian Ma Siy

Projektteam / Project team
Paul Brislin, Cathleen Chua, John Comparelli,
Elden Croy, Craig Kiner, Graeme Little, Yousif
Albustani, Daniel Oakle, Patrik Schumacher,
Alistair Standing, Tuta Barbosa, David
Gomersall, C. J. Lim

Durchführbarkeit und Wettbewerb /
Feasibility and competition
Michael Wolfson, Anthony Owen, Signy
Svalastoga, Edgar Gonzales, Craig Kiner,
Patrik Schumacher, Ursula Gonsinor, Bryan
Langlands, Ed Gaskin, Yuko Moriyama,
Graeme Little Cristina Verissimo, Maria
Rossi, Yousif Albustani

Statik / Structural engineering
Jane Wernick & John Cripps-Ove Arup and
Partners; Klaus Hettasch-Boll & Partner

Haustechnik / Services engineers
Simon Hancock-Ove Arup and Partners;
Gerhard Ruccius-Jagger, Mornhinweg and
Partner

Kostenberatung / Cost consultants
Boris Feigl and Rainer Huppe-Tillyard
GmbH (Germany); Brett Butler-Tillyard (UK)

Modelle / Models
Ademir Volic, Daniel Chadwick, Richard
Threadgill

Beratender Architekt / Consultant architect
Roland Mayer, Lörrach

Fotografie / Photographs
Edward Woodman

Ausgestellt / Exhibited:

Modelle / Models:
„Floor plate model" / Floor plate model
Plexiglas, Holz / Perspex, wood
55,2 x 41,5 x 121,2 cm

Modell / Model
Transparentes und grünes Plexiglas, Stahl,
schwarzer Kunststoff / Clear and green
perspex, steel and black plastic
36,2 x 76 x 21,8 cm
Model 1:200 / Model 1:200

Bemalter grauer Kunststoff / Painted grey
plastic / 43,5 x 26,5 x 111,4 cm

Modell / Model
Schwarzes und transparentes Plexiglas /
Clear and black perspex
43,5 x 28 x 111 cm

Ansichtstudien 1992 / Elevation studies
1992
Plexiglasschichten / Perspex layers
42 x 29,7 x 3,5 cm

Serie Landschaftsreliefs 1992 /
Landscape relief series 1992
Karton und Schaumkarton / Cardboard
and foamcore / 5,5 x 170 x 30,5 cm

4 „Groundplate reliefs" 1992 / 4 Groundplate reliefs 1992
Karton und Schaumkarton / Cardboard
and foamcore
Gesamt / In total 104 x 118,8 x 1 cm

Gemälde / Paintings:
„Schostakovich / Bloomingdales"
Gebäuderotation / "Schostakovich /
Bloomingdales", building rotation / 1992
Acryl auf schwarzem Zeichenkarton /
Acrylic on black cartridge / 190 x 137,5 cm

Vier Reihen Gebäuderotation / Four row
building rotation / 1992
Acryl auf schwarzem Zeichenkarton /
Acrylic on black cartridge / 192 x 144 cm

Rot auf schwarz, Block A Rotation / Red
on black, block A rotation
Acryl auf schwarzem Zeichenkarton /
Acrylic on black cartridge / 147 x 90 cm

Ansicht von der Plaza in Richtung des
Durchblicks zwischen Block A und B /
View from plaza to point between blocks A
and B / 1992
Acryl auf schwarzem Zeichenkarton /
Acrylic on black cartridge / 81,5 x 82 cm

Blick durch Vierendeel in Richtung Straße /
View through Vierendeel towards street
1992
Acryl auf schwarzem Zeichenkarton /
Acrylic on black cartridge / 82,3 x 82 cm

Blick vom Fluss in Richtung Block C und D /
View from river towards blocks C and D
1992
Acryl auf schwarzem Zeichenkarton /
Acrylic on black cartridge / 81,5 x 81,5 cm

Blick entlang der Studioverglasung / View
along Studio glazing / 1992
Acryl auf schwarzem Zeichenkarton /
Acrylic on black cartridge / 81,5 x 81,8 cm

Perspektive von der Terrasse des
Vierendeel / Perspective on terrace of
Vierendeel / 1992
Acryl auf schwarzem Zeichenkarton /
Acrylic on black cartridge / 81,8 x 82 cm

Innenperspektive im Block C / Interior per-
spective inside block C / 1992
Acryl auf schwarzem Zeichenkarton /
Acrylic on black cartridge / 81,5 x 81,5 cm

Schwarz, weiß und gelbe Ansicht / Black,
white and yellow elevation
Acryl auf weißem Papier / Acrylic on white
paper / 88,8 x 102,5 cm

Ansicht schwarz auf weiß / Black on white
elevation
Acryl auf weißem Papier / Acrylic on white
paper / 102,5 x 44,4 cm

Ansicht schwarz auf schwarz / Black on
black elevation
Acryl auf schwarzem Papier / Acrylic on
black paper / 102,5 x 44,4 cm

„Extruded Feet" / Extruded Feet
Acryl auf schwarzem Zeichenkarton /
Acrylic on black cartridge / 42 x 84,1 cm

Rotation des Kerns / Core rotation
Acryl auf Zeichenkarton / Acrylic on cartridge
218,3 x 93,4 cm

Perspektivische Ansicht / Perspective view
Acryl auf Zeichenkarton / Acrylic on cartridge
220 x 106 cm
Ansicht Block A / A block elevation / 1992

Acryl auf Zeichenkarton / Acrylic on cartridge
102,5 x 30,5 cm

Ansicht der Flussseite / Riverside elevation /
1992
Acryl auf Zeichenkarton / Acrylic on cartridge
102,5 x 58,5 cm

Abgebildet / Illustrated:

S. 148 oben / P. 148 top: Rotation der
Perspektive, Gemälde / Landscape per-
spective rotation, painting / 1992
S. 148 unten / P. 148 bottom:
Konzeptskizze, Gemälde / Conceptual
sketch, painting / 1994
S. / P. 149: Modell / Model / 1992
S. 150 oben / P. 150 top: Massestudien,
Gemälde / Volumetric studies, painting /
1992
S. 150 unten / P. 150 bottom:
Froschperspektive, Gemälde / Worm's-eye
view, painting / 1992

**SANIERUNG DER HAFENSTRASSE,
HAMBURG, DEUTSCHLAND
HAFENSTRASSE DEVELOPMENT,
HAMBURG, GERMANY
1989**

Designteam / Design team
Zaha Hadid, Claudia Busch, Edgar
Gonzalez, Brain Langlands, Philippa Makin,
Patrik Schumacher, Signy Svalastoga,
Nicola Cousins, Mario Gooden, Ursula
Gonsior, Vincent Marol

Modell / Model
Daniel Chadwick

Koarchitekt / Co Architect
Mirjane Markivic, Hamburg

Statik / Structural engineering
Ove Arup & Partners with Peter Rice

Ausgestellt / Exhibited:

Gemälde / Paintings:
Schwarz-gelbes Gemälde / Black yellow
painting / 1989
Acryl auf Zeichenkarton / Acrylic on cartridge
120 x 99 cm

Rotation des Eckgebäudes / Corner building rotation / 1990
Acryl auf Zeichenkarton / Acrylic on cartridge
237,5 x 123,5 cm

Gelbe Perspektive / Yellow perspective /
1991
Acryl auf Zeichenkarton / Acrylic on cartridge
176 x 99 cm

Abgebildet / Illustrated:

S. 151 links / P. 151 left: Perspektivische
Studien des Eckgebäudes, Gemälde /
Perspective studies of the corner building,
painting / 1989
S. 151 rechts / P. 151 right:
Perspektivische Studien für die Baulücke,
Gemälde / Perspective studies for the in-
between building / 1989

**VICTORIA CITY AREAL, BERLIN,
DEUTSCHLAND
VICTORIA CITY AREAL, BERLIN,
GERMANY
1989
Wettbewerb / Competition**

Entwurf / Design
Zaha Hadid

Wettbewerbsteam / Competition team
Zaha Hadid, Michael Wolfson, Nicholas
Boyarski, Patrik Schumacher, Edgar
Gonzalez, Paul Brislin, Nicola Cousins,
Signy Svalastoga, C. J. Lim, Kim Lee Chai,
Israel Numes, Matthew Wells, Simon
Koumjian

Modell / Model
Daniel Chadwick

Statik / Structural engineering
Ove Arup and Partners with Peter Rice,
Matthew Wells

Ausgestellt / Exhibited:

Gemälde / Paintings:
Vogelperspektive / Aerial perspective /
1988
Acryl auf Zeichenkarton / Acrylic on cartridge
254 x 90 cm

„Blue Beam" / Blue Beam / 1988
Acryl auf Zeichenkarton / Acrylic on cartridge
253 x 100 cm

Abgebildet / Illustrated:

S. 152 oben / P. 152 top: „Blue Beam",
Gemälde / Blue Beam, painting / 1989
S. 152 unten / P. 152 bottom:
Perspektivische Rotationen, Gemälde /
Perspective rotations, painting / 1989

**BERLIN 2000, BERLIN, DEUTSCHLAND
BERLIN 2000, BERLIN, GERMANY
1988**

Ausgestellt / Exhibited:

Gemälde / Painting:
„Berlin 2000" / "Berlin 2000" / 1988
Acryl auf Papier / Acrylic on paper
253 x 197 cm

Teppich / Carpet:
Vorwerk-Carpet, Berlin 2000 / Vorwerk
carpet, Berlin 2000
2-teiliger Teppich / Carpet in 2 parts
Je / Each 200 x 300 cm

Abgebildet / Illustrated:
S. / P. 153: „Berlin 2000", Gemälde /
"Berlin 2000", painting / 1988

**AZABU JYUBAN, TOKIO, JAPAN
AZABU JYUBAN, TOKYO, JAPAN
1986–1988**

Designteam / Design team
Zaha Hadid, Michael Wolfson, Brenda
Mackneson, Satoshi Ohashi, Alistair
Standing, Signy Svalastoga, Paul Brislin,
Nicola Cousins, David Gommersall, Edgar
Gonzalez, Erik Hemmingway, Simon
Loukian , Paivi Jaaskelainen

Modell / Model
Daniel Chadwick

Koarchitekt / Co Architect
Hisashi Kobayashi & Associates

Statik / Structural engineering
Ove Arup & Partners with Peter Rice,
London; Yasuo Tamura, Tokyo

Ausgestellt / Exhibited:

Modell / Model:
Wettbewerbsmodell / Competition model
Holz, Plexiglas / Wood, perspex
40,8 x 33,8 x 81 cm

Gemälde / Paintings:
Blick von der Straße / Street view / 1985
Acryl auf Zeichenkarton / Acrylic on cartridge
211 x 99 cm

Azabu Dachlandschaft / Azabu Roofscape /
1986
Acryl auf Zeichenkarton / Acrylic on cartridge
210 x 107 cm

Zusammengesetzter Plan / Composite plan /
1986
Acryl auf Zeichenkarton / Acrylic on cartridge
185 x 105 cm

Perspektivische Ansicht von der Straße /
Perspective view from street / 1986
Acryl auf Zeichenkarton / Acrylic on cartridge
210 x 107 cm

Abgebildet / Illustrated:
S. / P. 154: 3 Modelle / 3 Models / 1987,
1988

**TOMIGAYA, TOKIO, JAPAN
TOMIGAYA, TOKYO, JAPAN
1986–1988**

Designteam / Design team
Zaha Hadid, Michael Wolfson, Brenda
Mackneson, Satoshi Ohashi, Alistair

Standing, Signy Svalastoga, Paul Brislin,
Nicola Cousins, David Gommersall, Edgar
Gonzalez, Erik Hemmingway, Simon
Loukian , Paivi Jaaskelainen

Modell / Model
Daniel Chadwick

Koarchitekt / Co Architect
Hisashi Kobayashi & Associates

Statik / Structural engineering
Ove Arup & Partners with Peter Rice,
London; Yasuo Tamura, Tokyo

Ausgestellt / Exhibited:

Modell / Model:
Wettbewerbsmodell / Competition model
Holz, Plexiglas / Wood, perspex
40,8 x 33,8 x 81 cm

Gemälde / Paintings:
Zusammengesetzter Plan / Composite plan /
1986
Acryl auf Zeichenkarton / Acrylic on cartridge
176 x 101 cm

Blaues Gemälde / Blue painting /1986
Acryl auf Zeichenkarton / Acrylic on cartridge
256 x 101 cm

Schnitt / Section / 1986
Acryl auf Zeichenkarton / Acrylic on cartridge
200,4 x 101 cm

Abgebildet / Illustrated:

S. 155 links / P. 155 left: Modell / Model /
1988
S. 155 Mitte / P. 155 center:
Arbeitsmodell / Study model / 1987
S. 155 rechts / P. 155 right: Überlagerung
der Grundrisse / Superposition of plans /
1987

**BÜROGEBÄUDE KURFÜRSTEN-
DAMM 70, BERLIN, DEUTSCHLAND
OFFICE BUILDING IN
KURFURSTENDAMM 70, BERLIN,
GERMANY
1986
Wettbewerb, 1. Preis / Competition, 1st prize**

Designteam / Design team
Zaha Hadid, Michael Wolfson, Brett
Steele, Piers Smerin, Charles Crawford,
Nicola Cousins, David Gommersall

Koarchitekt / Co Architect
Stefan Schroth, Berlin

Statik / Structural engineering
Ove Arup & Partners with Peter Rice and
John Thornton

Beratung Fassadenverglasung / Glazing
consultant
RFR, Paris, Hugh Dutton

Ausgestellt / Exhibited:

Gemälde / Painting:
Rotation der Ansichten / Rotation of elevations / 1986
Acryl auf Zeichenkarton / Acrylic on cartridge
124 x 78,5 cm

Abgebildet / Illustrated:
S. 156 links / P. 156 left: Perspektive mit
Wanddetails, Gemälde / Perspective with
wall details, painting / 1986
S. 156 rechts / P. 156 right: Studie der
Ansicht, Gemälde / Elevation study, paint-
ing / 1986
S. 157 links / P. 157 left: Rotation der
Ansichten, Gemälde / Rotation of elevati-
ons, painting / 1986
S. 157 rechts / P. 157 right: Rotation der
Perspektive / Rotation of perspective,
painting / 1986

**IBA-WOHNGEBÄUDE, BERLIN,
DEUTSCHLAND
IBA HOUSING, BERLIN, GERMANY
1985–1993**

Designteam / Design team
Zaha Hadid , Michael Wolfson, David
Gomersall, Piers Smerin, David Winslow,
Paivi Jaaskelainen